Duché

S999.

D. 3128
13.

TRAITTE'
DE LA
REFORMATION
INTERIEVRE.

Selon l'esprit du B. François de Sales Euesque & Prince de Geneue, Instituteur de l'Ordre de la Visitation S. Marie.

Par IEAN PIERRE CAMVS Euesque de Belley.

A PARIS,
Chez SEBASTIEN HVRE', ruë S. Iacques, au Cœur-bon.

M. DC. XXXI.

Auec Approbation & Priuilege du Roy.

CONSECRATION AV SAINCT ESPRIT.

O! Charité increée: o! le Dieu de nos cœurs : Tres-sainct Esprit, qui respandez en nos cœurs la Charité par vous mesme. O vnique bonté eternellement & infiniement aymée, par l'vnique volonté du Pere & du Fils, dont vous estes la dilection essentielle & substantielle. Personne troisiesme & Sacrée de la tres-adorable Trinité, qui procedez de deux autres par vn seul souspir, comme d'vn principe. O! le Pere de lumiere de nostre interieur, qui créez en nous des cœurs nets, & qui renouuelez l'esprit de droiture en nos entrailles; Me voicy prosterné deuant vostre diuine Maiesté, offrant & consacrant ce petit escrit, & tout ce que ie suis par vostre grace, à vostre plus

ã ij

CONSECRATION

grande gloire. Ie parle de la Reformation de nostre interieur, qui est le changement de la droite de Dieu, dont vous estes le doigt, & l'esprit principal, accompagné de la ioye de son salutaire; Car comme en la creation du grand monde vous estiez porté sur les eaux, & vous fistes sortir la lumiere du milieu des tenebres qui estoient sur la face de l'abisme; Aussi en la Reformation du petit monde, c'est vous qui par la splendeur de la grace, chassez l'obscurité du peché: & qui de la region de l'ombre de la mort, faites vne clarté de vie; addressant les pas de tous ceux que vous esclairez aux sentiers de la paix, & versant des tresors de grace en des vases de terre. Puisque c'est vous qui parlez au cœur de Hierusalem, & qui distillez dans les ames les bonnes pensees, comme des perles de la rosee celeste, d'autant que nous sommes indignes & incapables d'auoir comme de nous aucune bonne pensee, toute nostre suffisance venant de vous, sans qui nous ne pourrions pas prononcer le sainct nom de IESVS. Respandez, ô! Dieu de

AV S. ESPRIT.

Charité, les rosées de vos benedictions sur ces fueilles, afin que les pensées qui y sont cachées, animées, & comme parfumées par vous, soient à ceux qui les liront, en odeur de vie à la vie. Vous estes le Dieu des sciences, c'est vous qui enseignez la science aux hommes, & la science des Saincts, & la science de la voix. Vous estes le Distributeur de la parole de vie, & de vie eternelle. C'est vous qui rendez les langues & disertes & discretes, qui en tirez des discours de feu, & qui parlez par les organes de ceux qui sont les truchemens des volontez divines. O! Colombe sacrée changez ma plume en l'vne de ces langues que vous respandistes sur les disciples du Fils de Dieu dont ils embraserent le monde. C'est de vous seul qu'il faut attendre ce grand coup de la conuersion & reformation des Ames. C'est à vostre vertu de rendre les cœurs de pierre diuinement dociles, traictables, & sensibles aux choses de leur salut. Vous estes le don eternel, infiny & reciproque du Pere au Fils, & du Fils au Pere, & le don du Pere & du Fils

CONSECRATION

aux hommes, vne viue source de feu, & d'amour, vne vnction spirituelle : Vous estes le Dieu des dons, & le distributeur de tous les dons de celuy en qui sont cachez tous les tresors de la Sagesse & Science du Pere, & en qui habite la plenitude de la diuinité corporellement. C'est vous qui esclairez nos sens, qui respandez l'amour celeste en nos cœurs, & qui soustenez nostre foiblesse par vostre vigueur. Aussi estes vous la vertu d'enhaut, la vertu du Tres-haut, & en cette qualité le grand Dieu des Vertus. Vous estes la splendeur des cœurs, le doux hoste des Ames, le rafraischissement de leurs tribulations, le repos de leurs trauaux, le temperament de leurs peines, la consolation de leurs plaintes. Sans vostre ayde il n'y a que misere en nous : C'est donc à vous de lauer nos taches, d'arroser nos secheresses, de guerir nos bleçeures, d'amollir nos duretez, d'eschaufer nos froidures, & de regler nos desordres. O ! celeste Amour de nos Ames, ce n'est pas sans grande raison que l'Eglise vostre Espouse vous appelle Esprit Sainct,

AV S. ESPRIT.

Seigneur, & viuifiant. Elle vous nomme Esprit par excellence, parce que vous estes vn Esprit increé & diuin. Dieu comme le Pere & le Fils, & vn seul Dieu auec eux, Dieu tout esprit, & qui veut estre adoré par ses vrais adorateurs en Esprit & Verité. Elle vous surnomme Sainct, pour vous distinguer des esprits impurs precipitez dans les abismes. Elle vous qualifie Seigneur, parce que vous estes Createur, & en cela bien different des esprits des Iustes qui ne sont pas Seigneurs : Elle vous recognoist viuifiant pour vous separer des Anges qui sont esprits Sainēts, & Seigneurs, puisqu'ils s'appellent Principautez, Trosnes, Dominations, & Puissances, mais qui ne donnent pas la vie: O! adorable Esprit c'est à vostre Spiritualité que ie dedie cét ouurage Spirituel: O! Esprit Sainct, c'est à vostre Saincteté que ie l'offre, puisqu'il regarde la Sanctification des Esprits, qui est proprement vostre œuure. O Esprit Sainct & Seigneur, c'est à vostre Souueraineté que ie rends hommage auecque ce petit present: O Esprit,

ā iiij

CONC. AV S. ESPRIT.

Sainct, Seigneur, & viuifiant, inspirez sur ces lignes le souffle de vie; afin que les Esprits qui les liront, en tirent vn sainct desir de reformer leur vie, & de cheminer en nouueauté d'esprit & de vie deuant vous. O! Esprit Sainct, Seigneur & viuifiant, qui auecque le Pere & le Fils estes vn seul Dieu viuant, Autheur de toute vie. O! mon Ame, benissez ce Seigneur, & que tout mon interieur benisse à iamais son nom tres-adorable.

AVANT-PROPOS.

[L]EVEZ-VOVS, haſtez-vous, ma Bien-aymée, ma Colombe, ma Belle, & venez : deſ-ja l'hyuer eſt paſſé, les pluyes ſont eſcoulées, & les frimats retirez : les fleurs commencent à paroiſtre en noſtre terre, le temps de tailler & d'emonder eſt venu, la voix de la Tourterelle reſonne en noſtre païſage, le figuier pouſſe ſes boutons, & la fleur de la vigne reſpand par tout ſa douce odeur.] Cette ſaincte ſemonce du Diuin Amant, appellant l'Ame qui s'eſt donnée à luy à ſes chaſtes embraſſemens, n'a pas moins de diuers ſens & interpretations, que l'Iris a de differentes couleurs, & que le col d'vne Colombe receuant les rayons du Soleil fait voir de tranſparences. Ceux qui manient ces paroles ſacrées leur donnent pluſieurs biais, qui tous tendent à la gloire de la dilectiõ de ce Celeſte Eſpoux, qui eſt le ſalut de ſes Amans, & l'amour des ſauuez.

ã v

Contraste insuffisant
NF Z 43-120-14

AVANT-PROPOS.

Mais il me semble que sans destourner beaucoup cette lettre, elles se peuuent entendre d'vne Ame, qui ayant par vne salutaire Penitence écarté ses yeux & ses affections de l'amour des Creatures, pour s'addonner entierement à celles du Createur, est attirée au dedans d'elle mesme pour vaquer soigneusement auec Zachée à preparer au Sauueur vne demeure interieure qui luy soit agreable, & où il puisse prendre ses delices.] Le mot de leuez vous nous marque la cheute du peché, figurée par celle de Lucifer, cheute dont elle se releue par la grace de la componction, selon ce que disoit le Prodigue repenty, qui, dans la region esloignée] de dissemblance, & d'ombre de mort,] touché du doigt de Dieu, s'écria, Ie me leueray, & iray à mon Pere.] Hastez-vous, cette parole monstre la promptitude dôt on doit accueillir la grace, & comme il se faut depescher d'entrer au repos,] & en la paix du cœur, par le retour vers Dieu, d'autant que la faueur du S. Esprit est ennemie des delais,] dit S. Ambroise. L'hyuer est passé, saison de la mort des plantes, & image de l'estat du peché. Comme au contraire celle des fleurs qui poussent & s'espanoüissent au Printemps, est le symbole de la reconciliation auec Dieu, qui est tousiours

AVANT-PROPOS.

accompagnée de l'odeur des bons desirs. Ie dy cecy, parce que ie presuppose en l'Ame qui prendra la peine de lire ce petit Traitté de la Reformation Interieure, vne reconciliation parfaitte auecque Dieu par le Sacrement de la Penitence, & par vn renoncement entier au peché, autrement elle ne meriteroit pas les doux noms d'Amie, de Colombe, de Belle, & cette inuitation de l'Espoux ne la regarderoit nullement. Mais cela supposé, ie l'inuite encore vne fois de la part de ce celeste Amant, par les paroles immediatement attachées aux precedentes. Leuez-vous ma mieux Aymée, ma Belle, & venez : ouy venez ma chere Colombe, mais venez aux pertuis de la pierre, en la cauerne de la masure, faites moy paroistre vostre visage, que vostre voix sonne à mes oreilles ; car vostre voix est douce, & vostre visage est tout plein de beautez.] O Dieu que ces mots sont amiables & charmans, mais où appelle t'il cette chere Ame, sinon à la retraitte, à la solitude interieure, & pour le dire en vn mot dans elle mesme, dãs les trous de ses facultez spirituelles, dans la cauerne du centre de son esprit. Et cette voix & ce visage, n'est-ce pas l'estat & la disposition interieure, selon qu'il est escrit, Que Dieu regarde le cœur,] &

á vj

AVANT-PROPOS.

entend sa preparation.] Qu'il soit ainsi, la suite le monstre, quand il adiouste; Prenez-nous les Renardeaux qui demolissent la vigne?] Car qui sont ces Renardeaux, sinon les deffauts des facultez interieures, qui ruinent tous les fruicts de l'exterieur: puisque ces animaux faisans leurs tannieres, & rompans les racines de la vigne, l'empeschent de produire ses raisins. Toute cette semonce regarde donc la Reformation de l'interieur, aussi appelle t'il son Espouse au mesme Epithalame, Vn iardin clos, & vne fontaine seellée] Et l'Amante mesme inuite son Bien-aimé de venir en son iardin, & d'y manger le fruict des arbres] plantez sur les courans] de sa grace, & de descendre en son iardin, dans le parterre de ses parfums.] Le temps donc d'emonder, de trancher, de tailler les vignes & les plantes, ne nous signifie autre chose que la Reformation des imperfections de nostre interieur, à quoy le Sauueur no⁹ inuite sans cesse, estant tousiours à nostre porte, & frappât, afin d'entrer chez celuy qui luy ouurira volontairement, de demeurer auec luy,] & par ce seiour le cõbler de la rosée de sa teste, & des gouttes de ses cheueux,] c'est à dire, de la pluye de ses saueurs & benedictions. Deuant que le Bien heureux Prelat Frãçois

AVANT-PROPOS.

de Sales, (que la droite de Dieu honore de merueilles pour sa verité, sa douceur, & sa Iustice) eust produit à la lumiere du iour cette beniste Philothée, qui a fait plus de biens qu'elle n'a de lignes: ceux qui auoient traitté de la deuotion (ce sont ses mots) auoient presque tous regardé l'instruction des personnes fort retirées du commerce du monde, ou au moins enseigné le chemin qui cōduisoit à cette entiere retraitte.] De sorte que ceux qui par la lecture de leurs liures, ou par leurs enseignemens de viue voix, se retiroient de leur mauuaise voye,] & taschoiēt de mettre leurs pas dans les sentiers de la Paix & de la Iustice,] s'ils estoient libres du ioug de ce lié, qui ne se rōpt que par la mort Ciuile ou Naturelle, pensoient aussi tost à sortir de la Babylone du siecle, & à se sauuer en ces lieux, qui, dās le milieu des Citez plus peuplées, sont comme des regiōs de l'autre mōde, & ne songeoiēt qu'aux choix de l'habit dont ils se reuestiroient, s'imaginās que changeans d'habit, ils chāgeroient tout soudain d'habitudes : & que l'estat de perfection, marqué par cette nouuelle robe, les mettroit incontinent dans vne perfection sureminente, sans penser que le despoüillement du vieil homme, tant recommandé dans l'Escriture, & le reuestement du nouueau,] regarde plustost l'interieur que

AVANT-PROPOS.

l'exterieur, & le brisement des cœurs, que le deschirement des habits.] Mais depuis que ce sainct Euesque a porté dans les yeux des deuots ces deux grands luminaires, sa Philothée, & son Theotime, ils ont cogneu que le bon de la noix n'estoit pas la coquille, que la moëlle du Cedre valloit mieux que l'escorce, & que la vraye & viuante deuotion estoit cachée dedans l'interieur, plustost qu'en veuë, dans les mines & apparences exterieures. Ils ont appris que la deuotion estoit conuenable à toute sorte de vacations, & de professions, & que c'estoit non vne erreur seulement, mais vne heresie (ce sont ses termes) de vouloir bannir la vie deuote de la compagnie des soldats, de la boutique des artisans, de la Cour des Princes, & du mesnage des gés mariez.] Ce qu'il prouue par des raisons, & des exemples qui ne se peuuent reietter, ie ne diray pas simplement sans sacrilege, mais sans offencer le sens commun. A raison dequoy il donne des preceptes de pieté vrayement Chrestienne à ceux qui sont obligez de viure dans les villes, les mesnages, & la Cour. Et leur donne les sainctes industries, sans alterer l'exterieur que par les regles de la bien-seance, & de la modestie, pour arriuer en leur interieur, sinon au glorieux estat de la perfection, au moins à la perfection

AVANT-PROPOS.

de leur Estat, & s'ils sont fidelles & courageux, à l'Estat de la perfection Chrestienne. Il est vray que cela est difficile, à cause des escueils si frequens qui se rencontrent en la Mer du siecle, Mer si diffamée pour ses dangers & ses naufrages: mais non pas impossible à celuy qui est fidele, puisque tout est faisable au croyant] & à qui s'appuye sur la grace de celuy qui peut tout.] Et le souhait que fait ce sainct Personnage dans la Preface de sa Philotée, que plusieurs employent leur soin & auec ardeur, à frayer ces sentiers qui conduisent au Ciel au trauers du monde, comme ce fleuue d'Elide qui perce la Mer pour s'aller joindre à vne source d'eau douce : & à donner secours à ceux qui dans le siecle font la digne entreprise de la vie deuote. Ce souhait, dis-je, m'estant en la veneration que Dieu sçait, m'a donné le courage de suiure, quoy qu'à pas inesgaux, le dessein de ce Bien-heureux pere de mon Ame, & de tracer quelques Traittez Spirituels, pour tascher, tout rude que ie suis, de donner des adresses de Pieté, non à ceux qui sont sequestrez du monde: (car outre qu'il ne m'appartient pas d'enseigner ceux qui sçauent la loy] & qui ont la science des

AVANT-PROPOS.

saincts,] ny de reigler ceux qui tirent leur nom du bon reglement de leur vie, à quel propos instruire ceux sur qui les Ordinaires n'ont rien à voir?) Mais à ceux qui menans dedans le siecle vne vie commune & ciuile, ont besoin de former leur deuotion selon leur vacation. Puisque la marque de la bonne deuotion c'est de ne gaster aucune condition, mais de perfectionner celles qu'elle rencontre. C'est ce que i'ay essayé de faire par quelques opuscules de Pieté, comme la direction à l'Oraison Mentale; quelques Meditations, & Soliloques, & le crayon de l'Eternité que i'ay donné au public, mais principalement dans l'acheminement à la deuotion ciuile où ie me suis estudié à representer tous les exercices deuotieux qui se peuuent prattiquer dans la vie seculiere que i'appelle ciuile. Et bien que dans la Preface de ce Liuret là qui a esté re-imprimé en diuers lieux comme vne suite de Philotée, i'aye rendu ce me semble assez iuste raison de ce tiltre de Deuotion Ciuile; ces mots de Seculiere & de Mondaine, estans à mon aduis trop descriez & par l'Escriture & par l'vsage, pour estre attachez à celuy de deuotion; neantmoins comme il y a tousjours icy bas des esprits qui embellissent le

AVANT-PROPOS.

monde par les contrepointes & la varieté de leurs particulieres fantaisies : j'ay esté auerty que quelques vns ont trouué cette inscription mauuaise, & iugeans le sac sur l'etiquette, sans se donner le loisir de visiter les pieces, ont creu que j'enseignois là dedans vne deuotion Politique, ce qu'ils ont tenu pour odieux. Ceux qui ont pris la peine de lire cét ouurage là, iugeront bien de quel esprit sont portez ces Iuges si peu fauorables; parce que n'y parlant que de la deuotion qui se peut prattiquer dans les familles & les mesnages; & de celle des Parroisses, qui sont les Églises où s'assemblent les Laïques selon l'ordre de la Police Hierarchique, & encore de l'vsage pieux des Eglises Regulieres, où les Seculiers peuuent auoir recours volontairement, mais sans obligation; vous pouuez penser que ie n'ay eu nul sujet de traitter des choses deuotes selon les reigles de la Politique. Mais quand cela seroit (ce qui toutesfois n'est pas) qu'auroient, ie vous prie, gaigné ces repreneurs, sinon de descouurir par leurs paroles de precipitation leur mauuais courage? Car qui ne sçait que la Hierarchie n'est autre chose qu'vne Police sacrée, & que l'Eglise ne se peut gouuerner sans discipline? Qui ne sçait que la regula-

AVANT-PROPOS.

rité ne se peut conduire que par vne police Monastque d'où naissent tant de reigles des constitutions, & de diuerses obseruances? Et puis ceux qui escriuent des Politiques Chrestiennes sont ils blasmables en leurs trauaux? Combien donc le seroit moins celuy qui taścheroit d'inspirer la deuotion dans la Police, & de faire que le Monde fust gouuerné deuotement par ceux qui ont droict de le iuger? Comme si Dauid ne benissoit pas la rencontre de la misericorde & de la Verité; & le sainct baiser de la Paix & de la Iustice.] Quoy! eussent-ils voulu pour contenter leur belle humeur que i'eusse acheminé le monde à vne deuotion mondaine ou seculiere? & pour euiter leur iniuste censure que ie me fusse exposé à la mocquerie des meilleurs iugemens; s'il me reste tant soit peu de prudence, ie ne suiuray pas leur don de conseil. Et s'ils condamnent encore vne fois ma deuotion ciuile, elle presentera vne requeste ciuile au iugement des mieux sensez contre cette censure inciuile. Lecteur equitable, ie croy que tu pardonneras bien cette glissade de plume employée à ma iuste deffence, & à conseruer mon miel sans fiel & sans aiguillon, car ie veux croire que l'intention de ces personnes ait

AVANT-PROPOS.

esté bonne, & leur zele plausible, quoy que circonuenu pour s'estre mal informées de l'ouurage. Encore ce diuertissement ne m'a t'il point trop écarté de ma route, parce que continuant le dessein de ces instructions touchant la deuotion ciuile, en voicy le fondement que ie te presente en cette Reformation Interieure, d'autant que c'est le propre de cette sorte de deuotion de viser plustost au Reglement de l'Interieur, qu'à celuy des façons exterieures, qui ont pour l'ordinaire, plus de mine que de jeu, plus de monstre que d'effect, plus d'art & de fard que d'esprit & de cœur, & plus de vanité que de verité. Icy tu apprendras à estre bon plustost qu'à le paroistre, resserrant comme l'esclandrate, ta lumiere & ton feu au dedans, & gardant ton secret en toy mesme] selon l'aduis du Prophete. Ie sçay que i'entreprens vne besongne non moins delicate qu'importante, & pour la matiere & pour la forme, & qu'il n'y faut pas moins d'attention que pour trauailler en l'œil du corps, où l'on ne peut passer le fer ou le feu sans y faire beaucoup de bien ou de mal. Il n'y a point d'horloge ny de monstre dont les roüages soient si difficiles à manier & ajuster, comme sont les ressorts de l'esprit humain, où il y a, dict vn

AVANT-PROPOS.

Ancien, tant de destours & de cachettes. Il est aisé de penser vne playe qui n'est qu'en la peau, mais quand le coup penetre iusques aux parties nobles, ou quand il faut tirer vne balle d'entre les os, ou quand il faut oster vne pierre attachée aux reins, ces cures sont difficiles, & la guerison des vlceres interieurs donne bien plus de peine aux Medecins & aux Chirurgiens que celle des abscez qui paroissent en l'exterieur; On gaigne aisément le dehors d'vne ville que l'on assiege, le fort est de surmonter les retranchemens du dedans, & il est tout certain que les trahisons & les intelligences qui se prattiquent dans la ville sont plus redoutables à ceux qui la gardent, que ne sont les efforts des ennemis qui l'enuironnent & qui la battent; parce que les aduersaires couuerts sont plus dangereux que les descouuerts. En vne ville de guerre ou de frontiere, munie d'vne citadelle, on permettra aisément aux estrangers l'entrée de la Cité, & la veuë des ruës, & des places; mais non pas des fortifications ny de la forteresse, de peur que comme les espions de Ierico ils ne fassent rapport de ce qu'ils auroiét veu de foible, & de propre à vne surprise. I'entasse toutes ces pensées pour ne faire qu'vn coup de tant de pierres, & te dire,

AVANT-PROPOS.

Lecteur, que la Reformation de nostre exterieur est vne chose facile, & que l'aduersaire de nostre salut souffre en nous sans beaucoup de contradiction, pourueu que l'on ne trouble point les intelligences & les prattiques, qu'il a dans nostre interieur. Mais quand il void que nous voulons examiner par le menu ce qui se passe au dedãs, nul ne cognoissant l'esprit de l'homme que l'homme mesme, que nous voulons éclairer les recoins de la Hierusalem de nostre conscience auecque des lampes] pour en oster toutes les immondices & la purger exactement. Quand il voit que nous voulons appliquer le fer & le feu aux vlceres cachez dans nos facultez ou sensitiues, ou raisonnables: Alors il remuë toute pierre pour destourner ce coup qui est fatal à ses menées, & pour troubler ce bon dessein, nous armant nous mesmes contre nous mesmes ; souileuant non seulement le peuple rebelle de nos passions si suiet aux reuoltes & aux mutineries, mais encore les puissances principales de nostre ame raisonnable, iusques à nous faire escrier auecque l'Apostre, pauures nous, qui nous deliurera du corps de cette mort,] & nous faisant sentir par experience que les plus grands ennemis du salut de l'homme , ce

AVANT-PROPOS.

font fes mouuemens interieurs & domestiques:] Cependant c'est à quoy se doit employer le soin principal de ceux qui veulent estre non pas seulement sembler vrays deuots & sprituels. C'est à eux de percer la muraille du Temple pour y voir, comme fit le Prophete, tous les desordres, & les secrettes idolatries qui se commettent dans leur interieur, afin de le purger de tout ce qui peut estre desagreable aux yeux de la Majesté diuine qui seule y doit estre adorée & seruie. C'est à eux de foüiller & creuser cette mine, où sans doute ils trouueront vn thresor caché dans leur propre champ, & vne source viue coulant de belles eaux,] & eaux rejallissantes à la vie eternelle.] C'est à eux s'ils veulent esleuer vn grand bastiment de Vertu & de Perfection à la gloire de Dieu, de ietter de bons fondemens dans leur interieur. Ceux qui font autrement & qui en leur conduitte prennent le contrepied, commençans par l'exterieur la Reformation de leur vie ne sçauent pas comme il faut gouuerner le chariot d'Israël,] mais ils imitent l'impudence de cette femme dont parle Sainct Epiphane, qui mettoit sa coiffure à ses pieds, & sa chaussure à sa teste. Car ceux qui veulent reformer l'esprit par le corps, se

AVANT PROPOS.

treuuent souuent frustrez de leur attente, mais ceux qui reglent le corps par l'esprit. Il est bien escrit qu'il faut mortifier nos membres qui sont sur la terre,] mais voicy comment si par l'esprit vous mortifiez les effects de la chair vous viurez ;] Il faut que ce soit Mardochée nostre esprit qui regle Esther nostre exterieur, auant que le grand & Eternel Assuere l'ait agreable. Au reste il n'y a rien à craindre en cette Reformation de nostre interieur, parce qu'il n'y peut auoir d'excés ; ouy bien en celle de l'exterieur qui peut tomber dans des extremitez vicieuses. On a veu des Sainctes Congregations si austeres en leur premiere ferueur, qu'il en a fallu moderer les boüillons indiscrets, & reformer leur reforme. Et l'on voit tous les iours dans les deuotions de quelques ames particulieres combien on a de peine à leur grauer ce precepte Apostolique, Ne cheminez pas en vostre ferueur,] Ames dont le zele sans science a plus besoin de bride que d'esperon. Au reste, dans la Reformation Exterieure, l'Amour propre trouue bien à fourager, & dequoy auancer ses affaires, mais l'Interieure est son fleau ; c'est elle qui poursuit cét ennemy domestique iusques au dernier souspir, & qui ne lasche point

AVANT-PROPOS.

son entreprise qu'elle ne luy ait fait rendre les abois.] D'abord elle luy saute au collet, & l'ayant banny du centre de l'esprit, elle le va tousiours battant iusques à ce que de branche en branche elle l'ait fait desnicher de toutes les facultez de l'ame tant raisonnables que sensitiues. Et ne faut point craindre en cet exercice interieur de se rópre la teste, ou de se blesser le cerueau, car il ne s'y fait autre violence que de ramener l'esprit & toutes ses facultez à la chose du monde la plus conforme à sa nature, & qui luy est le plus conuenable; qui est le droict vsage de la Raison. Ie ne dy pas qu'il n'y ait quelque peine au commencement, selon que l'ame est plus ou moins esloignée de son debuoir, car quand elle en est fort escartée ce n'est pas certes sans violence qu'elle reuient de cette dissemblance à la ressemblance de l'Image du Fils de Dieu, qui est l'exemplaire de la montaigne & le modele de sa perfection. Mais cette violence est heureuse si l'on considere qu'elle rauit les Cieux,] I'ay incliné mon cœur, ô Seigneur, dit le Psalmiste, à faire vos iustifications, à cause de la recompense :] Mais cette violence est honorable si l'on pense à l'excellence de la victoire qui s'acquiert par son moyen. Car c'est par elle

que

AVANT-PROPOS.

l'ame, comme la veufue de Bethulie, tranche la teste de nos plus fiers ennemis : & qu'elle entend ce motet de son Triomphe: [Tu es la gloire de Hierusalem, la joye d'Israël, & l'honneur de ton peuple.] C'est donc à cette genereuse entreprise, Lecteur, que te meine ce traitté que ie te presente, ou par le restablissemét de la droite assiette de ton interieur tu trouueras ton exterieur tout reglé sans beaucoup d'effort : Icy ie ressemble aux Orphevres & aux Iouailliers qui ne s'exercent que sur des matieres precieuses, car ie ne trauaille que sur le cœur humain, piece que Dieu demande de nous auec tant d'industrie, & piece de telle consideration, que l'on peut dire, que c'est vne partie qui fait le tout de l'hôme,] d'où le Sage a pris sujet de no° auertir que nous missions tout nostre soin à garder nostre cœur parceque de luy procedoit nostre vie,] & par cette vie vous iugez bien qu'il entéd celle de l'esprit. C'est ce noyau dont la graueure s'estend sur les branches, les fueilles, les fleurs, & les fruicts de tout l'arbre. Certes quand nostre cœur a receu l'impression du cachet du diuin Amant qui est celuy de la charité, cela paroist en tous ses desirs & en toutes ses œuures, tát interieures qu'exterieures. Ie confesse qu'en ce sujet de la Reueuë de nostre interieur, i'eusse eu be-

é

AVANT-PROPOS.

foin de la feneftre que defiroit l'Ancien Momus pour en cognoiftre diftinctement tous les replis, mais fuiuant les enseignemens tant de la Nature que de la foy, qui nous font donnez par les Philofophes & les Theologiens, ie croy ne tomber point en erreur en fuiuant leurs Principes. Principalement ceux de la foy, qui nous font voir tous les refforts de noftre ame, comme ceux d'vne monftre au trauers d'vne boëte de criftal ; ou comme l'œconomie des Abeilles par la tranfparence d'vne ruche de verre. C'eft à cette clarté que ie me fuis le plus eftudié en ce petit ouurage, où i'examine toutes les parties de noftre ame l'vne apres l'autre, & apres auoir remarqué leurs deffauts, i'y applique les remedes que i'apprends des meilleurs maiftres de la vie fpirituelle. Ie vay chercher le mal en fa fource pour la tarir, & en fa racine pour y mettre la coignée. Si tu as le courage, Lecteur deuot, de t'exercer en pratique de cette Reformation, ie me promets auecque l'affiftance de la diuine grace, que tu feras vn bien plus grand progrés en la vertu, & que tu cognoiftras en toy en peu de temps vn bien plus notable auancement fpirituel que par celle de beaucoup d'exercices exterieurs qui caffent bien des corps, ruinent beaucoup de fantez, & n'eftropient

AVANT-PROPOS.

que trop de ceruelles : & mesmes que tu apprendras par experience que la vraye pureté du corps depend de celle du cœur à qui est promise la fœlicité de voir Dieu. Car comme c'est l'ame qui donne la vie au corps, aussi est-ce la bonne forme de l'esprit qui regle tout l'exterieur. Au reste ie te confesse, mon cher Lecteur, que i'escris icy des reigles que i'obserue bien mal, mais ce n'est pas pourtant sans quelque bonne volonté de prattiquer ce que la Theorie m'a appris touchant la Reformation de l'interieur : Ie souffriray auecque patience ces iustes reproches, Medecin guery toy, & encore, Tu as la voix de Iacob & les mains d'Esaü. Mais aussi me sera-t'il permis de te repliquer qu'ayant droict de parler en l'Eglise, mon exception est dans l'Euágile, qui t'oblige, Lecteur, à faire ce que ie dy, & à ne suiure pas ce que ie fay, & puis il ne s'ensuit pas qu'vn mauuais Medecin en ses mœurs ne puisse estre expert en sa science, & faire de bonnes cures, & qu'vn Architecte vicieux ne puisse esleuer vne belle maison. Et qu'vne sterile sage-femme ne puisse ayder aux fertiles à enfanter. L'œil qui ne se voit pas luy mesme ne laisse pas de voir toutes choses. Mais laissons là les ceremonies, & que chacun de noüs face le

ẽ ij

AVANT-PROPOS.

mieux qu'il pourra en attendant le iuste Iuge qui rendra à vn chacun selon son œuure,] qui sera bien receura de luy la loüange meritée.] Si ie te debite cette doctrine spirituelle comme l'oyseau la pasture à ses petits qu'il n'a pas sauourée, ou comme la nourrisse qui a changé la nourriture de la viande en laict pour son nourrisson, c'est à celuy là seul d'en iuger, qui s'est reserué la cognoissance du secret des cœurs & de la cachette des tenebres.] I'auance icy fort peu de choses que ie n'aye puisées, ou de graues Autheurs que ie ne te cite point pour ne charger inutilement des marges, encore que ie les nomme assez souuent; ie marque les passages de l'Escriture & des Peres en leur fin d'vne parenthese quarrée faite ainsi,] afin qu'on rende à ces paroles venerables l'honneur qui leur est deub; & afin que les sacrées soient pesées au poids du Sanctuaire. Soufmettant tres-humblement & cét escrit & tout autre qui est sorty, ou pourra sortir de ma plume au iugement & à la correction de la saincte Eglise Catholique, Apostolique & Romaine, & de son chef visible en terre le Souuerain Pontife Vicaire general de IESVS CHRIST.

TABLE DES CHAPITRES

contenus en ce present Traitté.

Qve la Reformation de la vie ne doit pas commencer par l'exterieur. Chap. I. fol. 1.

Auantages de la Reformation interieure. Chap. II. fol. 8.

La necessité de reformer l'Interieur. Chap. III. fol. 15.

L'œconomie de l'Ame. Chap. IV. fol. 22.

Du Centre de l'Ame. Chap. V. fol. 29.

Excellence de ce Centre. Chap. VI. fol. 33.

Quelle est la propre fonction du Centre de l'Ame. Chap. VII. fol. 37.

Quel est le desordre de l'Vnité de l'Ame. Ch. VIII. fol. 41.

La Reformation du centre de l'Ame. Chap. IX. fol. 47.

Suitte du sujet precedent, qui est de la pure intention. Chap. X. fol. 53.

Eminence de cét exercice. Chap. XI. fol. 60.

Descente de la superieure partie de nostre Ame au second ou moyen estage. Ch. XII. fol. 64.

Qu'en l'Ame raisonnable il y a deux portions

differentes. Chap. XIII. fol. 69

Qu'il y a deux volontez en l'homme & de quelle façon. Chap. XIIII. fol. 75

De l'Entendement. Chap. XV. fol. 79

Reformation de l'Entendement speculatif. Chap. XVI. fol. 83

Suitte du discours commencé. Chap. XVII. fol. 87.

La contrepointe des maximes de Iesus Christ & du monde. Chap. XVIII. fol. 99

Les sainctes maximes de l'Euangile pratiquées par les enfans de lumiere. Ch. XIX. fol. 105

Continuation de la reformation de l'Entendement speculatif. Chap. XX. fol. 124

La reformation de l'Entendement Practic, ou Agent. Chap. XXI. fol. 128

De la Volonté. Chap. XXII. fol. 147

Des deffauts de cette Puissance. Chap. XXIII. fol. 145.

De la reformation de la volonté. Ch. XXIIII. fol. 153.

Suitte du discours commencé. Chap. XXV. fol. 163.

Continuation de la matiere precedente. Chap. XXVI. fol. 175

Pratique des enseignemens proposez. Chap. XXVII. fol. 182.

Poursuitte de cette Prattique. Ch. XXVIII. fol. 92.

De la memoire, & de ses deffauts. Chap.

XXIX. fol. 209.
La reformation de la Memoire. Chap. XXX. fol. 225.
De l'Appetit sensitif. Chap. XXXI. fol. 232
Les Passions de l'Appetit concupiscible, & de l'irascible. Chap. XXXII. fol. 237
Le choc des deux parties de l'Ame superieure & Inferieure. Ch. XXXIII. f. 241
La difference entre les Passions & les Affections. Chap. XXXIV. fol. 250
La reformation des Passions de l'Appetit concupiscible. Chap. XXXV. fol. 256
Suitte du suiet precedent. Chap. XXXVI. fol. 263.
Reglement des Passions de l'Appetit irascible. Chap. XXXVII. fol. 267.
Des sens interieurs. Ch. XXXVIII. f. 277
De la Reformation des sens Exterieurs. Chap. XXXIX. fol. 280.
Reglement des sens Exterieurs. Chap. XL. fol. 287.
Continuation du suiet precedent. Chap. XLI. fol. 292.
Poursuite de la matiere commencée. Chap. XLII. fol. 301.
La conclusion de ce Traitté. Chap. XLIII. fol. 330.
Trois paroles au Lecteur. fol.

FIN.

Extraict du Priuilege du Roy.

PAr grace & Priuilege du Roy, il est permis à Sebastien Huré, Marchand Libraire à Paris, d'imprimer ou faire imprimer, vendre & debiter vn liure intitulé, *Le Traitté de la Reformation Interieure, selon l'esprit du Bien-heureux François de Sales Euesque & Prince de Geneue, Instituteur de l'ordre de la Visitation: Composé par Messire Iean Pierre Camus Euesque de Belley.* Auec deffences à tous Imprimeurs, Libraires, & autres personnes de quelque estat, qualité & condition qu'ils soient, de l'imprimer, ny faire imprimer, vendre, ny distribuer d'autre impression que de ceux qui seront imprimez par ledit Huré ou de son consentement, pendant le temps de six ans entiers à commencer du iour de l'acheuement de la premiere impression qui en sera faicte, à peine de cinq cens liures d'amende, & de tous despens, dommages & interests: comme il est plus à plein porté dans les Lettres du Priuilege, pour ce donné à Paris ce dixhuictiesme Iuin, mil six cens trente & vn.

Par le Conseil.

Lvc.

Approbation des Docteurs.

NOus soubs-signez Docteurs en Theologie de la Faculté de Paris, certifions auoir diligemment leu & examiné le *Traitté de la Reformation Interieure, selon l'esprit du Bien-heureux François de Sales Euesque & Prince de Geneue, Instituteur de l'Ordre de la Visitation: Composé par Messire Iean Pierre Camus Euesque de Belley*, Auquel nous n'auons rien trouué qui ne fust conforme à la doctrine de l'Eglise Catholique, Apostolique & Romaine, mais dauantage l'auons iugé tres digne d'estre mis en lumiere, & donné au public pour seruir de conduitte spirituelle à toutes les ames veritablement deuotes, & les addresser plus facilement au chemin de la perfection. Faict à Paris ce quatorziesme iour du mois de Iuin, mil six cens trente & vn.

A. DE BREDA.

DE SAVIGNY.

DE LA RÉFORMATION INTÉRIEURE.

Que la reformation de la vie ne doit pas commencer par l'Exterieur.

CHAPITRE I.

Our moy, dit le Bien-heureux Autheur de la diuine Philothée, ie n'ay iamais pû approuuer la methode de ceux qui pour reformer l'homme, commencent par l'Exterieur.] Estant l'indigne Fils d'vn si Sainct Pere, & disciple d'vn maistre si versé en la science des Saincts] & ayant comme iuré en ses paroles, & embrassé ses preceptes comme des Oracles de Pieté, & comme des termes de Verité, procedans d'vne charité non feinte] Pourrois-je bien vous

A

enseigner, Eutrope, autre chose que ce que i'ay appris, soit de ses escrits, soit de sa viue voix] & vous imprimer d'autres sentimés de deuotion que ceux qu'il a grauez sur mon ame? veu que les sainctes pages me commandent d'acquiescer à ceux qui nous annoncent les Veritez de Dieu] & les maximes de Salut, d'interroger nos Peres, de consulter nos anciens, & de tenir pour constant ce qu'ils nous auãcent] afin de loüer Dieu en la direction de nos cœurs] en apprenant, par la bouche de ceux qui ont la science en depost] les voyes de Iustice] Ie diray donc, Eutrope, apres l'axiome de ce grand Seruiteur de Dieu, que ie n'ay iamais gousté la conduite de ceux qui donnent commencemét à la Reformation d'vne mauuaise vie par les choses exterieures. L'Experience maistresse des sages aussi bien que des moins iudicieux, fait assez cognoistre à tous par vn grand nombre, non seulement de descouragemés & de deffaillances en la voye] de Dieu, mais encore de cheutes scandaleuses tantost en leur legereté] tantost en leur malice, que ceux qui ont donné à leur deuotion vn si debile fondement, n'ont pas fait des ouurages solides ni de longue durée. Semblables à celui dõt parle S. Luc qui bastit vne maison à platte terre, &, selon les termes de l'art, à rez de

INTERIEVRE.

chauffée, qui est abbatuë par les vents, ou emportée par de grandes eaux [Cela c'est edifier sur le sable, c'est mettre son bras sur la chair] & s'appuyer sur vn baston de rozeau] gros & fort en apparéce, mais creux & foible en effect, qui se plie sous le moindre faix, & se casse au moindre heurt: C'est entasser de l'or & des pierreries sur du foin & du chaume] pour vser des termes de l'Apostre. Aussi voit-on bien souuent que ceux qui commencent de cette sorte le labourage de Dieu] & la culture de leur vigne] mettent la main à la charruë, & puis apres regardent en arriere] comme cette femme de Loth qui sortoit de corps & non de cœur d'vn sejour abominable. Pareils à cet homme de l'Euangile qui fut mocqué de ses voysins pour auoir si mal pris les mesures de ses facultez en voulant bastir vne Tour, qu'ayant commencé son edifice à faute de moyens il fut contrainct de le laisser imparfaict] Ce que ne fait pas vn prudent batisseur, qui fait marcher le compte deuant les frais, & regarde s'il a dequoy faire la despence] & puis esleue son edifice selon la force & la portée du fondement. Que s'il bastit sur la roche viue] son ouurage ne sera point ruiné par les injures & l'inclemence de l'air, & en sa fermeté paroistra la sage cõduitte de l'ouurier. Mais

A ij

côme l'on cognoist les arbres par le fruict] ainsi les causes se font connoistre par les effects, & les misérables succés de ceux qui mettent sur l'exterieur la base de leur Pieté, donnent vn euident tesmoignage que ce n'est point par cette porte qu'il faut entrer dans ces voyes où l'on chante au Seigneur, que sa gloire est grande] & que sa misericorde sans nombre est bastie dãs les Cieux] ni esleuer en nous vn Temple] au Dieu des Vertus] sur vn fondement si ruineux & si peu solide. Non, Eutrope, ce n'est point par les habits, par les cheueux, par des mines & contenances estudiées, qu'il faut cõmencer vne vraye Reformation de mœurs. Il y a bien de la différence entre les habits & les habitudes, celles cy ne se despouillent pas si aisément que ceux là, & pour estre desuestu des habits du monde] on n'est pas desnué d'affections mondaines. Tous les Israëlites qui de corps sortirent d'Egypte, ne la quitterent pas de volonté. Si tous les habits de saincteté estoient semblables au manteau d'Elie, on seroit bien tost inuesti d'vn double esprit] mais sous le manteau d'Elie on ne fait pas tousiours les œuures d'Elie; & l'Euangile nous apprend qu'il y a bien des cœurs de Loup sous des peaux d'Agneau] & nous aduertit de ne nous laisser pas surprendre au leuain des

INTERIEVRE.

Pharisiens] reformez en l'exterieur, mais desreiglez en l'interieur. Pareils aux sepulchres reblanchis] & parez de marbres & d'inscriptions au dehors, mais pleins de puanteur & de pourriture au dedans] Il y en a dont la façon ne respire que saincteté & modestie, dont les bouches sont de sepulchres ouuerts] qui exhalent des mesdisances d'autant plus dangereuses, que l'on a plus de croyance à leur mine trompeuse, leurs traits sont trempez dans l'huile d'vne feinte sincerité] ce qui les rend plus penetrans. Ils font passer pour miel le fiel de dragon] & le venin d'aspic qu'ils ont dessous la langue] Temples d'Egypte precieux en leur Architecture, mais où les crocodiles & les serpents sont adorez pour des Dieux. Le cuivre a plus d'éclat que l'or, mais il n'en a ny le prix ny le poids, & quoy que les femmes laides estãs fardées paroissent plus belles que celles qui le sõt par nature, cette apparéce dure peu: & si le blanc ou le vermillon s'escaillent elles sont d'autant plus mesprisees qu'elles ont esté admirées. Les perles formées durant le bruit des tonnerres n'ont que l'apparence de vrayes, mais estans creuses & vuides, elles n'en ont pas la solidité, aussi se cassent-elles comme du verre: il y a des pierreries contrefaictes & fausses qui ont autãt de monstre que les fines, mais n'ont pas la valeur. Ie dis tout cecy, Eutrope, de la Reformation qui n'est qu'exterieure, ordinairement ce n'est que fard, que vacuité, qu'apparence, roseau du desert qui ploye à tout vent] & qui ressemble à ces vaines estoiles dont on ne connoist la fausseté que par la cheute. Si elle n'est soustenuë & animée de l'interieure ce sera vne vigne sans appuy, dont le fruict rampant contre terre se tournera en pourriture, ou ne seruira que de nourriture aux serpents ou aux crapaux. Fantosme de Reformation semblable à cette statuë que Michol reuestit des habits de Dauid, & à celle que l'on prenoit pour la femme de Loth qui n'estoit plus qu'vne pierre. Cependant ces simulachres vains sont pour l'ordinaire les Idoles de Laban & de Michas, adorez par les mondains, mais ceux qui ont le iugement bien sain, & qui sçauent discerner le precieux du vil] se mocquans de cette vanité disent auec Dauid, les Dieux des Gentils ne sont qu'vn or & vn argent qui brille, mais qui est inanimé, ils ont des bouches & ne parlent point, des yeux & ne voyent point : que ceux qui les font & qui y mettent leur confiance leur soient rendus semblables]. Les pommes qui croissent au riuage du lac d'Asphalte ont vne belle & agreable escorce, mais au dessous il n'y a

INTERIEVRE.

que du vent & de la poussiere. La Reformation exterieure est comme la science qui enfle : mais l'interieure est animée de la Charité qui edifie] Souuent vne austerité apparente cache vne delicatesse secrette. Les marrons & les herissons sont douillets au dedans, au dehors couuerts de pointes. Si vous me croyez, Eutrope, vous n'imiterez point les premiers mouuemens de Samuel, qui appellé de Dieu respondoit à Heli : Si vous auez vn vray desir de reformer vostre vie, & de correspondre au touchement de la grace de Dieu, vous vous tournerez vers vostre cœur plustost que vers vostre corps, & par vne salutaire introuersion, ou retour en vous mesme, vous escouterez au dedans de vous la voix de l'Espoux de vostre ame : & que vous dit cette chere voix, sinon que vous laissant tirer à luy, vous le suiuiez en l'odeur de ses parfums] que vous cheminiez apres luy en nouueauté de vie] que les fleurs des bons desirs estans apparus en la terre de vostre cœur, vous preniez la serpe d'vne bonne resolution en la main pour retrancher la vigne de vostre interieur, en esbourgeonner les pampres superflus] & que vous donniez vne bonne chasse à tant de renardeaux qui la demolissent] si vous voulez qu'elle porte des fleurs qui soiét des fruicts d'hon-

A iiij

neur & d'honnesteté] ce que vous deuez faire, Eutrope, si vous desirez de luy aggréer, ce que vous ne pouuez mieux faire que par vne franche, sincere, & courageuse Reformation de vostre interieur.

Auantages de la Reformation Interieure.
Chap. II.

IL est vray, Eutrope, que le corps est l'aisné de l'ame, mais cette aisnesse est comme celle d'Esau sousmise au cadet Iacob, appellé Israel, qui signifie, voyant Dieu, & ceste veuë est le partage de l'ame qui verra Dieu dans l'essentielle beatitude. Cette ame, quoy que cadette en origine & en production, est semblable à Ioseph, qui fut adoré par ses freres aisnez, car le corps & tous ses sens sont subordonnez à l'Empire de l'ame, & ainsi l'aisné sert au plus jeune] Sous toy sera ton appetit & tu le gouuerneras] dit Dieu au premier homme, ordonnant en luy la Charité] & reglant la police de la subjection du corps & de la domination de l'ame. La chair est infirme, mais l'esprit est prompt & vif] c'est à dire puissant, & qui ne sçait que la force a fait naistre le gouuernement & formé les puissances. C'est donc en vain que ceux qui font marcher la Reformation du corps deuant celle de l'ame se seruëtde sa primogeniture, disans que la nature enseigne leur conduite en ce qu'elle dispose le corps auant que l'esprit y soit infus, adjoustans que le progrés naturel estant du petit au plus grand, du moins au plus, & du bas au haut, il est plus conuenable de commencer par le Reglement de l'exterieur que par l'interieur. Car bien que ces propositions puissent auoir quelque fondement aux choses de la nature, & qui regardent simplement la vie corporelle, elles n'ont pas de lieu aux spirituelles, & en ce qui concerne l'œconomie de la grace où l'ame est d'autant plus considerable, que le corps est incomparablement plus precieux que quelque habit que se puisse estre] A raison dequoy le Sauueur nous exhorte à ne redouter pas tant ceux qui ne peuuét tuer que le corps & nullemét l'ame, ouy bien à craindre celuy qui peut perdre & l'vn & l'autre eternellement] Ce seroit doncques mettre le carosse deuant les cheuaux, & renuerser tout ordre que de penser aux contenances du corps plustost qu'à l'assiette de l'Ame, quand il est question d'vne bonne Reformation de vie, puisque l'ame bien reglée n'a pas moins de puissance sur les sens & les organes du corps, que le premier mobile

A v

sur les Spheres qui luy sont inferieures, qu'il entraisne apres soy par la violence de son mouuement & la rapidité de son cours. De là vient que toute l'Escriture ne parle que du cœur, parce que cette citadelle gaignée, la grace, comme le vaillant armé de l'Euangile, maintient en paix tout le reste de l'homme. Conuertissez-vous à moy de tout vostre cœur] dit Dieu par vn Prophete, & deschirez vos cœurs] voyla l'interieur, & non pas vos vestemés] voyla l'exterieur. Parlez, dit Dieu à ses Prophetes, au cœur de Ierusalem.] Preuaricateurs reuenez à vostre cœur] les yeux de Dieu regardent fauorablement ceux qui se conuertissent en leur cœur] dit le Psalmiste. L'homme ne voit que la face, mais Dieu regarde le cœur] à raison dequoy il est appellé le sondeur des cœurs.] Soyez nets & vous lauez dit le Seigneur, ostez le mal de vos pésées] Car j'entends la preparation de vos cœurs]. Cette connoissance faisoit dire au Psalmiste : O Seigneur ie vous louëray en la doctrine de mon cœur] parce que vous sauuez ceux qui sont droicts de cœur] mesme vous n'auez point à mespris le cœur cõtrit & abbatu] mais vous guerissez ceux qui ont vne contrition cordiale] à raison dequoy mon cœur est Seigneur, mon cœur est prest] à grauer vostre loy dedans son

INTERIEVRE.

plus intime] voyla que ie le respans deuant vostre bonté] voyla que i'y dispose des montées pour m'esleuer à vous] Et pour monstrer l'ordre que tenoit ce diuin Prophete en sa cōposition interieure & exterieure, ne dit-il pas que son cœur] voyla l'interieur; & sa chair] voyla l'exterieur, se sont resiouïs au Dieu viuant] Si nous consultons les cahiers de la nouuelle alliance, nous verrons que leur doctrine ne bat que vers le cœur. Le grand & premier Commandement est d'aimer Dieu de tout son cœur] Bien-heureux les nets de cœur] Apprenez de moy, dit le Sauueur de nos ames, que ie suis doux & humble de cœur] sçachez que ie regarde tellemēt les cœurs que quiconque conuoite la femme de son prochain a deuant mes yeux commis adultere en son cœur] & pour monstrer que le cœur est la source du bien & du mal exterieur, n'est-il pas dit que le bon homme tire du thresor de son cœur] toutes ses bonnes œuures, & que du mauuais cœur sortent les mauuaises pensees & les plus meschantes actions] que la bouche ne parle que de l'abondance du cœur]. que ceux qui ont le cœur bon portent du fruict auecque patience] Bref que la fin du precepte est la charité qui procede d'vn cœur pur, d'vne bonne conscience & d'vne foy non feinte]

Mais qu'est-il besoin de témoignages apres l'oracle de l'Espoux sacré, en la bouche duquel la tromperie ne peut auoir place] qui commãde à son Amante de le mettre comme vn sceau sur son cœur] voyla l'interieur, & comme vn cachet sur son bras] voyla l'exterieur, puisque par le bras est signifiée en l'Escriture l'œuure exterieure. En fin il ne demande que l'interieur, mon enfant donne moy ton cœur] dit ce cher Pere d'vne tendresse incomparable. Ouy certes, car ayant le cœur qui du dedans & au milieu de l'homme gouuerne toutes les facultez du dehors, n'a-t'il pas vne piece qui fait le tout, puis que c'est le piuot sur quoy tout se remuë, & le centre où se rapporte tout le reste? Si vostre œil est simple, dit le sacré texte, c'est à dire vostre intention, tout vostre corps sera clair, & vous marcherez comme vn flambeau resplendissant] comme vn vray enfant de lumiere] Car tout ainsi que le Soleil estant situé au milieu des planettes, porte sa splendeur & la communique tant aux Astres superieurs qu'inferieurs, & à toute la machine du mõde, le cœur de l'homme estant purifié respand sa pureté à toutes les parties interieures & exterieures du petit monde. Il est vray que le corps doit estre reglé, mais il le sera sans aucune peine si auparauant l'ame

INTERIEVRE.

est bien rangee. Lia estoit plus agée que Rachel, mais elle n'estoit pas si belle, & Iacob n'eut pas plustost conquis celle-cy par ses seruices qu'il eut fort peu de commerce auec l'autre. Ceux qui de la Reformation exterieure viennent à l'interieure, connoissent aussi tost qu'il y a autant de difference que du bled au gland, & que, comme vne once de baume vaut mieux que plusieurs liures d'huile d'aspic, encore que celle-cy ait l'odeur plus forte, mais non pas si suaue ny si salutaire: aussi le moindre degré de Reformation interieure, quoy que de peu d'esclat, a plus de vigueur & de valeur que le plus esleué de l'exterieure. Aux sacrifices de la loy ancienne on faisoit grand estat des entrailles des hosties immolées, fort peu de la peau, qui n'estoit consumée qu'en l'offrande de l'holocauste: Ie confesse qu'en l'holocauste, c'est à dire en l'entiere consecration de nous mesmes au seruice de Dieu, il faut que l'exterieur aussi bien que l'interieur passe par le feu de son diuin Amour: mais en l'hostie que l'on presente à l'entrée d'vne saincte conuersion, il faut les entrailles & reseruer la peau pour la fin de toute consommation] Ie te donneray des petits cercles d'or faits en forme de lamproyettes, pour mettre à tes oreilles, dit le sainct Amant à son Espouse, mais ie veux que cet or soit couuert & comme esmaillé d'argent]. Que veut dire cet or caché sous l'argent sinon que l'exterieure Reformation qui est plus en veuë, est beaucoup moins pretieuse que l'interieure qui est cachée, & qui est d'or tres-pur & tres-fin] Le mesme Espoux dit que les cheurons de sa maison qui soustiennēt tout le comble sont de cedre, bois odorant & precieux, & les lambris de cipres, bois funeste & beaucoup moins estimable, cependant le lambris cache les cheurons & est exposé aux yeux de ceux qui les leuent vers le plancher. Cecy n'est point sans mystere, & ce secret nous apprend que la vertu exterieure marquée pour le lambris de cypres, quoy qu'exposée aux regards de ceux qui la considerent, n'a rien de comparable au cedre de l'Interieure, qui n'est point sujette à corruption, & dont la force soustiét tout l'edifice de la perfection spirituelle. Mais ie m'estends par trop sur les preuues d'vne chose que la seule raison naturelle nous dicte, car autant que l'ame surpasse le corps en dignité, d'autant est plus importante la Reformation de l'vne que de l'autre. Ie desire seulement de tout ce que i'ay produit, tirer cette verité, que ceux qui ont plus de soin de reformer leur exterieur que leur interieur, courent à vn but incertain, & combattent comme

INTERIEVRE. 15

ceux qui escriment en l'air] selon les mots
de l'Apostre, & sont comme vn masson in-
expert qui feroit vne muraille toute de
chaux, de sable, ou de bouë, sans y mesler
le tuf & le moëlon pour luy donner sou-
ftien; ou bien selon que dit Dauid, comme ceux qui filent des toiles d'araignées]
dont l'vsage n'est propre qu'à prendre des
mousches. Voyons maintenant

La Necessité de Reformer
l'Interieur.

CHAP. III.

Elle est telle, Eutrope, que sans cela
on ne fait rien] & c'est en vain que trauaillent ceux qui veulent en eux mesmes
esleuer vn Temple sainct au Seigneur] &
estre l'architecture de Dieu, l'agriculture
de Dieu] S'ils ne mettent la main à leur interieur, & si par vne saincte introuersion
ils ne visitent Hierusalem auecque des lampes] car en fin toute la gloire de la fille du
Roy des Roys (c'est l'ame creée immediatement de Dieu) est au dedans en ses
agraphes d'or] qui sont ses sainctes affections dont elle est attachée à son souuerain bien, & accompagnée d'vne grande
varieté] de facultez, qui la rendent si bel-

le que l'on ne sçait en la considerant, ce que l'on doit admirer dauantage, ou la diuersité de ses beautez, ou la beauté de ses diuersitez. Varieté figurée par les grains bien arrangez qui se voyent à l'entrouuerture d'vne pomme de Grenade, à quoy le diuin Amant compare les iours] c'est à dire l'exterieur de sa bien aimée, mais, adjouste t'il, ce qui est caché au dedans est beaucoup plus agreable] quand il est bien ordonné. Elle est noire, mais elle est belle comme les pauillons de Cedar & les peaux du tabernacle] qui estoient gastez du vent, de la pluye & de la poussiere au dehors, mais pleins de richesses & de parures au dedans. Semblable à vne ruche d'abeilles dont l'exterieur est rude & mal poli, mais qui cache des rayons bien agencez, & dans ces petites cellules vn miel fort sauoureux. Mettez donc vostre soin principal, Eutrope, à la Reformation de vostre ame, & vous souuenez que le Ciel a tous ses yeux au dedans de soy, & que l'Escriture vous aduertit d'auoir attention sur vous mesme] Imitez en ce dessein si necessaire pour vostre Salut, l'ordre de la Nature plustost que la conduitte artificielle des peintres ou des Sculpteurs: car ceux-cy ne trauaillent qu'en l'exterieur sans se soucier du dedans, pource que leur art ne consiste qu'en

INTERIEVRE. 17

apparence; mais la nature en formant les corps commence par les entrailles, & la derniere chose qu'elle fait c'est la peau. De là vient que le cœur centre du corps de l'animal est appellé le premier viuant, & de là se tirent les autres membres, comme autant de lignes vers leur circonference. Au contraire l'œil qui est vne piece dont la fonction est toute vers l'exterieur, est le dernier entre les sens qui a vie, & le premier qui meurt, comme le cœur est le dernier mourant: ce qui fait voir combien la Nature cette sage ouuriere, a plus de soin de l'interieur que de l'exterieur. Lors que vous monstrez à vn horloger vne horloge detraquée, il ne vise pas tant à remettre l'aiguille sur le point du cadran qui est la monstre de l'heure en l'exterieur, comme à considerer les roüages, & à voir s'il y a quelque chose rompu ou de faussé, d'où vient le desordre de son cours. Certes la vraye Reformation depend plustost des ressorts de l'interieur & de la belle ordonnance de l'armee de la Sulamite, qui sçait les facultez de l'ame, que de la composition du corps ny des habits; puisque souuent sous vn exterieur qui semble mortifié, il y a bien de l'Amour propre: comme des charbons couuerts de cendre, comme la fueille d'Asphalte qui cache vn serpent sous sa belle verdeur; & comme les douces figues de cette Roine d'Egypte qui seruoiēt de couuerture à vn aspic. Non, Eutrope, ne vous amusez point à emonder vn mauuais arbre, mettez la coignée à la racine] il occupe la terre en vain] allez à la source de vos passions qui sont cause du desordre de vostre exterieur, c'est l'esprit qui est cause de tout le mal, pourquoy battrez-vous vostre corps, qui n'est que l'organe & l'executeur des determinations de la volonté, comme Balaam frappoit son asnesse auecque l'injustice que l'Escriture nous apprend? Ie ne dy pas que vous ne le corrigiez & que vous ne le reduisiez en seruitude] mais rangez premierement l'esprit qui est son maistre, à son debuoir, & vous verrez qu'il ne fera plus le cheual eschappé, ou que vous tirerez vn profit spirituel de ses rebelliōs, & que la loy de la chair repugnāte à celle de l'esprit] vous seruira de sujet de triōphe, aussi bien que de matiere de combat; cōme il aduint au grand Apostre affligé de cet aiguillon importun qui perfectiōna sa vertu] & qui luy fit tirer profit de sa tribulation] Vous auez beau ébrācher vn arbre il repoussera tousiours, & beau couper les cheueux, cōme fit Dalila à Sāson, si la racine en demeure ils reuiendront aussi forts que iamais. Ceux qui en la reformation de

INTERIEVRE.

leur vie ne corrigent que leur exterieur, combattent des ennemis, qui côme Antée deuiennent plus forts de leur terrassement, & quoy que leurs batailles soient continuelles, leurs deffaites sont assez frequentes, & leurs victoires rares ; ils suent sans beaucoup de trauail, pour vser des termes d'Ezechiel, & cependant ils ne peuuent faire tomber leur roüille, ny se nettoyer de leurs immondices] Laissez donc là ce trauail inutile s'il n'est ordonné par l'interieur, & s'il ne luy est subordonné, autrement vous lauerez vn More, ou la peau d'vn Leopard, dont l'vn ne peut perdre sa noirceur, ny l'autre ses mouchetures] Ce n'est pas le baing qui guerit la gratelle, mais la seignée, il faut tirer le mauuais sang qui la cause, plustost que de s'amuser à la peau. Imitez ce grand Aigle d'Ezechiel qui se nourrissoit de la moëlle du Cedre] & nõ pas de l'escorce. Despoüillez le vieil homme de ses actes, & reuestez-vous du nouueau qui soit selon Dieu orné de saincteté & Iustice] renouuellés-vous en esprit] seruez Dieu en esprit & verité] priez le Dieu caché] en la cachette] de vostre cœur, car il cognoist les secrets des cœurs] faites que vostre vie soit cachée en IESVS-CHRIST, en Dieu] Priez-le qu'il creé en vous vn cœur net, & qu'il renouuelle vn esprit droit en vos entrailles] Tous ces diuins preceptes comme vous voyez, Eutrope, ne parlent que de l'interieur, c'est là que se trouue ceste solitude où le Seigneur veut mener l'ame pour y parler en secret à son cœur] c'est dans l'interieur que le solitaire trouue son repos, & où en silence il s'esleue au dessus de soy-mesme] Iugez donc combien il vous importe de r'entrer dedans vous, & d'y vacquer au reglement de vos facultez interieures. En l'ordre mesme de la Penitence, qui est le Sacrement de reconciliation] & qui reünit nos ames auec Dieu, qui en estoient separées par le peché: voyez cōme la Contrition qui est toute interieure & cordiale, doit preceder la Confession, qui bien que secrette, est neantmoins exterieure, comme est aussi la Satisfaction. Les Cieux ont deux mouuemens contraires, l'vn naturel, l'autre violent. Ceux qui suiuent le cours de la coustume du vulgaire, & se laissent emporter à la force de l'imitation en la conuersion de leur vie, commencent par des boutades de feruerus exterieures, qui comme des feux de paille ont beaucoup d'éclat & peu de durée, mais l'esprit de Dieu qui est doux comme vn Zephir, & le traict de la grace qui est tousiours gracieux, a vn procedé bien different, d'autant que commençant par l'eſprit, il iette vn fondement qui n'eſtant pas veu, ne laiſſe pas neantmoins d'eſtre ſolide, & puis de là il eſleue vn baſtiment viſible en l'exterieur, dont la belle ſymetrie eſt eſtimée de Dieu, des Anges, & des hommes. Et c'eſt ainſi que cheminent les Sages, dit le grand Stoique, d'autant qu'ils marchent comme les Aſtres par vn cours different de celuy du commun. Ce n'eſt pas (ainſi Dieu me ſoit fauorable) que ie blaſme, ny que ie meſpriſe la reformation de l'exterieur qui eſt ſi neceſſaire pour la gloire de Dieu, & de l'edification du prochain, à qui nous deuons par vne vie exemplaire ceſte odeur de vie à la vie] & bonne odeur en IESVS-CHRIST] mais ſeulement ie reprends le mauuais ordre que gardent quelques vns en la reformation de leur vie, la commençans par des choſes exterieures dont la troupe eſt ſi foible qu'elle ne peut pas trancher bien auant les imperfections. Et chacun ſçait combien il importe pour ne receuoir pas la grace en vain] & ne la rendre pas en nous vuide] de ſon effect, de bien commencer, puiſque le bon commencement eſt comme la moitié de l'ouurage, & vne petite erreur en ceux qui commencent à s'aggrandir par le progrés. Et c'eſt afin que vous ne choppiez point à ceste pierre, & ne brisiez à cet escueil que ie vous ay donné ces aduis, Eutrope, & aussi pour vous faire d'autant plus estimer la reformation interieure à quoy ie vous voy porté par la grace de celuy qui est riche en misericorde] & sur quoy vous auez desiré que ie vous donnasse quelque addresse & instruction. Ce que ie vay faire en la suitte de cette opuscule, selon la lumiere qu'il plaira à Dieu de me communiquer.

L'Oeconomie de l'Ame.

Chap. IV.

Puisque c'est sur le fonds de l'Ame que nous allons trauailler, & ce tableau desfiguré que nous desirons remettre en vne meilleure forme: Il est bien raisonnable, Eutrope, que ie vous en face voir le plan & l'assiette, que ie vous descouure les ressorts & les rouages de cette Horloge, & que ie vous en deschifre l'œconomie. Sans nous arrester aux discours de son origine, que la foy nous enseigne venir immediatement de Dieu ; qui y a graué son image & sa semblance] & imprimé la lumiere de son diuin visage] nous nous estendrons ur l'examen & la description des diuerses pieces & puissances qui se trouuent en son vnité. Et pour en faire vn tableau racourcy nous ne nous amuserons point aux differences des particulieres opinions, autrement à chaque pas nous rencontrerions beaucoup pl⁹ de difficultés que de facultés. Laissans donc à part les subtilitez des Philosophes qui n'ont pas vû si clair en ce sujet que les Theologiens, aidez de la lumiere de la foy, nous nous attacherons aux plus communément receuës resolutions de ceux-cy, & les suiurons comme vne lampe à nos pieds, & vn flambeau à nos sentiers]

Certes ce n'est pas sans grande raison que l'Escriture appelle l'homme Toute-Creature] parce que Dieu l'ayant creé le dernier cõme le chef-d'œuure de ses mains, le resultat de ses ouurages, & l'abregé de l'vniuers, (ce qui luy a fait donner par les Grecs le nom de Petit monde) il a ramassé en luy tout ce qu'il auoit respandu à parcelles en toutes les autres creatures. Il luy a baillé l'estre commun auec les Cieux & les Elemens, le viure auec les plantes, le sentir auec les animaux, & la raison auec les Anges. Mais c'est principalement en son Ame souffle de vie] ou, comme dit l'Hebrieu, des vies, qu'il a recueilly tout ce qu'il auoit communiqué de plus exquis à des autres productions. Car l'Ame de l'homme estant vne substance simple, spirituelle, inuisible, raisonnable, intellectuelle, libre, immortelle, est non seulement viuante en soy, mais viuifiante, car elle est la forme du corps, & luy donne la vie, le sentir, & le mouuoir, de telle sorte que sans elle (comme il se voit lors que par la mort elle en est separée) il ne seroit qu'vn tronc insensible poids inutile de la terre. Elle luy donne la vertu vegetatiue qui le fait viure au commencement de la vie des plantes, lors qu'il est dans les flancs maternels, puis elle luy depart la sensitiue lors qu'il en est sorty viuant en son enfance comme les animaux, iusques à ce que paruenu à vn aage plus connoissant il vse de la vie raisonnable. Ce n'est pas qu'il y ait plusieurs ames en l'homme, comme disoient les Manichéens, dont les erreurs ont esté si dignement refutées par les Peres Anciens, & particulierement par S. Augustin en ses liures de la Cité de Dieu; mais c'est que l'Ame humaine contient en eminence les vies vegetatiue & sensitiue, sa propre qualité estant d'estre raisonnable. Or encore qu'elle soit vne & tellement inseparable & indiuisible qu'elle soit toute en tout le corps, & toute en chaque partie du corps; Si est-ce qu'en

INTERIEVRE.

ce qu'en son vnité elle ne laisse pas de comprendre vne grande multiplicité de fonctions, de facultez, & de Puissances, tout de mesme que le corps pour auoir diuers sens & membres, ne laisse pas d'estre vn. Et le monde vn en ce qu'il ait en son Tout tant de differentes parties qui le font appeller Vniuers, comme qui diroit vn & diuers: c'est à dire vnique en sa diuersité, & diuers en son vnité. Et c'est cette vnité indiuisible de l'Ame qui a fait estimer à quelques Philosophes, que toutes ses facultez ne sont autre chose qu'elle mesme consideree en diuerses actions. Estant appellée entendement quand elle entend, volonté quand elle veut, memoire quand elle se souuient, appetit quand elle conuoite, magination quand elle imagine, veuë quand elle regarde, ouye quand elle oyt, vie quand elle anime le corps, esprit quand elle le fait respirer, & raison quand elle iuge. Mais sans nous amuser à examiner cette opinion, nous suiurons celles des Theologiens, principalement des Mystiques, (puisque c'est icy vn Traitté qui parle de l'interieur.) opinion appuyée de l'auctorité de l'Escole, & particulierement de celuy qui en est l'Ange. Sans doncques separer l'Ame, qui de sa nature ne se peut diuiser, ils la distinguent eu trois degrez ou

B

estages, dont le plus bas est appellé sensitif, le moyen les trois Puissances, qui sont l'entendement, la volonté, & la memoire, & le plus haut est appellé de diuers noms; mais pour nous arrester à vn nous auons choisi celuy de Centre de l'Ame, pour les raisons que nous deduirons en leur lieu. Vous voyez que ie ne parle pas icy de l'ame vegetatiue, qui n'estant capable de bien ny de mal, n'a que faire de reformation, mais de la raisonnable seulement, & en quelque façon de la sensitiue, en tant que l'appetit sensitif doit estre reglé par la raison, selon cette ordonnance de Dieu, sous toy sera ton appetit & tu le gouuerneras] I'ay besoin de quelques allegories ou similitudes pour faire cognoistre cette disposition interieure par des exterieures, & pour donner à entendre par des choses visibles & sensibles ce qui est inuisible, & autrement presque imperceptible. En voicy vne dont se sert mon bien-heureux Maistre en son Theotime, quoy que ce ne soit pas tant pour exprimer la disposition des portions ou facultez de l'Ame, que pour faire voir les diuers degrez de raison qui s'y trouuent, si bien que s'il m'en dône l'ouuerture l'application neantmoins nous en restera. Il y auoit au Tabernacle de Moyse, & depuis au Temple de Salomon,

INTERIEVRE.

dont ce Tabernacle fut le modele, trois departemens principaux: le premier appellé le Paruis, estoit le lieu où s'assembloiét les hommes & les femmes auec les enfans pour assister aux diuins offices: le second appellé le Sainct ou le Sanctuaire, estoit le departement destiné aux Leuites & aux Prestres, dont la charge estoit d'offrir les Sacrifices, & de chanter les loüanges diuines: mais le troisiesme endroit appellé le Sainct des Saincts, ou le Sacraire où reposoit l'Arche d'alliance, estoit vn lieu où n'entroit que le seul grand Prestre, encor vne fois l'an & en silence auec les respects, l'equipage, & les ceremonies qui sont descrites en l'ancienne alliance. Outre cela, au dehors il y auoit vn Porche ou Portique couuert, où les Gentils, & les Estrangers pouuoient auoir accez, mais non pas entrer au dedans, pour ne profaner la saincteté de la maison de Dieu.] Que nostre Ame soit le Temple du sainct Esprit] c'est vne verité qui reluit en tant de passages de l'Escriture saincte, qu'elle ne peut estre mise en doute que par ceux qui ferment les yeux à la lumiere.] En elle nous pouuons remarquer trois estages qui correspondent aux trois Paruis de celuy de Hierusalem. Celuy qui receuoit les Laiques nous represente l'appetit sensitif distingué en l'i-

B ij

rascible & au concupiscible : le Sainct où les Prestres se rangeoient, est la figure des Puissances ; mais le Sainct des Saincts est la vraye image du centre de l'esprit. Ainsi que nous ferons voir clairement quand nous visiterons toutes ces pieces interieures en particulier. Et quant aux sens exterieurs que l'Ame sensitiue anime, parce qu'ils nous sont communs auec les animaux sans raison, ils peuuent estre comparez au Portique du Temple, où les infidelles pouuoient aborder ; voyons maintenant ces degrez en particulier, & les considerons de plus pres, & plus exactement. Car tout de mesme que les Medecins auant que d'entreprendre la cure des corps humains, s'estudient fort à l'Anatomie, & en examinent par le menu la composition : si nous voulons reformer l'interieur, & remettre l'Ame détraquée de son deuoir en sa droite assiette, il est necessaire que nous voyons bien clair dans tous ses ressorts, & que nous penetrions dans tous ses replis, ses destours, & ses cachettes.

Du Centre de l'Ame.

CHAPITRE V.

Puisque l'homme est vn arbre renuersé selon Platon, c'est à dire, qui a ses racines en haut, & ses branches en bas, il est bien raisonnable que nous commencions à recognoistre son Ame par son plus haut estage, afin de prendre nostre suiet dans ses racines. Or ceste supreme & sublime partie de l'Ame, a esté ignorée, non seulement de la plus grande partie des Philosophes, exceptez les Platoniciens, mais encore de plusieurs Chrestiens, mesme de quelques Theologiens qui ne l'ont pas voulu recognoistre, mettans le faiste de l'Ame dans l'estage moyen, qui est celuy des Puissances. Or ceste haute portion de l'Ame raisonnable a tant de noms chez les Theologiens tant Scolastiques que Mystiques, que cela apporte beaucoup de confusion : & cependant tous sont si propres, qu'en vne si grande quantité il est malaisé de choisir. Nous ferons neantmoins comme celuy qui dans vn grand parterre orné d'vn grand nombre de fleurs en choisit vne sans mespriser les autres, ou comme celuy qui dans vn beau festin s'attache à vn mets, laissant les conuiez suiure leurs appetits. S. Thomas suiuy par plusieurs, l'appelle l'Essence de l'Ame, d'autres le nomment le fonds de l'Ame, d'autres la pointe, la cime, le faiste, le sommet de l'esprit, d'autres l'vnité de l'esprit; d'autres simplement l'esprit, & tous ne manquent point de bonnes & solides raisons pour soustenir le terme qui leur aggreé le plus, & en fin tous conuenans en la substance de la chose l'expriment par diuers mots : & puisqu'en ce sujet il est permis d'abonder en son sens, & de choisir à son gré dedans ceste affluence, celuy de centre de l'Ame m'a plus aggreé qu'aucun autre; parce qu'il m'a semblé que comme le centre est le lieu d'où partent toutes les lignes qui vont à la circonference; ainsi de ceste haute partie deriuent & fluent, comme dit S. Thomas, les Puissances de l'Ame, qui en dependent côme les rayôs de leur Soleil, les ruisseaux de leur source, les branches de leur tronc, les membres de leur chef, & les suicts de leur Roy. Et d'effect Dieu qui est vn, ayant reduit toutes choses à l'vnité, afin que par là, leur multiplicité disposée par vn bel ordre se terminast en luy, qui est l'Vn infiny & l'vnité Essentielle, n'a pas manqué d'establir en l'Ame ce que nous voyons estre aux corps

& naturels & politiques. Car il a reüny tous les membres sous vn chef ; plusieurs personnes qui sont en vne maison conuiennent sous le maistre de la famille : de plusieurs familles se fait vne ville, de plusieurs villes vne Prouince, de plusieurs Prouinces vn Royaume qui ne recognoist qu'vn Roy. En l'Ame humaine il a reduit les sens exterieurs dans l'vnité du sens appellé commun. Les sens interieurs il les a ramassez sous l'appetit. Les passions qui sont dans l'appetit il les a reduites sous la direction de la raison des Puissances, & les trois Puissances il les a recueillies dans l'vnité de l'esprit. Vnité de l'esprit ou centre de l'Ame qui estend son pouuoir sur toutes les facultez qui luy sont inferieures, tant raisonnables que sensitiues, & qui est appellé pour ce suiet par sainct Thomas raison superieure ou dominante. C'est ce que les Latins ont exprimé par le mot de [Mens] les Grecs par celuy de [Νοῦς] les Hebreux par celuy de [Nesamah.] La supreme partie de l'esprit, le donjon, la sentinelle, le souuerain tribunal de nostre raison où se font ses iugemens en dernier ressort : Bref le centre d'où sortent, & où retournent toutes les lignes de ses diuerses facultez. Tout ainsi que les Puissances d'vn Royaume viennent du Roy ; & se rapportent à l'auctorité du Roy. De sorte que ce centre de l'Ame est comme le Monarque qui gouuerne toute la police de nostre interieur, Dieu luy ayant dit, comme Pharaon à Ioseph, qu'il commanderoit de sa part à sa maison, & à tout son peuple.] Au commencement du monde Dieu crea dans le milieu du Paradis terrestre vne source feconde, qui se partageant en diuers ruisseaux arrosoit tous les parterres de ce iardin de plaisir. L'Ame sans doute est le Royaume, c'est à dire le Paradis de Dieu qui est dedans nous] c'est là qu'il prend ses delices auec les enfans des hommes] qui sont selon son cœur] & il a estably vne source viue qui rejallit à la vie eternelle] au milieu de ce iardin clos] qui n'est autre que sa grace qu'il verse en ce centre de l'Ame, & qui de là se respand par toutes les Puissances, comme ce fleuue impetueux qui resiouit la Cité de Dieu.] Il importe donc extremement de bien cognoistre, & mesme de recognoistre ceste interieure Monarchie de l'essence, vnité, & centre de nostre Ame, puisque c'est en nous la vraye Tour de Dauid, & l'Arcenal où sont attachez plusieurs boucliers de grace, & toutes les armes de nostre force] spirituelle. Et c'est principalement ceste partie qu'il faut reuestir de l'armure de Dieu, pour pouuoir resister aux traits enflammez de nostre aduersaire] qui dresse ses principales embusches contre ce talon] ou fonds de nostre Ame, & qui en veut sur tout au Roy d'Israel] sçachant bien que le Maistre de ceste citadelle de Bethleem] la ville de nostre interieur, auec tout l'attirail de ses facultez, sera bien tost en sa puissance. A raison dequoy il faut selon l'aduis du Sage, faire vne soigneuse garde sur nostre cœur] c'est à dire sur ce centre de nostre Ame, car c'est de là que procede nostre vie.]

Excellence de ce Centre.

CHAP. VI.

VOus ferez encore plus grand progrés, Eutrope, en la cognoissance si importāte de ce centre, puisque c'est le pivot sur quoy tourne toute la sphere de nostre interieur) quand ie vous auray fait voir quelques traits de sa dignité. Vous ne pouuez ignorer que Dieu ayant creé toutes choses, voulant sceller ses ouurages par ceste noble creature qui est l'homme, il dit, faisons l'homme à nostre image & semblance] sur quoy disent tous les Interpretes, que la Puissance du Pere, la Sagesse du Fils, &

By

la Bonté du sainct Esprit, formerent cet excellent chef d'œuure, & y grauerent leur portraict, comme l'ancien Phidias le sien sur le bouclier de sa Minerue; mais comme dans les trois Puissances de l'Ame, ainsi que nous verrons en son lieu, reluit la distinction des diuines personnes, ce fut principalement sur l'vnité de l'esprit que Dieu imprima l'vnité de son essence. Ce que sainct Thomas & tous les Mystiques enseignent d'vne commune voix. Et c'est ceste vnité que Dieu aime si cherement en l'Ame, comme estant le traict de sa diuine image, & le rayon de sa face marqué sur elle] d'où naissent ces termes amoureux du Cantique d'vnique Amie, de Colombe vnique, de l'vnique de sa Mere, qui monstrêt combien ce Dieu tres-vn, comme l'appelle S. Bernard, aime vniquement l'vnité de l'essence de nos Ames, mais vnité desgagée & desbroüillée de multiplicité, afin de la rendre vn esprit auec soy par vne amoureuse adherence.] C'est ceste solitude où il veut mener l'Ame pour parler à elle] & l'espouser en fidelité.] C'est ce lict florissant, ou comme dit vne autre lecture, ce lict caché] où il veut prendre ses delices auec elle. C'est ceste couchette de Salomon où il fait sa cachette] c'est ce licu où il prend ses repas, & où il repose au midy] de sa dilection. C'est

INTÉRIEVRE. 35
là où il fait son trosne, & où il veut regner souuerainemét. C'est là ce coing obscur où il fait sa retraitte] & ce siege où la sagesse eternelle veut presider.] C'est ce petit lict où l'Espouse a cherché son Amant durant la nuict] de son ignorance naturelle, & ne l'y a pas trouué, apres elle l'a cherché par les voyes de sa cité interieure, & par toutes ses facultez intellectuelles & sensibles, & ne l'a pas rencontré; mais en fin ayant outrepassé ses sens & ses discours, elle l'y a trouué par la lumiere infuse, où elle proteste de le tenir si bien que iamais elle ne le quittera] Ceux qui discourent des choses naturelles distinguét la sphere de l'air en trois Regions, mettás en la plus basse les broüillards, les pluyes, les nuages, & les diuerses impressions dont la terre est battuë, en la seconde ils logent vn air plus espuré, mais ils disent que la troisiesme est si subtile que les meteores n'y peuuent auoir d'accez, sinon ceux qui se prennent à l'element du feu qui luy est voisin. Nous pouuons nous representer en l'Ame quelque chose de semblable, & dire que sa plus basse partie qui est la sensitiue, est suiette au desordre, & au tumulte des passions qui sont des sujets rebelles, & que la partie raisonnable range auec difficulté en leur deuoir. La moyenne qui est celle des Puissances, a

B vj

plus de serenité, parce que l'entendement y marche, quand il n'est point preoccupé de la tyrannie, ou de la tromperie des sens, auec vn discours iudicieux, & y porte le flambeau deuant la volonté. Mais apres tout le iugement qui se forme du resultat de ces Puissances raisonnables dans l'vnité ou centre de l'esprit, est beaucoup plus pur, & bien esloigné des impressions de la partie sensitiue, & comme il est esleué au dessus des sens & de la raison inferieure, il est beaucoup plus disposé à l'vnion de ce grand Dieu qui est appellé vn feu consommant] qui paroist à Moyse dans les buissons ardens, & aux Prophetes à la pointe de la flamme de leurs sacrifices. On tient que le faiste du mont Olympe s'esleue si haut au dessus des nuées, & s'auoisine si pres des Cieux, que les orages ne s'y ressentent point, & que l'on y iouyt d'vne agreable tranquillité. Tel est dans les Iustes le faiste de leurs ames, qui nonobstant la sedition & la reuolte de leurs sentimens, ne laissent pas de posseder leurs esprits en patience, & en repos, vnis auecque ce Dieu qui fait son sejour dans la paix] & qui ne veut entendre aucun bruit au bastiment de son Temple. Le sommet de l'esprit est cette montagne de Dieu, grasse de sa grace, montagne en laquelle il se plaist de faire en nous sa residence.] Que s'il vous plaist de vous figurer l'esprit humain sous la forme d'vn tribunal de Iustice, representez vous que les facultez de l'Appetit sensitif y tiennent le rang des Huissiers, des Procureurs & des parties, les Puissances celuy des Aduocats, mais le cêtre de l'ame y fait l'office des Iuges qui ordonnent selon ce qu'ils estiment estre raisonnable. Et c'est en ce iugement que Dieu prepare son trosne] & qu'il veut estre assis en nostre Ame comme en son lict de Iustice. Car il est iuste & il aime la Iustice, & son regard est dessus l'equité. Maintenant il nous faut sçauoir

---

Quelle est la propre fonction du centre de l'ame.

CHAP. VII.

COmme c'est le propre du centre de reünir en son poinct toutes les lignes qui l'enuironnent : Aussi Eutrope, la particuliere proprieté du cêtre de nostre Ame est de recueillir en soy d'vne façon eminente les actions des puissances & mesmes celles des facultez sensitiues, & de leur donner le mesme branle que le premier mobile baille aux spheres qui luy sont inferieures. Il est comme le firmament de l'Ame qui comprend en soy tous les Astres & lumieres des autres portions. C'est ce cordage de trois cordons, dont le Sage parle, qui ne se rompt pas facilement] & ce fort armé] qui tient tout le reste en sujection, mais sujection gracieuse & honorable s'il tient le party de la grace, suiection au contraire tyrannique & barbare, s'il est de celuy du peché. C'est là le poinct que desiroit Archimede pour enleuer toute la terre, car du poinct de ce centre depéd le mouuemét de tout nostre Interieur. Si cette source est claire, tous les ruisseaux auront part à sa clarté, mais si elle est trouble tout le reste sera en desordre. Le Roy estant sain tout le peuple des sens, des passions, & des puissances demeure en son debuoir, s'il est blessé ou captif sous la seruitude du peché,] tous ses sujets sont miserables & suiuét son malheureux esclauage. C'est de la teste que les bonnes ou mauuaises influences decoulent aux membres du corps, & c'est de cette pointe de l'esprit qui est comme le sommet & la teste de l'Ame, que l'ordre ou le desreglement se coule dans les facultez qui luy sont subordonnées. Or son propre acte est de rendre plus subtils & plus simples ceux des puissances de l'Ame, de sorte que ce qui est distinctement dans l'entendemēt la memoire & la volonté semble comme reüni dans cette verité de l'essence de l'Ame par vne simple veuë, & vn nud acquiescement. Car si la foy est dans l'entendement auecque beaucoup de ratiocinations & de discours, si la memoire se remplit des esperances des diuines promesses, si la volonté nourrit en soy la charité par diuers motifs, la cime & supréme pointe de nostre esprit, admet tout cela d'vne façon si nuë & si pure, qu'il semble que cette multiplicité y deuienne comme vnité. Et tout de mesme que de nos deux yeux & de nos deux oreilles il ne se fait qu'vne veuë & vne ouye, aussi ce qui est regard en l'entendement & amour en la volonté, ne semble estre qu'vn regard amoureux en l'vnité de l'esprit. De cette sorte il est cōme le Resultat des trois puissances, contenant en soy d'vne maniere d'autāt plus exquise qu'elle est plus deliée, tout ce que la memoire, l'entendement, & la volonté conçoiuent d'vne façon plus estenduë, & par consequent plus embarassée. Ainsi vous voyez que nous pouuons appeller cette pointe de nostre esprit, vne manne cachée qui contient en soy les proprietez des autres facultez de l'ame, & la comparer à cette herbe doderatheon qui comprenoit en son vnique simplicité les qualitez de plusieurs autres simples. Que si les Pharmaciens donnét le nom d'Essences à ces eaux ou à ces huiles qu'ils tirent du suc & de la substance des herbes par le moyen du feu, essences qui en peu de liqueur possedent la vertu d'vne grosse masse: Il me semble que les Theologiens ont eu raison de nommer essence de l'ame cette supréme partie qui contient en son vnité auec eminence l'elixir de toutes les autres facultez. Dedans l'Arche de l'alliance, il y auoit trois choses enfermées, la manne, la verge d'Aron, & les tables de la loy, ce qui nous represente l'vnité de l'esprit vray Sanctuaire de Dieu & Arche où le Seigneur reside, qui comprend en soy la manne de la foy cachée dans la cruche d'or, car la foy est des choses inuisibles, nostre entendement acquiesçant en vertu de la lumiere infuse aux mysteres qu'il ne comprend pas: l'vtilité de l'esperance signifiée par les fleurs & les fruicts de la baguette d'Aaron, dont la memoire est gardienne: & la loy de l'amour de Dieu que la volonté a en depost par l'infusion de la sincte charité. Tellement que nous pouuons dire de la Cité de nostre interieur, cela mesme que dit S. Iean de la Hierusalem mystique, sçauoir que son premier fondement est de iaspe, pierre qui porte en soy les couleurs de toutes les aures, puisque le fonds ou centre de nostre ame a en soy generalemēt ce qui est respādu en particulier par toutes les autres facultez. Mais il l'a d'vne façon beaucoup plus pure & plus excellente, de sorte que sa fonction & en estendue & en eminence surpasse incomparablement toutes les autres fonctions, estant comme vn Samson plus fort tout seul que l'armée de tant de ressorts & de facultez que nous verrons dans l'harmonie de nostre interieur. C'est pourquoy il importe extremement de tenir cette partie en son poinct ou de l'y remettre si elle en est detraquée : Ce qui ne se peut faire si auparauant nous ne cognoissons clairement.

Quel est le desordre de l'vnité de l'Ame.

CHAP. VIII.

Avparauant que les Medecins s'appliquent à la cure d'vne maladie, & qu'ils ordonnent les remedes conuenables pour la chasser, ils mettent toute leur industrie & bandent tous les secrets de leur art pour en bien reconnoistre la cause. Car comme sans cette connoissance il se commet de dangereuses fautes, auſſi quand la source du mal eſt bien reconnuë il eſt aiſé de la chaſſer & de remettre le corps en santé. Comme donc cette partie eſt la plus haute & la maiſtreſſe de l'ame, & comme la clef de la voûte de tout noſtre Temple interieur, c'eſt contre elle que l'ennemy de noſtre ſalut dreſſe ſes plus fortes machines, c'eſt ce canon qu'il deſire le plus d'encloüer, ſçachant que comme on rend vne fleche & vne eſpée inutiles ſi on en eſmouſſe la pointe, auſſi toute l'ame ne peut arriuer à des vertus Heroiques & d'eminent degré ſi la cime de ſon eſprit eſt affoiblie. Or comme toute la force de cette partie qui vnit à ſoy & en ſoy toutes les autres, & eſt à cette raiſon la baze & le centre de l'ame, a toute ſa force en ſon vnion, ce qui faict que pluſieurs myſtiques la nomment vnité d'eſprit: Auſſi ſon plus grand & vniuerſel deffaut conſiſte en la diſſipation & en la multiplicité, parce qu'au lieu de ramaſſer les autres facultez ſous ſes aiſles cõme vne poule qui couure ſes pouſſins, ſi elle s'eſcoule dans les puiſſances qui coulent d'elle, & de là dans les paſſions de la partie ſenſitiue qui ne voit que de Reyne elle deuient ſinon eſclaue, au moins compagne de ſes ſujets, & comme vn Samſon razé qu'elle eſt renduë foible comme les autres. Ce qui faict que l'ennemy de nostre bon-heur sur-seme l'yuroye de la diffipation dans ce champ du Pere de famille, & tafche de faire à cette partie le mefme affront que ce Roy de Perfe fit au fleuue Giges qu'il partagea en tant de ruiffeaux qu'en fin il luy fit perdre fon cours imperieux qui auoit arresté l'infolence de fes armes. Il femble que Iob fe plaigne de ce ftratageme de noftre aduerfaire quand il dit que la diffipation de fes penfees a tourmenté fon cœur] encore que cela fe puiffe auffi entendre du defordre de fes imaginations, ou des tentations interieures: Comme auffi lors qu'il s'afflige de la fufpenfion de fon Ame] Et il femble que cette diffipation foit vne punition particuliere. Hierufalem, c'eft à dire l'ame, a commis vn grand peché à raifon dequoy elle a efté renduë vagabonde] ce font les mots d'vn Prophete qui s'accordent auecque ceux-cy de Dauid, où Dieu menace les pecheurs de les laiffer aller apres les diuers defirs de leur cœur, & cheminer apres leurs inuentions] cela s'appelle felon les termes de l'Apoftre courir à l'incertain & fans but, & combattre contre l'air.] A cela fe rapporte cette reproche que le fainct Amant fait dans le Cantique à l'Ame oublieufe de fon debuoir qu'il appelle Sunamite, Si tu ne te cognois pas ô la belle, vat'en apres les pas de tes troupeaux.] Si tu ignores l'vnité du sommet de ton esprit il ne se faut pas estôner si tu te dissipes dans la multiplicité des actes qui naissent de toutes tes facultez. Et c'est cette multiplicité que le Sauueur reprend en la soucieuse Marthe, comme cause du trouble d'inquietude & de dissipation, mettant à vn si haut degré de perfection l'Vn de Marie, qu'il appelle necessaire, qu'il le nomme la tres-bonne part, & qui ne luy est iamais ostée non pas mesme dans l'eternité.] où Dieu estant tout en tout, & toutes choses à tout, ramenera tous ses esleus à l'vnité de son eternelle dilection. O combien il y a maintenant dedans le monde de marthes en pressees, & qui embarassees dans la multiplicité ne sçauent pas le prix de l'vn necessaire. Combien y a t'il d'ames, ie ne dis pas seulement dans le siecle où la deuotion est rare, & encore meslée de tant d'imperfection, mais encore parmy les personnes qui font estat de mener vne vie spirituelle, qui sçachent bien mettre en œuure cette haute & supréme partie de l'esprit. Ie diray plus & le diray hardiment, parce que veritablement, & veritablement estant fondé sur plusieurs experiences, que parmy beaucoup d'ames assez entendues aux choses de l'interieur, il y en a peu qui sçachent

INTERIEVRE, 45

bien diftinguer & clairemēt difcerner cette effence de l'Ame dont nous parlons icy, d'aueque fes puiffances, & qui n'ont iamais agi par elle auecque vne iufte connoiffance, ne s'imaginans rien de plus haut en l'ame que l'entendement & la volonté, & ne procedans en leurs Meditations & contemplations que par les actes de ces deux facultez de la raifō inferieure. Et d'effect traittant auec quelques vnes affez efclairées, & qui marchoient d'vn bon pied en la voye de Dieu, quand elles parloient des parties inferieure & fuperieure de l'ame, elles entendoient par celle là l'appetit & par celle-cy les Puiffances. Erreur que nous refuterons en fon lieu, nous contentans de dire icy en paffant que par les portions inferieure & fuperieure de l'ame raifonnable, il faut necefsairement entendre le centre de l'ame & les puifsances qui en decoulent comme de leur fource, felon la doctrine de S. Thomas & de tous les myftiques qui l'ont fuiuy en cette croyance, veu que la partie appetitiue fenfitiue que nous auons commune auecque les beftes ne peut par aucun homme de bon fens eftre appellée raifonnable. Iugez maintenant quel foin plufieurs fpirit els peuuent auoir d'vne partie de leur ame fi haute, fi importante, la maiftreffe & la Royne de toutes les autres, puisqu'elle leur est autant incogneuë que les Antipodes l'estoient à S. Augustin. De là vient que Dieu les touchant souuent en cette portion, où sont ses principales attaintes, comme le lieu où se communique sa Grace plus immediatement, grace qui de là se respand aux autres estages inferieurs, ils y correspondent si peu, semblables à Samuel qui appellé de Dieu respondoit à Heli : car attirez en ce faiste de l'ame ils cherchent Dieu dans les puissances qui sont en vn departement plus bas, & plus sujet à multiplicité. Cependāt l'aduersaire dont les malices spirituelles] sont incroyables, prenāt auātage de cette ignorance, empeschant aisément le recueillement de leurs puissances dans l'vnité de l'esprit, les laisse dans la multiplicité, qui luy ouure vne large porte à la dissipation des pensees, faisant ainsi sa pesche dās l'eau trouble. Car selon la maxime des Philosophes tout bien procede de l'vnité, & le mal de la varieté, il s'ensuit que les cœurs partagez en diuers objects sont aisément surpris & comme dit vn Prophete, que le cœur diuisé est proche de sa ruine. Au lieu que si l'ame recueilloit toutes ses forces dans son fonds, comme vn bon Capitaine ramasse ses soldats dans sa forteresse, elle en seroit plus redoutable à ses ennemis , & le Sauueur la voyant ainsi retranchee dans son vnité se mettroit en elle comme vn bouleuard & comme vn auant mur.] Or le desordre de cette multiplicité apporte vn tel rauage dans l'interieur, qu'il semble que ce soit ce Sanglier farouche, dont le Psalmiste parle, qui gaste nostre vigne, ou ces renardeaux du Cantique qui la demolisent. Et quel remede à ce grand mal, c'est ce qu'il faut que ie vous enseigne, Eutrope, en

La Reformation du centre de l'Ame.

CHAP. IX.

PVisque son desreiglement prouient de la multiplicité, & de ce qu'il s'esparpille par les autres parties & facultez, au lieu que de les recueillir en son vnité & de les ranger sous sa discipline, ne vous semble t'il pas, Eutrope, pour guerir vn mal par son contraire, que le meilleur remede que nous puissions appliquer à celui-cy est de le rappeller à son vnité qui luy est naturelle. Remede facile puisqu'il est si conforme à sa nature. Car il n'est point plus naturel au Herisson de se ramasser en soy-mesme, ny à la tortue de se retirer sous son toict, qu'il l'est au centre de l'ame de rappeller sous son empire tous ses sujets qui sont les facultez interieures qui luy sont inferieures. Il est vray que la mauuaise habitude ayant alteré la nature, fera trouuer à l'abord cet exercice difficile à quelques vns qui tous esgarez & respandus dans la dissipation & multiplicité, ne sentiröt pas moins de peine à se resserrer dans l'vnité de leurs esprits, que les Spagiriques en trouuent à fixer leur mercure : Mais à vous, Eutrope, qui auez pris à tasche la Reformation de vostre interieur, cette peine semblera douce, principalement si vous pensez aux grãds auantages qui vous artiueront d'auoir remis en sa iuste assiette, cette supreme & eminente partie de vostre ame. Pour vous aider à cela ie ne sçay point d'exercice plus commode ny plus court que celuy de la droicte intention, qui vous seruira comme de niueau & d'esquierre pour redresser le bastiment de vostre interieur, & pour rappeller à sa droitture l'vnité de vostre esprit. Car la droitte intention ayant cela de propre d'aiuster à la derniere & plus haute fin, qui est l'honneur & la gloire de Dieu toutes les actions de nostre vie bonnes ou indifferentes, vous verrez qu'en peu de temps par sa prattique le centre de vostre ame s'appliquera si fortemét à ce diuin object

INTERIEVRE.

ject, le but de tous les bons desirs, que rien ne vous pourra separer de sa charité :] La multiplicité n'ayant plus la force de vous distraire, puisque vous rapporterez tout à cette vnité comme les lignes se terminent en leur centre. Que si tous les fleuues qui viennent de la Mer y retournent par vne inclination naturelle, aussi tost que l'vnité de nostre ame a recognu cet Vn d'où elle tire son origine, & qu'elle s'y reünit par vne droitte intention, aussi tost toutes les facultez inferieures comme ses vassales la viennent reconnoistre, & se recueillans autour d'elle luy rendent le mesme hommage que les Courtisans de Dauid rendirent à Salomon quand il fut esleué par vne iuste succession, sur le throsne de son Pere. O Dieu, disoit le grand S. Augustin, nous venons de vous, c'est pourquoy nostre cœur n'a point de repos qu'en vous qui estes son vray centre. C'est là cette vnique grace que le Psalmiste demandoit à Dieu, qui est de prendre son repos en luy par le sommeil de ses puissances, ramassées en l'vnité de son esprit. O que bien-heureux est l'homme, dit-il, qui n'a son attente, ny son attention qu'en Dieu & qui n'a point jetté les yeux sur les vanitez & les fausses folies.] O Vn necessaire] he ! que tu es desirable: ô Seigneur vous estes cét vn de l'vnité de mon

C

ame, & deuant vous eſt tout mon deſir.] Vne ame eſt vrayement recueillie qui par vne pure intention de plaire à Dieu en toutes choſes, luy peut dire auecque le diuin Chantre : Mes yeux, ô Seigneur, ſont touſiours vers vous, afin que vous retiriez les pieds de mes affections des pieges] de la multiplicité des creatures ; Et encore, ô Dieu qui habitez dans les Cieux, c'eſt vers vous que i'ay eſleué mes regards, c'eſt en vous que i'ay attaché mes yeux en la meſme façon qu'vn ſeruiteur a les ſiens ſur les mains de ſon maiſtre] pour obeïr au moindre ſigne de ſes commandemens. Et qui luy peut faire auec ſincerité cet eſlancement, que veux-je dans le Ciel ou ſur la Terre, ô Seigneur, ſinon vous qui eſtes le Dieu de mon cœur (mot qui marque le centre de l'ame) & la part de mon heritage pour iamais :] ou qui peut dire auec l'Eſpouſe, mon bien-aimé eſt à moy & moy je ſuis toute à luy, ouy ie ſuis à luy, & luy auſſi de ſa part eſt tout retourné vers moy] ie le mets ſur mon cœur comme vn eſtandart] ſacré où ſe ramaſſent toutes mes affections & toutes les puiſſances de mon ame. Ce bien-aimé m'eſt vn bouquet de myrrhe colé entre mes mammelles.] Metaphore tres-propre pour exprimer vne multiplicité d'actes recueillis en l'vnité d'vne pure

INTERIEVRE.

intention : car comme vn boucquet est composé de plusieurs fleurs, ainsi se reünissent les mouuemens de l'ame en l'vnité de l'esprit, & ce boucquet mis sur le sein de l'espouse: entre les deux mammelles de son ame, l'entendement & la volonté, faict voir en sa situation le centre de l'esprit où toutes les puissances se rapportent. O que cette ame est heureuse qui ne trouuant point de repos dans la multiplicité des creatures, ne sçait où asseoir le pied de ses pretensions ny de son intention, comme la Colombe du deluge, que dans l'arche du Createur, mettant en ce lieu haut & en cet asseuré refuge son vnique esperance.] Ainsi faisoit ce Sage qui disoit: i'ay cherché la tranquilité par tout, & ie ne l'ay trouué qu'en l'heritage du Seigneur,] c'est à dire en prenant Dieu pour mon heritage. Ainsi faisoit ce grand Apostre qui tenoit pour de l'ordure tout ce qui n'estoit point son maistre] Ainsi cét autre sainct qui disoit en l'excés de son esprit] ô mon Dieu vous m'estes toutes choses. Ainsi ce geant spirituel de nostre siecle, qui tenoit toute la terre pour de la boüe lors qu'il consideroit le ciel, & celuy qui y regne, en qui estoient tous ses desirs. Grandes ames dont les pensées, plus grandes que tout le monde, ne voyent rien icy bas qui soit capable d'oc-

C ij

cuper leurs affections. Oyseaux de Paradis dont la conuersation & le vol est tousiours dans le Ciel, & qui ne tiennent à cette vie mortelle que par le simple filet de la necessité. Heliotropes tousiours retournez vers le Soleil de Iustice par leurs droictes intentions. Aiglons legitimes qui regardent fixement ce grand Astre, sans abbaisser leurs regards genereux aux choses inferieures. Et qui attirez par le parfum] de leur vnique bien-aimé, disent courageusement que tout ce qui n'est point Dieu ne leur est rien. Archers adroicts, comme les enfans d'Efren, & dont la mire ferme & asseurée atteint au vray but de toutes nos affections qui ne doiuent iamais auoir d'autre visée que l'honneur & la volonté de Dieu. Leurs cœurs comme les nids des Alcyons parmy les vagues de la mer du monde ne sont ouuerts que du costé du Ciel, &, comme les nacques des perles, ne reçoiuent nullement l'amertume des flots marins, moins les seules gouttes de la rosée qui tombent du sein de l'aurore. Et comme des aiguilles de cadran frottez de l'aiman de la diuine grace se retournent tousiours vers le Nort de la celeste Amour.

*Suitte du suiet precedent, qui est
de la pure intention.*

Chap. X.

ENtre tous les exercices spirituels, que les Mystiques nous proposent pour nous retirer du mal, auancer nos pas dans les voyes de Iustice, & vnir nos ames auecque Dieu, ie n'en voy point de plus conuenable, Eutrope, que celuy de la pure intention, ny qui soit plus conforme à cette supreme partie de nostre esprit que nous voulons reformer. Car estant vne souuenance de Dieu present, & vne attention non seulement speculatiue, mais affectueuse vers sa Verité & sa Bonté, qui ne voit que les trois puissances de l'Ame y concourent & y sont employées, & que la droicte intention ne fait de ces trois choses qu'vne seule, tout ainsi que les Puissances se rencontrent côme en leur terme dâs le centre de l'esprit. C'est cét acte excellêt qui rauit & transperce le cœur du S. Espoux, ce que luy mesme declare en son epithalame sous deux agreables symboles quâd il dit à son Amāte qu'elle a blessé son cœur par vn de ses regards, & qu'elle l'a trauersé côme vn dard par vn des cheueux de son

C iij

col:] car si vous prenez garde à celuy qui tire à vn blanc vous verrez qu'il ramasse tous les rayōs de sa veuë en vn poinct pour mieux atteindre à son but, & si vous considerez vne fille qui veut tresser sa cheueleure, vous verrez qu'elle la fait toute aboutir à vn seul cheueu. Or ces regards & ces cheueux ainsi reünis ne font ils pas voir vne viue image des facultez d'vne ame & de toutes ses pensées ramassées dans la cime de l'esprit, & cette cime appliquée a vne droicte intention vers Dieu. Qu'il soit ainsi l'Euangile mesme nous l'apprend d'vne maniere fort expresse, lors que parlant de l'intention bonne ou mauuaise sous la similitude du regard, il dit que si nostre œil est simple tout le corps le sera, & en deuiendra esclairé comme vne lampe resplendissante.] Au contraire que s'il est couuert de tenebres tout le corps sera obscur.] Paroles qui nous font cognoistre l'importance de cette application de nostre esprit à nos actions si nous voulōs sortir des tenebres de la region de l'ombre de la mort, & cheminer honnestemēt en la splendeur du iour, en faisāt des œuures de lumiere.] On dit qu'en Armenie il y a vn certain oyseau qui porte le nom de Houppe à cause d'vne espece de penache qu'il a sur la teste, penache qui couure vne escarboucle que cet animal ne fait

INTERIEVRE.

paroiſtre qu'en des lieux eſcartez, & ſur le faiſte des montaignes lors que le Soleil reſpand ſes rayons ſur la terre. Car lors cõme vn Paon qui eſtale les riches miroirs de ſa queuë, venant à ouurir les plumes de ſon pénache & expoſant à l'aſtre qui fait le iour cette precieuſe pierre qu'il porte ſur la ſommité de ſa teſte, il ſe fait vne telle vnion de la lumiere auec ce joyau, que l'éclat & le brillement qui en ſort fait paroiſtre cét animal cõme tout en feu & tout enuironné de flámes. O Dieu qui pourra voir la conjonction de la grace diuine auec la pointe de l'eſprit humain eſcarboucle propre à receuoir cette celeſte ſplendeur de l'Oriẽt d'enhaut lors que la pure intention en ce faiſte de l'Ame s'applique fortement à cét incõparable object: c'eſt alors que la dilection eſt forte cõme la mort, ſon zele ardẽt cõme l'enfer, & que ſes lampes ſont toutes de feu & de flámes] c'eſt en cette ſurnaturelle vniõ dont les myſtiques nous diſent tant de merueilles que tout don parfait coule d'enhaut, & que tout bon preſent deſcẽd en l'ame de la part du Pere des lumieres:] c'eſt alors que l'ame ramaſſant dedans ſon vnité les ſplendeurs de la lumi e eternelle cõme vn miroir ardẽt recueille dãs ſon creux les rayõs du Soleil, deuient embraſee de ces ſainctes ardeurs, qui font bruſler ſur l'autel de ſon

C iiij

cœur le feu sacré que le Fils de Dieu est venu allumer en terre,] pour oster toute la roüille des pechez. Mais côme se fait ce desirable embrasement, c'est, Eutrope, lors que l'ame reünissant toutes ses facultez & ses puissances en l'vnité de son esprit, s'attache à l'Vn necessaire] qui est Dieu par vnité d'intention, c'est à dire faisant aboutir toutes ses affections & ses intentions en cet obiect vniquement & souuerainement adorable, & qui doit estre la fin de toutes nos actions comme il est le principe vniuersel de nostre estre. Alors, Eutrope, l'ame paroist terrible à ses aduersaires comme vne armée rangée en belle ordonnáce] parce que tous ses ressorts se terminêt dans la vraye Vnité. Alors elle se monstre comme cette belle Sulamite semblable à des cœurs de combattans, ou à des bataillons de Chantres, ce qui monstre que sa force côsiste en l'harmonie & en l'vnion de ses facultez, qui se fait par vne pure & seule intention de plaire à Dieu, qui les räge toutes à l'vnité. A raison de cela l'ame recueillie en Dieu est comparée au Cantique à vne petite verge de fumée composée de toutes les senteurs d'vn vendeur de parfums.] Diuersité d'odeurs vnies en vne vapeur qui monstre la multiplicité reduitte à l'vnité. Or tout de mesme que si vous mettez vn flãbeau fumant au dessous d'vn autre

INTERIEVRE.

qui soit allumé, vous voyez que la flâme de cette-cy descend à l'autre aussi tost qu'elle est touchée & comme alléchée de la fumée. Representez vous que Dieu pl⁹ desireux de s'vnir à vne ame qui l'aime que l'on ne sçauroit penser, ne la voit pas plustost recueillir en elle mesme, & souspirante apres luy par vne intention pure & droitte qu'il descend en elle pour la consumer de sa saincte flamme en la mesme façon qu'il alluma d'vn feu celeste le sacrifice d'Elie, & respãdit en langues de feu son S. Esprit sur les Apostres. O Dieu, Eutrope, que ne peut sur son cœur amoureux & infiniment enclin à se cõmuniquer par l'affluence de sa bonté vne intétion pure & droitte]procedante de l'vnité de nostre esprit par maniere d'eslancemẽt, pleust à sa misericorde que nous fussions aussi prests de respondre à ses inspirations & à ses attraits, qu'il l'est de correspondre à nos aspirations & à nos desirs, puisque ses oreilles sont tousiours attẽtiues à nos prieres,] & ses yeux attachez sur nous. D'où vient que nous l'appellõs Dieu, parce que sans cesse il nous regarde. O presence adorable de nostre Dieu vous ne nous perdez iamais de veuë, mais las! par nostre lascheté & infidelité, nous perdons souuent de veuë cette diuine presence. Mais quand nostre memoire preuenuë de sa benedi-

C v

ction r'appelle en nous cette chere & precieuse souuenance, alors comme la fleur qui porte le nom de flamme nous recueillons toutes nos fueilles, c'est à dire toutes nos puissances interieures deuant ce **Soleil** qui vient esclairer nos tenebres:] Et tout ainsi que si vous iettez vn morceau d'aimant au milieu d'vn tas d'aiguilles, vous voyez qu'elles se serrent contre cette pierre aimée, aussi toutes les facultez recueillies dans le centre de nostre esprit se collent à leur vnique principe aussi tost qu'il leur apparoist. La multiplicité des affaires accabloit Dauid & rendoit son ame desolée par cette dissipation, au souuenir de Dieu le voyla tout consolé] & qui s'escrie à cette chere veuë, Mon ame beny le Seigneur & vous toutes mes facultez interieures esleuez son sainct Nom.] Peut estre que vous attendez de moy, Eutrope, apres les loüanges de ce noble exercice de la droicte intention, que ie vous en enseigne l'vsage, mais que ferois-je sinon refouler les traces de tant de grands maistres de la vie spirituelle qui en ont fait d'amples traittez, que vous pourrez consulter chez eux, ce qui est endroit par trop cet opuscule où ie ne faits estat que de vous monstrer les sourcis de nos deffauts interieurs & les moyens pour les reparer. Ioint que ce sujet est de tel poids qu'il merite bien vne eſtude toute particuliere. Neantmoins pour ne vous laiſſer point aller les mains vuides, ie vous donneray icy quelques petits aduis. Les Theologiens contemplatifs diſtinguent la bonne intention en trois degrez. Dont le premier eſt celuy de la droicte intention, lors qu'vne ame ſans aller à droitte ou à gauche, ſans biaiſer ou s'arreſter dans les moyens applique ſes actions droictement à Dieu. L'autre eſt la ſimple intention, c'eſt à dire eſpurée de toute pretention creée. Le troiſieſme eſt de celle qu'ils nomment deiforme infuſe de Dieu dans les ames eſpurées, & qui luy ſont tres-fideles, & qui ſe prattique lors que Dieu meſme eſt comme la forme de leurs intentions, & qu'elles ſont entierement conformes au deſſein de Dieu. Mais cecy eſt bien haut. Il vaut mieux que ie vous propoſe vne voye plus humble & plus douce, mais qui n'eſt pas moins aſſeurée. Le premier degré de pure intention, dit vn grand Spirituel, eſt lors que nous faiſons nos œuures ſans aucun eſgard aux creatures, n'ayans que Dieu pour viſee. Le ſecond quand nous nous deſpoüillons de tout noſtre propre intereſt, euitant le mal & faiſant le bien, non pour euiter ſimplement l'enfer, ou gaigner le Paradis, car l'vn ſeroit ſeruile & l'autre

C vj

mercenaire, mais seulement pour plaire à Dieu & faire sa volonté. Et le troisiesme degré qui noꝰ auoisine de la perfectiõ des Anges, c'est lors que nous nous oublions tellement nous mesmes que nous faisons des bonnes œuures non pour plaire à Dieu, car nous sommes encore là dedans, ou parce que Dieu nous plaist, car il y a encore là du nostre, mais purement & simplement parce que la bône œuure plaist à Dieu, qui merite d'estre seruy pour l'amour de luy mesme, & parce qu'il est ce qu'il est. Et c'est là comme dit S. Paul, la meilleure grace & la plus excellente voye] pour aller à Dieu, & la plus eminente façon de seruice qu'on luy puisse rendre.

Eminence en cét exercice.

Chap. XI.

Elle paroist en beaucoup de façõs. Premierement, Eutrope, en ce qu'il se pratique par la plus haute partie de l'ame, Maistresse & Regente de toutes les autres, & par la plus noble & releuée fonction de l'esprit humain qui se faict par le Resultat des Puissances au centre de l'ame. Car comme l'ame estant respanduë par tout le corps, & toute en chacune partie, ne laisse pas d'agir par de certaines organes, d'vne façon plus releuée que par d'autres; aussi ce qui procede de l'essence de l'Ame est sans doute de plus haute consideration que ce qui decoule des Puissances, ou des facultez distinctes & comme separées. Dauantage cet exercice de la droite intention prouenant de la pointe de nostre esprit, nous vnit plus immediatement à Dieu que aucun autre, parce que c'est là que se fait la conionction de l'esprit de Dieu auec le nostre, & la liaison de l'vnité humaine auec la diuine, par vn transport de nostre esprit en celuy de Dieu en l'acte de la pure & eminente contemplation. De plus c'est cette pureté & vnité d'intention qui sert de pierre de touche pour discerner l'Amour desinteressée de celle qui est meslée d'interest: & c'est sur ce faiste que se fait à Dieu le sacrifice de nostre propre Amour, ainsi que Abraham fit celuy de son vnique sur la montagne qui luy fut monstrée. C'est en ce sommet qui peut estre en quelque maniere appellé la quintessence de nostre Ame, parce que c'est le pur esprit, que Dieu est adoré en esprit & verité:] & où les pointes de la memoire, de l'entendement, & de la volonté reünies, font vn souuenir, vn entendre, & vn vouloir si deliez, que ces trois ne semblent qu'vne mesme chose, & vn acte puissant, qui dans sa simplicité contient la force de tous les autres. Aussi est-ce à ce sommet que se soufmettent, comme au Tribunal supreme, les facultez inferieures, luy rendans le mesme hommage que les freres de Ioseph luy rendirent quand ils l'adoroient, dit le texte sainct, en baisant l'extremité & la pointe de son baston de Vice-Roy, & le mesme hôneur qu'Esther defera à Assuere lors qu'elle fut touchée de la sommité du sceptre de ce Monarque. Mais ce qui fait mieux cognoistre l'excellence de cet exercice qui perfectionne l'vnité de nostre Ame, & la purge du deffaut de la multiplicité, c'est l'effort que fait contre luy l'aduersaire de nostre salut. Car il n'y a sorte de pierre qu'il ne remuë pour empescher cette vnité d'esprit, & pureté d'intention, taschant de nous creuer cet œil droit, selon le dessein de Naas contre les habitans de Iabes Galaad, s'il ne nous peut aueugler comme des Samsons : ou au moins de le remplir de tant de fumée, ou de poussiere, que la veuë en soit troublée ou offusquée : & faisant en cela comme ce dragon roux dont il est parlé dans l'Apocalypse, qui s'attendoit de deuorer l'enfant de la femme qui estoit preste d'accoucher. Il ne vise qu'à nous faire perdre cette Arche d'alliance, sçachant que sa victoire est asseurée si nous en sommes depossedez : & comme au téps

INTERIEVRE.

de la captiuité de Babylone il essaye de changer ce feu de la pure intention en bouë d'intention impure, & enfoncée dans le puits du propre interest; parce qu'il cognoist que sans ce feu sacré on ne peut brusler deuant Dieu d'hostie qui luy soit agreable. Ce qui nous doit porter à veiller plus soigneusement sur cette pointe de nostre esprit, & à l'appliquer continuellement à de pures & droites intentions, qui soient comme ces broches d'or qui estoient sur le comble du toit du Temple de Salomon, parce que cet œil de nostre Ame estant clair nous cheminerons en clarté en toutes nos œuures, sans auoir sujet de former cette plainte du Roy Prophete : Ma vertu m'a delaissé, & la lumiere de mes yeux n'est plus auec moy.] En vn mot l'vnique moyen de reformer la pointe de nostre esprit, c'est de nous exercer en la pratique des pures & droites intentions. De là nous ferons vne

Descente de la supreme partie de noſtre Ame, au ſecond ou moyen eſtage.

CHAP. XII.

SI nous auior reduit le centre de noſtre interieur à ce point de ne produire aucun acte que pour la pure Amour de Dieu, nous aurions attaint au but de la perfection, & la volonté diuine eſtant faite en la terre comme elle l'eſt au Ciel,] nous menerions icy bas vne vie pareille à celle des Anges, & des Saincts qui ſont en la gloire, & cette reformation de noſtre portion ſupreme ſe reſpandant aux inferieures, feroit comme l'onguent d'Aaron, qui de ſon chef decouloit ſur ſa barbe, & de là iuſques ſur ſes habits,] & comme la roſée d'Hermon qui deſcendoit ſur la montagne de Syon.] Car comme parmy les Anges les Hierarchies ſuperieures influent dans les inferieures ; auſſi la haute region de noſtre ame verſe ſes influences ſur les plus baſſes, & c'eſt de ce creux & de ce centre que tout le bien & le mal decoule en nous & de nous, comme nous apprend le ſainct Euangile. En l'eschelle de Iacob, vraye image des choses interieures, il y auoit des Anges en forme humaine, qui montoient & qui descendoient, & ce Patriarche estoit au pied, & Dieu estoit appuyé sur la sommité de cet escalier mystique. Dans les choses spirituelles il y en a qui marchent du bas en haut, & qui disposent des montées en l'air pour voir le Dieu des Dieux au faiste de la montagne de Syon] marchans de vertu en vertu] & de la reformation des parties inferieures iusques à celle des superieures; ceux-là certes sont loüables qui tiennent cette voye conforme à la nature & à sa lumiere. Mais ceux-là ne sont pas blasmables qui conduits de la grace comme par la main droite de Dieu, dont ils suiuent la volonté] procedent à contrepied & descendent du haut en bas, s'attachans premierement aux reparations plus difficiles & esleuées, pour de là venir plus aisément à bout des moindres & plus aisées, sçachans qu'aidez de Dieu sans qui ils ne peuuent rien faire] & auec qui ils peuuent tout] nulle parole ne leur peut estre impossible.] Vn homme couuert de plusieurs playes & ouuert en diuers endroits, fait premierement penser les blesseures les plus dangereuses, & de là il vient aux moins importantes : c'est ce qui nous a fait aller droit au centre de l'Ame, sçachant que cette principale partie estant remise en bon ordre, la guerison des autres seroit beaucoup auancée. Quand vn arbre est couuert de mousse & guy en ses branches, vous voyez que l'on l'abreuue autour de sa racine, & qu'on y met du fumier, pour le remettre en sa vigueur par cette nourriture. O Dieu, Eutrope, si nous auions bien arrosé le fonds de nostre Ame par l'incomparable exercice des pures intentions, que cela se feroit bien tost paroistre aux fleurs, aux feuilles, & aux fruicts qui sortent de toutes nos facultez, comme d'autant de branches naissantes de ce tronc. Ouy, car que pensez vous que soient ces trois Puissances appellées entendement, volonté, & memoire, qui font la moyenne region de nostre esprit, & la portion inferieure de l'Ame raisonnable, sinon trois ruisseaux qui fluent & coulent de cette source viue de l'essence de nostre esprit. Que si vous me demandez quelle difference il y a entre ces Puissances & ce centre, ie vous diray qu'elle est telle que celle qui se trouue entre l'vnité & la multiplicité, entre la simplicité & le meslange. Les Puissances sont comme les Cerfs qui ont beaucoup de rameures en leur teste, mais l'essence de l'Ame est la bien aimée du Seigneur comme le Fan de la Licorne] qui n'a qu'vne seule pointe au

INTERIEVRE. 67

milieu du front. L'estage supreme possedant en vnité ce que le moyen n'a qu'auec distinction: car les fonctions de l'entendement, de la volonté, & de la memoire, sont si diuerses, que l'entendement n'a que le vray pour objet, la volonté, le bien, & la memoire, n'est que le reseruoir de ce qui est entendu ou voulu: de sorte que l'entendement ne peut ny vouloir, ny se souuenir, mais seulement entendre. La volonté ne peut entendre ny auoir souuenance, mais seulement vouloir; & la memoire ne peut ny entendre, ny vouloir, mais seulement conseruer les especes de ce qui est cogneu par l'vn, ou resolu par l'autre. Mais en l'vnité de l'esprit tout cela se fait presque en mesme temps, non point par longs discours comme en l'entendement, non point par resolutions fort balancées comme en la volonté, non point en grauant lentement comme en la memoire, mais d'vne façon simple, pure, excellente, releuée, & plus forte que tout ce que nous venons de dire, parce que c'est l'Arrest du supreme Siege, à qui il appartient de terminer absolument. Si vous mettez des fleurs de rose, d'œillet, & de iasmin dans vn alambic, il en sortira vne eau qui aura ensemble l'odeur de ces trois choses, eau beaucoup plus excellente que celle qui se tireroit de chacune d'elle separée. Il en est de mesme de ce qui part de la haute region de nostre Ame, qui a beaucoup plus de vigueur en son vnité, que tous les discours de l'entendement, toutes les resolutions de la volonté, ny toutes les idées du magasin de la memoire prises distinctement & à part. Aussi est-ce en cette cime releuée que se brusle le Thimiame sacré que Dieu vouloit voir fumer sur l'Autel de ses parfums. Car c'est en ce lict estroit où l'Espoux ne peut estre auec l'Estranger. C'est en ce poinct indiuisible, c'est en cette vnité de nostre esprit que se coule l'vnité de l'esprit de Dieu, comme estant l'Ame de nostre Ame, le centre de nostre estre, & le centre du centre de nostre esprit. O vnité, perle Euangelique dont le prix est inestimable, que ce Marchand est auisé qui se deffait de tout ce qu'il a pour te posseder, puisque dans ton vnité tu surpasses la valeur de toutes les multiplicitez imaginables, qui ne seruent que de dissipation & affliction d'esprit.] Il semble que le grand Apostre nous ouure encore d'auantage les yeux pour voir cette difference qui est entre les trois parties de nostre Ame, quand il dit que le glaiue de la parole de Dieu tranchant des deux parts, arriue iusques à la separation de l'Ame, de l'esprit, & de la chair,] car c'est ce qu'il entend par les tendrons & moëlles,] nous monstrant par l'Ame son essence, par l'esprit les Puissances, & par la chair l'appetit sensitif. Que si dans l'vnité de l'esprit est l'image de celle de Dieu ; aussi aux trois Puissances est celle de la Trinité des Personnes, d'où vient qu'en l'Ame raisonnable est la parfaitte & viuante ressemblance de la Diuinité. Mais auant que nous passions au deschiffrement des trois facultez de cet estage moyen, & que nous ostions la roüille de ces ressorts en frottant d'huile tous ces roüages, nous auons besoin de cognoistre encore plus clairement,

Qu'en l'Ame raisonnable il y a deux portions differentes.

CHAP. XIII.

Quand nous distinguons l'Ame humaine en trois estages, ne vous imaginez pas, Eutrope, que l'inferieur qui est celuy de l'appetit sensitif, ait aucun degré de raison, sinon par la lumiere qu'il tire des facultez de l'Ame raisonnable, & par la subordination & dependãce qu'il a à la raison, qui est la guide de cette partie aueugle, &

que nous auons commune auec les bestes. Autrement cette absurdité s'ensuiuroit que les animaux pourroient pecher, & seroient raisonnables. Et de là encore sortiroit cette impertinente consequence, que l'appetit sensitif seroit le siege ou sujet du peché, ce qui n'est pas, veu que c'est la seule volonté qui peche lors qu'elle preste son consentement aux appetits brutaux. Il est vray, dit l'Apostre S. Iacques, que chacun est tenté par les attraits & les allechemens de sa propre conuoitise, & lors que la conuoitise a conceu elle engendre le peché, & le peché estant consommé produit la mort. Voyez vous, Eutrope, comme ce diuin homme, instruit en l'escole du S. Esprit, ne donne à l'appetit concupiscible ou irascible que les sentimens de la tentation, qui selon la resistance ou acquiescement qu'on leur fait, peuuent seruir de matiere au bien ou au mal, la tentation estât aussi bien suiet de triomphe côme de perte: car celuy qui n'est point tenté que sçait-il] à cause que tu estois agreable à Dieu, dit l'Ange à Tobie, il a esté necessaire que la tentation t'esprouuast] heureux celuy qui souffre la tentation, car estant esprouué il receura la couronne de Iustice] les bons sont espurez dans la tentation comme l'or en la fournaise, & ainsi ils sont trouuez dignes de

INTERIEVR. 71

Dieu] de ce Dieu qui ne permet pas qu'aucun soit tenté par dessus ses forces, mais qui fait que ceux qui le sont tirent profit de leurs tentations.] Sentir donc la tentation est le propre de l'appetit sensitif, dernier & plus bas estage de l'Ame; mais le consentir est en la partie raisonnable, & c'est ce que S. Iacques appelle conceuoir le peché. Mais encore en quelle portion de l'Ame raisonnable se consomme le peché par le plein consentement? il semble qu'il relegue cela au plus haut estage de la supreme partie de l'Ame, quand il dit que la concupiscence conçoit, mais où, certes en la seconde ou moyenne region qui est celle des Puissances, puisque le seul sentiment est en la partie sensitiue, & apres cette malheureuse conception suit la consommation & l'enfantement, qui sort de la partie sublime, à qui il appartient de determiner en dernier ressort. Certes vous aurez beau blesser le serpent, & luy mettre le corps en pieces, si ne mourra t'il point que vous ne luy rompiez la teste, aussi est il si soigneux de la conseruer sçachant que toute sa vie est là. Le ieune homme qui fut laissé demy vif] par les voleurs qui l'assassinerent sur le chemin de Ierico, ne mourut pas de ses blesseures, parce qu'elles n'estoient pas au cœur ny en des lieux mortels. Il y a dans les formalitez de la Iustice humaine des preuues qui s'appellent demi-pleines, sur quoy on ne condamne iamais vn homme à la mort, encore que les coniectures soient violentes. Qu'vn criminel soit condamné à mourir par vn Tribunal inferieur, il ne sera point executé s'il en appelle au Tribunal superieur, d'autant que l'appel suspend l'execution iusques à la deffinition derniere. Il y a mesme des Monarchies où les criminels ne sont point enuoyez au supplice, que le Souuerain n'ait signé l'Arrest de leur iugement: ce qui estoit autrefois obserué par les Loix Romaines, tesmoin ce que le grand Stoique dit de Neron, aussi doux Prince au commencement de son Empire, que cruel à la fin, à qui comme l'on presentoit à signer les sentences des criminels, il disoit; Ie voudrois ne sçauoir escrire, tant il faisoit cette action à contrecœur. I'auance tout cela pour dire qu'il ne faut pas temerairement iuger vne action estre peché mortel; car outre ce que dit le Psalmiste, qui est-ce qui cognoist bien les pechez, & qui sçait si exactement discerner la lepre de la lepre, ie veux dire le veniel du mortel? Certes il faut vne malice bien noire & bien consommée pour faire vn crime digne de mort, & de mort eternelle. Ce n'est point que ie vueille mettre

la

la bride sur le col du pecheur, ny luy oster la crainte salutaire qui engendre l'esprit de salut,] sçachant qu'il est escrit, bien-heureux celuy qui est tousiours en crainte,] & encore du peché pardonné ne sois point sans apprehension ; mais aussi pour euiter vn abysme ne voudrois je pas donner dans vn autre, ny mettre le peché capital que dans vne determination de volonté, qui ne laissast apres aucune doute de sa malice. Ce n'est pas que ie vueille nier qu'il n'y ait du peché, & peché à mort, dans la partie raisonnable inferieure, mais aussi ne le veux-je pas affirmer absolument de peur de temerité, veu que cette question est diuersement agitée en l'Escole. Sainct Augustin a bien auancé que le peché est en la raison inferieure & en la superieure, mais il n'a point dit quel peché ; & le mesme en ses doctes liures de la Trinité, monstrant les trois degrez necessaires pour arriuer au poinct qui rend vne faute capitale, comparant la tentation de l'appetit sensitif au serpent, le consentement imparfait au peché d'Eue, & le consentement plein & consommé à la faute de l'homme ; & sainct Thomas inferant de là que si Adam n'eust point mangé du fruict deffendu, la coulpe de sa femme n'eust point causé le peché de l'origine, fait bien voir que dans la por-

D

tion inferieure de l'Ame raisonnable, le consentement n'est pas en sa totale estenduë & plenitude. Pour mieux entendre cette doctrine qui est vn peu difficile, nous remarquerons apres sainct Augustin, & sainct Thomas, que dans l'Ame de l'homme comme raisonnable, non comme sensitiue, il y a deux sortes de raison, que l'Ange de l'Escole appelle raison superieure, & raison inferieure; entendant par celle-là cette faculté de l'ame, qui discourt selon les raisons diuines & eternelles; & par celle cy celle qui procede par les humaines & sensibles. Or ce Prince des Scolastiques ne met la fin & consommation du peché que dedans la premiere & supreme, comme estant le siege du souuerain tribunal, à qui il appartient de decider en dernier ressort, & en l'inferieure, que le preambule & l'acheminement au peché. Mais cecy s'esclaircira encore mieux par la doctrine suiuante, qui nous fera voir

Qu'il y a deux volontez en l'homme, & de quelle façon.

CHAP. XIV.

APres ce qu'a escrit sur ce poinct le Sel de nos iours le B. François de Sales, au Chapitre sixiesme du premier liure de son celeste Theotime, ne vous semble t'il pas, Eutrope, que ce soit allumer vn flambeau pour esclairer le iour, & monter apres Demosthene sur la tribune des harangues? Mais comme la nature enseigne aux petits des oyseaux de chanter apres leurs peres pour se façonner à leur ramage, pourquoy ne pourrons nous pas gazoüiller comme le pinsson & l'arondelle, ou grommeler comme celuy de la Colombe?] Il est comme vous sçauez nostre Bien-heureux Pere, & celuy qui nous a engendrez par la doctrine de Pieté, & de salut, & consacrez à IESVS-CHRIST par vn eternel caractere. Ce nous sera donc tousiours beaucoup d'honneur de suiure les pistes de sa doctrine, puisque nous sommes si miserables de demeurer cours en la suitte de sa vie, & de son sainct exemple.

Or vous sçauez, Eutrope, comme ce docte & deuot Euesque prouue selon sa maniere clairement & fortement, & neantmoins suauement, que selon les deux portions de l'Ame raisonnable, il y a deux volontez, l'vne superieure qui est en la pointe de l'esprit, & l'autre inferieure, qui est dans la region des Puissances. Ce qu'il monstre delicatement & nettement par les exemples d'Abraham & de Iacob, mais incomparablement bien par celuy du Sauueur mesme, apres quoy il n'y a plus aucun lieu de douter, sinon à celuy qui rebelle à la lumiere de l'Euangile fermeroit ses yeux pour n'en estre pas esclairé. A quoy j'oseray adiouster ce que ce sainct personnage, selon le precepte de l'ancienne Loy, a peut estre laissé pour les glaneurs. Que le bon Tobie pressé de la necessité qui l'affligeoit, voulut enuoyer son fils en Rages pour retirer la debte de Gabolus, & neantmoins eust bien voulu le retenir aupres de soy, touché de la tendresse naturelle aux peres sur leurs enfans: ce qui fait voir en vn mesme homme deux volontez contraires. Ionathas qui aimoit Dauid comme son ame propre, eust bien voulu le tenir à la Cour, fasché de perdre sa conuersation, mais cognoissant la mauuaise volonté que Saül auoit pour Dauid, il luy conseilla de s'absenter. Dauid aussi enuoye vne armée contre Absalon, voulant bien qu'il fust vaincu, mais d'autre part recommandant qu'on le conseruast en vie. Et S. Paul aduoüe qu'il fait le mal qu'il ne veut pas, & ne fait pas le bien qu'il desire. Somme il est tout constant, & par les exemples, & par la raison, & mesme par l'experience, qui nous fait quelquesfois sentir des contrarietez & contradictions en nous mesmes; que l'Ame raisonnable ayant deux portions & degrez de raison, a aussi deux volontez, & en suitte deux sortes d'entendement & de memoire, en tant que les pointes des trois Puissances aboutissent & se terminent dans l'vnité de l'Ame ou centre de l'esprit. Ce qui nous monstre à parler clairement, & distinctement, lors qu'il est question de discourir des parties de l'Ame, car ce manquement est cause d'vn grand embarras dans la lecture des liures de pieté, & dans les entretiens spirituels. Dautant que la necessité obligeant de parler de ce qui se passe dans l'interieur, & par consequent des parties inferieure & superieure: la plus grande part entendent par l'inferieure la portion sensitiue, & par la superieure la portion raisonnable, mettant le sentir en celle-là, & le consentir en celle-cy, sans expliquer d'auantage si ce consentement n'est arriué qu'à la raison inferieure, ou s'il a passé iusques à la superieure ou supreme raison qui est le centre de l'Ame. C'est pourquoy il me semble que pour parler proprement, sans confusion, & auec clarté des choses de l'interieur, il faut soigneusement auec tous les Theologiens contemplatifs, establir trois estages en l'Ame, deux en la partie raisonnable, & un en l'appetit sensitif, & ne se contenter pas quand on parle de la partie raisonnable de l'appeller simplement superieure, peur de dire supreme, quand il est question de marquer la cime de l'esprit. Il seroit donc à desirer qu'on les nommast ainsi, la partie inferieure ou infime, en parlant de l'appetit sensitif qui tient la plus basse region : la moyenne, entendant les Puissances, & la superieure ou supreme, quand il est mention de la sommité de l'esprit. Si l'on n'aime mieux distinguer comme les Scolastiques la partie raisonnable en raison inferieure & superieure : entendant par l'inferieure celle des Puissances, par la superieure celle du centre de l'Ame. Ce n'est pas que ie donne icy des preceptes ny des regles, estant bien iuste de laisser vn chacun en la liberté de s'expliquer aux termes qu'il iuge les plus conuenables, mais c'est afin d'euiter la confusion, qui naist des paroles diuersement entenduës. Ces choses ainsi esclaircies, il nous faut examiner en particulier, & reformer les trois Puissances principales de l'Ame raisonnable, & parler en premier lieu,

De l'Entendement.

CHAP. XV.

CETTE faculté, Eutrope, est comme l'œil de l'Ame, & comme le Soleil de nostre interieur. C'est le flambeau qui marche deuant nostre volonté, & sans qui elle est aueugle. Il y a vn poisson qui s'appelle lampe de mer, dont la langue lumineuse esclaire dedans les eaux, & dit-on que durant la nuict il sert de guide aux autres. L'entendement dans nostre interieur rend le mesme deuoir aux autres facultez qui ne cheminent qu'à sa clarté. C'est donc à nous de prendre garde que cette lumiere qui est en nous ne deuienne tenebreuse,] & que nostre œil par sa folie ne se rende obscur.] Ils cheminoient, dit l'Apostre, parlant des Gentils, en la vanité de leur sens ayans l'entendement obscurcy.] Si vne fois cette noble Puissance est accueillie d'aueuglement, le mesme desordre arriuera à nostre interieur qui aduient à nostre exterieur quand nous auons les yeux bandez, fermez, ou creuez; car comme nostre corps sans la conduite de la veuë bronche à chaque pas, nostre esprit tombe en mille erreurs si l'entendement est troublé ou offusqué. Ils sont troublez & chancelans comme des yurongnes, dit le Psalmiste parlant des pecheurs, toute leur sagesse est deuorée.] Si vn aueugle en conduit vn autre, qu'arriuera t'il, dit le sainct Euangile, sinon que tous deux tombent dans la fosse?] Laissez les, dit le Sauueur, declamant contre les Pharisiens, ils sont aueugles & conducteurs d'aueugles.] Que ne feroit vn homme qui auroit perdu les yeux corporels pour recouurer la veuë, puisque selon le iugement du bon Tobie, quiconque est priué de ce sens precieux, ne peut auoir en ce monde aucune ioye:] & que ne deuons nous faire pour conseruer cet œil de nostre esprit s'il est en son entier, ou pour le guerir s'il est malade? Ie ne veux point m'arrester à cette dispute qui est entre les Philosophes & quelques Theologiens, touchant la preéminence de l'entendement & de la volonté; les vns donnans l'Empire à celuy-cy, les autres à celle-là, pour des raisons qui sont fort considerables: d'où a tiré son origine cette celebre question de l'eternelle Beatitude, sçauoir si elle consistera en l'acte de l'entendement, ou de la volonté, l'Escriture fauorisant presqu'esgalement l'vn & l'autre. Mais comme la commune opinion de l'Escole est maintenant, que la felicité celeste embrasse l'acte de l'vne & de l'autre Puissance, estant la veuë du souuerain bien qui est aimé, & l'amour du souuerain bien qui est veu. Aussi nous pouuons dire que l'entendement & la volonté balancent l'auctorité ensemble, parce que sans celuy-là celle-cy seroit aueugle, & sans celle-cy celuy-là seroit sans determination: de sorte que ce sont comme les deux yeux, les deux bras & les deux pieds de l'Ame, dont chacun a en son espece vn auantage particulier. Car l'object de l'entendement estant la verité, & celuy de la volonté la bonté, on peut dire que si celuy là regarde la bonté de la verité, celle-cy embrasse la verité de la bonté: pourueu qu'en leur choix il n'y ait point de tromperie, & que le faux & le mal ne se cachent point sous les habits, & les apparences du vray & du bon. Or c'est en l'entendement que se forment les discours de la raison, soit par la lumiere de la nature, c'est à dire selon le sens, ou selon les sciences humaines; soit par la sur-

D v.

naturelle de la foy qui fort des reuelations diuines: & entant qu'il difcourt il s'appelle raifon, & lors qu'il difcerne il fe nomme iugement. Communement on le diuife en deux branches, en entendement fpeculatif; c'eft lors qu'il reçoit les efpeces, & qu'il confidere la verité, c'eft ce qu'autrement ils nomment entendement patient ou paffible; & en entendement pratic ou agent, c'eft lors qu'il delibere ce qu'il doit faire ou laiffer, embraffer ou fuir. Son principal office eft de cognoiftre, de fonder le guay deuant la volonté, & de luy propofer ce qu'elle doit eflire, & à quoy elle fe doit determiner: que s'il luy prefente vn faux bien pour vn veritable, elle qui choifit fur fon rapport & fa caution, demeure miferablement trompée, & au rebours fi la volonté préoccupée d'vne mauuaife perfuafion de l'imagination ou des fens, s'eft defia portée à quelque object, elle offufque de telle forte la fonction de l'entendement, que fa lampe ne peut luire parmy de fi efpaiffes tenebres. Or comme l'œil partie delicate du corps humain eft fujet à vn grand nombre de maladies: l'entendement auffi qui eft l'œil interieur, a plufieurs deffauts que nous tafcherons de corriger, & de nettoyer, afin de rendre noftre veuë spirituelle claire & pure, pour voir par son moyen les embusches des aduersaires de nostre salut, qui font leurs affaires dans nos tenebres,] dressent leurs embusches parmy les obscuritez,] & lancent des dards en cachette contre ceux qui aiment la droicture du cœur.] Ainsi nous nous rendrons semblables à ces oyseaux qui volent haut, deuant qui l'on tend inutilement des filets] parce qu'ils les voyent de loin.

Reformation de l'entendement speculatif.

Chap. XVI.

LE vray estant l'object de l'entendement speculatif, rien ne luy est si contraire que l'erreur, & ce qui nourrit l'erreur dans les esprits, ce sont deux choses non seulement differentes mais contraires, sçauoir l'ignorance grossiere & affectée, appellée par les Theologiens & les Iurisconsultes vincible, & la curiosité malicieuse. C'est au bannissement de ces deux vicieuses extremitez que consiste le reglement de l'entendement speculatif. Cette ignorance stupide est selon sainct Thomas, celle des choses que le Chrestien est obligé de sçauoir, tant en ce qui regarde la foy, qu'en ce qui concerne les mœurs, c'est à dire, tant de ce qu'il faut croire, que de ce qu'il faut faire. De cette ignorance inexcusable, il y a diuerses reproches & menaces dans l'Escriture, l'ignorant sera ignoré.] Mon peuple a esté trainé en captiuité faute d'auoir la science] de mes voyes. A cause que tu as reietté la science, ie te chasseray de deuant ma face.] Ils n'ont pas sçeu ny entendu ce qu'il falloit sçauoir & entendre, à raison dequoy ils cheminent en tenebres,] le Soleil de l'intelligence ne nous a pas éclairez,] disent les pecheurs chez le Sage. Et Moyse souhaitte que le peuple d'Israël sçache, entende, & preuoye] les maux qui le manacent s'il ne se corrige. Car de quelle sorte euitera t'on les œuures de tenebres, si la lumiere de l'entendement ne les descouure, & ne dissipe les nuages de l'ignorance. Si Iesvs est la lumiere du monde, Chef & Docteur des nations,] quel accord y a t'il de luy auecque les tenebres?] Pour aller à la Manne du desert, ne faut il pas quitter les palpables obscuritez de l'Egypte de l'ignorance? Encore l'ignorance de ceux,

INTERIEVRE. 85

qui ne sont point alaittez de la doctrine qui coule des mammelles de l'Eglise ont quelque apparence d'excuse, bien que l'Apostre appelle les infideles inexcusables. Mais au milieu de la splendeur de l'Euangile de fermer les yeux à la lumiere, & d'abbaisser ses prunelles contre terre pour ne voir pas le Ciel,] ainsi qu'il est dit de ces infames vieillards qui tenterent la chaste Susanne, c'est à la verité vn crime contre le S. Esprit. Et cependant c'est vne chose deplorable de voir, ie ne diray pas à la campagne, où la moisson est grāde & les ouuriers rares,] mais dans les villes les plus peuplées, combien la moisson est petite à l'esgard du grand nombre d'ouuriers, & combien peu la vigne respond à la culture. Et il ne faut point se prendre de ce deffaut ou à la mauuaise vie des Docteurs, puisque cette exception est reiettée dans l'Euangile, ou à leur doctrine qui est & saine & tres-vtile, mais au peu de bonne terre qui reçoit la semence, & aux espines, aux pierres, & aux grāds chemins qui n'en font aucun rapport. O combien peu de Chrestiens seroient prests de rendre compte de leur foy selon le precepte Apostolique, D'où vient ce manquement, Eutrope, ce n'est pas de celuy qui seme ny qui arrouse] encore moins de Dieu & de sa grace, mais il prouient de la mauuaise reception de cette parole qui entre en des oreilles qui ne veulent pas entendre de peur d'estre engagées à bien faire.] Cependant l'escriture nous apprend que la foy tire son origine de l'ouye, qui est informée par la parole de Dieu.] Ie diray bien pis qu'il y en a qui affectent l'ignorance, ie ne diray pas des subtilitez de la Theologie (car tous ne sont pas Docteurs] ny obligez à sçauoir la profondité de la science des mysteres) mais des principaux poincts necessaires à salut, se rians des spirituels & doctes qui sont plus soigneux de s'en instruire, soit par la lecture des bons liures, soit par des conferences verbales, soit en prestant de l'assiduité aux predications, disans pour excuse de leur negligence qu'ils n'en veulent pas tant sçauoir, ny penetrer si auant dans les secrets de Dieu. Pauures gens qui prennent plaisir à se perdre & à s'esgarer en la nuict de leur ignorance, & qui sçauent bien neantmoins que Dieu qui cognoist la cachette des cœurs] renuersera vn iour leur excuse sur leur visage à leur grande confusion] & que cette reproche les attend; si tu t'ignores, ô ame oublieuse de ton debuoir, sors de ma presence, & va paistre auecque les troupeaux] de tes sensualitez. Alors ils aurôt beau dire auecque Dauid: ô Seigneur ne vous souuenez pas de mon ignorance] car il leur respondra en sa iuste colere, parce que vous n'auez pas connu mes voyes vous n'aurez aucune entrée en mon repos] Mais parce que nous ne traittős pas en ce petit ouurage de la Reformation d'vne ame desuoyée de la foy ou separée de l'Eglise Catholique, il vaut mieux que nous parlions de l'ignorãce des maximes qui regardent les mœurs Chrestiennes. Car c'est icy que nous trouuerons de prodigieux deffauts.

Suitte du discours commencé.

CHAP. XVII.

AVtrefois, Eutrope, vn Historien Grec se plaignoit que les Grecs estoient estrangers en la Grece, parce que la plus part ignoroient l'histoire de leur pays ; On pourroit à aussi iuste tiltre faire la mesme reproche aux Chrestiens, puisque si peu viuent selon les maximes de l'Euãgile qu'on auroit bonne occasion de douter s'ils font profession du Christianisme, & de leur dire auecque le Prophete, si Baal est Dieu suiuez-le, mais si vous ne le croyez pas tel, pourquoy l'adorez-vous ?] Si vous estes

enfans d'Abraham faites les œuures d'A-
braham] si vous estes disciples de Iesus-
Christ, cheminez comme il a cheminé]
croyez ce qu'il a enseigné en monstrāt vostre foy par vos œuures] pourquoy clo-
chez vous des deux hanches ? pourquoy
iurez-voº en Dieu & en Melchon?] O vous
qui vous dittes Chrestiens & qui prattiquez en vostre vie des maximes si peu Chrestiennes, sçachez que l'on ne se mocque pas
de Dieu impunement,] & qu'vn iour quád
il aura pris son temps il iugera & vos iusti-
ces & vos iniustices, & qu'il vous condam-
nera par vos bouches] & par vos œuures,
& de ce qu'ayans deux cœurs] & deux lan-
gues] vous auez fait du mal en la terre des
Saincts] & voulans paroistre ses disciples,
vous auez vescu selon les loix & les preceptes du monde son ennemy ; du monde
qui ne l'a pas connu, de qui il a retiré son
Royaume; de ce mõde pour qui il n'a point
voulu prier son Pere Eternel, encore qu'il
priast à la Croix de pardonner à ceux qui le
faisoient mourir; de ce monde de qui il a
dit que ses disciples n'estoient pas., qu'il
leur a deffendu d'aymer, & fait declarer que
l'amitié du monde estoit son ennemie.]
Voyons maintenant, Eutrope, en quelle
ignorance des maximes de IESVS-CHRIST
viuent les mondains qui se disent Chre-

INTERIEVRE. 89

ſtiens de bouche, mais le nient par leurs actions.] Car j'ayme mieux pour excuſer leur mal-heur attribuer cette faute à leur ignorance qu'à leur malice, de peur d'augmenter leur coulpe & en ſuitte leur peine, d'auoir ſçeu la volonté du Souuerain Maiſtre & ne l'auoir pas executée] Ie veux croire d'eux ce qui eſt eſcrit des Iuifs qui mirent à mort le Fils de Dieu, qu'ils ne l'euſſent pas crucifié s'ils l'euſſét tenu pour le Roy de gloire,] & i'ayme mieux attribuer aux mondains vn manquemét de foy, que de les tenir ſi impies de croire l'Euangile & d'en violer ſi horriblement toutes les maximes par vne profanation deplorable. Ie ne declame point, Eutrope, non ie ne preſche point, ce n'eſt point icy vne amplification oratoire, c'eſt vne demonſtration pluſque Mathematique dont ie vay ſatisfaire vos yeux & payer voſtre eſprit. Tout ce qui eſt au monde, dit S. Iean, n'eſt autre choſe que côuoitiſe de la chair & des yeux & ſuperbe de vie: Voyla les trois pilotis de ce monde ennemy capital de la doctrine de IESVS-CHRIST, & qu'il eſt venu deſtruire par ſon Euãgile qui eſt l'eſprit de ſa bouche] Il eſt né, il a veſcu, il eſt mort pour ruiner l'œuure du Diable]. tout le fruict de ſa predication a eſté d'oſter le peché & de ramener vne iuſtice eternelle.] Il a vaincu le monde,] comme luy mesme declare, il veut que par nostre foy en luy nous remportions la mesme victoire du monde] A la porte du Christianisme qui est le sacré Baptesme, lors que nous sommes faits mébres de son Corps mystique & enroollez sous l'estendart de sa Croix, nous renonçons expressément au Prince des tenebres] au monde & à ses pompes. Iesvs nous declare que nous ne pouuons seruir à deux maistres] à luy & au monde qui est l'vnique monument. Cependant voyons quelles maximes suiuent les mondains qui se disent Chrestiens en leur vie ordinaire, car c'est la vraye pierre de touche, c'est là le van qui separe le precieux du vil] c'est par les fruicts que l'on connoist les arbres.] ô módains vous n'estes pas des arbres renuersez, car vos racines ne sont pas dans le Ciel ny dans la charité de Dieu] vous n'estes pas sçauans des choses d'enhaut, mais de celles d'embas] vostre sagesse est animale & terrestre.] vous ne vous cognoissez qu'aux choses de la terre] & qui passent comme vne figure] vostre trauail ne produit point vne viande imperissable] vous estes des arbres enracinez en la terre, arbres sans fruit, arrachez doublement mortes,] & qui n'attédez ou ne deuez attendre que le feu] vous n'estes sçauans qu'aux maximes du monde,

INTERIEVRE. 91

non en celles de Dieu qui vous sont comme inconnuës, pour vous ce sont les estoiles du pole Antartique qui ne parurent iamais à vos yeux ; parce que vous estes du monde vous aimez ce qui est au monde & le monde vous ayme comme siens] vous aymez mieux plaire aux hommes que de vous declarer par vos actions seruiteurs de IESVS-CHRIST] & vous monstrer ses disciples en prattiquant sa doctrine. Le monde qui vous a mis les fers aux pieds & la corde au col & de qui vous vous rendez volontairement esclaues, n'a que trois sortes de Biés, si encor on doit appeller ainsi les fausses auances dont il vous pipe ; Mais encore quels sont ces appasts? ce sont les plaisirs du corps ; les richesses de la fortune, & les honneurs dont quelques vains esprits se repaissent comme ces peuples qui viuent de la fumée de quelques odeurs. Tous les mõdains sans exception sont occupez apres la recherche des delices, des commoditez, ou des dignitez, aueuglez par la volupté, la vanité, & l'auarice ; Ceux qui sont doctes & versez en la science du monde sçauent toutes les routes ou plustost les routines & les secrets sentiers pour paruenir à leurs diuerses pretensions : & ils viuent selon les Axiomes qui conduisent à ces fins là. Tout le monde est remply de gens de cette sorte, qui ne font Chrestiens que des levres, mais leur cœur est fort esloigné de la doctrine de IESVS-CHRIST. Cependant les voyes de Syon pleurent nul ne venant à ses solemnitez] Dieu se plaint d'estre fait vne solitude à Israël] les choses temporelles font oublier les eternelles, comme la Lune perd sa clarté quand la terre se met entre elle & le Soleil. Les môdains font deux maux à la fois, car ils abandonnent Dieu vraye source de vie pour se creuser des cisternes incapables de conseruer des eaux.] Mais voyons de plus pres comme IESVS-CHRIST est imité, & de qu'elle sorte le monde est suiuy, afin que par là nous cognoissions sous quelles maximes ces gens icy reglent leur vie. Le Sauueur en tout le temps qu'il a coulé sur la terre & conuersé parmy les hommes, a prattiqué vne parfaitte pauureté & vn extresme mespris des richesses, Dauid disant de luy en esprit Prophetique qu'il seroit pauure & dans les trauaux dés sa jeunesse, il est né dans vne estable, auecque toutes les marques du Roy des pauures, tant toutes les circonstances de ce sacré mystere (& c'est dans son octaue que j'escris cecy) sont remplies de pauureté. Durant sa vie il a vescu ou d'aumosnes ou de la sueur de son front & du labeur de ses mains] n'ayant ny meubles, ny maison, ny terres, ny reuenus:

INTERIEVRE.

n'ayant vn seul endroict où reposer sa teste] en cela plus pauure que les oyseaux qui ont leurs nids, ny que les Renards qui ont leurs tasnieres. Il a souffert tout nud en vne Croix, & apres sa mort il a esté enseuely en vn tombeau emprunté. En quoy est ce que l'imitent les enfans du monde, sans cesse occupez à amasser des richesses & à les mettre en des sacs percez,] esclaues de leurs biens, qui passent comme vn songe, & puis à leur resueil qui se treuuent les mains vuides] qui thesaurisent continuellement sans sçauoir à qui appartiedront leurs thresors] qui comme des sangsuës boiuent le sang des pauures & ne disent iamais c'est assez] qui les deuorent à cachettes] par les subtilitez & les vsures, & les mangent sans pitié comme des morceaux de pain] qui adorét l'or & l'argent l'œuure des mains des hommes] bref qui mettent toute leur gloire en la multitude & quantité de leurs richesses, & puis apres cela se dire Chrestiens par vne si belle imitation de l'exemplaire qui leur est monstré sur la montagne] n'est-ce pas mettre sa bouche dedans le Ciel] & mesler auec les œuures des mains les paroles de foy que la bouche profere ? ne sont-ce pas des levres trompeuses qui parlent en vn cœur & en vn cœur?] Mais malheur à ceux qui ont le cœur ainsi double.] Taisez vous levres menteuses] & autant ennemies de la Verité qu'armies de la Vanité. IESVS-CHRIST en naissant s'est aneanty iusques à prendre la forme d'homme & la semblance d'esclaue] en sa vie il a paru comme vn hõme du commun, esté tenu pour le Fils d'vn Charpentier, a mené vne vie cachée durāt trente ans, & en sa vie connuë il a paru peu souuent dans les assemblées, il a fuy ceux qui le vouloient reconnoistre pour leur Roy, encore qu'il fust le Roy des Roys, terrible sur tous les Princes,] & l'Agneau Dominateur de la terre, en sa mort il a souffert toutes les ignominies qui se peuuent imaginer, il a esté saoulé d'opprobres] bref il s'est humilié iusques à la mort & la mort de la Croix] O Dieu de quel pied le suiuēt les enfans du siecle en cette humiliation, ie parle de ceux qui veulent parmy leurs vanitez porter le tiltre de Chrestiens. Certes ils prennent le contre-pied, & quand ils auroient resolu de destruire le mystere de la Croix & de nostre Redemption, ils ne meneroiét pas vne autre vie. Enfans des hommes iusques à quand pesans de cœur] & tardifs à croire] aymerez vous les vanitez, & chercherez vous les mensonges] ignorez vous que Dieu a rendu admirable son sainct] en qui il a mis tous les thresors de sa science & de sa sagesse] ô que vous estes

INTERIEVRE.

insensez si vo‘ pésez estre pl‘ sages que luy, certes vostre playe est incurable] & ie vo‘ tiens estre arriuez au plus creux de l'impieté] ou à l'extremité de la folie. Vous voyez vostre exemplaire humilié, & vous vous esleuez autant que vous pouuez, vos cœurs se bouffissent d'ambition & d'orgueil, vous auez les yeux hautains, vous ne marchez qu'en choses grandes,] vous ne cheminez que sur les aisles des vents] vous ne regardez que les sommitez des mótaignes] vous aspirez aux sieges esleuez dans les hauts lieux] & quand vous y estes arriuez les trosnes vous semblent encore plus bas que vos pretensions, vos aisles d'aigle volent sans s'abbattre] & il ne vous reste plus (car vostre ambition n'a point de bornes) que de dire auec cét Ange Apostat, ie mettray ma chaire sur les nuées du Ciel, i'esleueray mon throsne sur les Astres, & ie seray semblable au Tres-haut] O poudre & cendre le joüet du vent] nuées sans eau, poussée çà & là,] roseaux du desert,] de quoy vous pouuez-vous glorifier voyás le Roy de gloire à qui il appartient d'estre assis sur les Cherubins] raualé iusques à vn tel point que d'estre sujet à sa Mere, à son Pere nourrissier, & aux Puissances de la terre, pour t'apprendre par son exéple à desenfler la vanité de ton sens & de ton courage. Et puis dittes que ces gens là, dont l'ambition tousiours inquiete ne recherche que les honneurs, & qui ne viuent que de vent & de fumée, imitent l'humilité de Iesvs-Christ. De ce Iesvs qui non content d'auoir terrassé par son aneantissement l'orgueil du monde, & par sa pauureté la conuoitise des yeux, a voulu encore fouler aux pieds toute sensualité, prenant la douleur pour compagne inseparable de sa vie. Iettons les yeux sur sa Naissance en vne saison si rigoureuse, en vn lieu si incommode, sans aucun soulagemēt humain, reconnu seulement par de pauures animaux assistans à sa créche] nous l'y verrons tremblant & tout transi de froid. Le cours de sa vie, selon le Prohete, se passa en douleur, & ses années s'escoulerent en gemissemens:] Il fut exercé par la douleur à droict & à gauche,] douleur qui sans relasche tira souuent des larmes de ses yeux & ne dōna le loisir à aucun ry de s'asseoir sur sa bouche. En fin sa mort si cruelle l'a faict appeller iustement l'homme des douleurs,] sçachant par experience les infirmitez] des souffrances. Ce qui fait dire à vn Prophete en son nom, ô vous tous qui passez par la voye de cette vie arrestez vn peu les pas de vos pensées, & considerez s'il est vne douleur semblable à la mienne] puisque depuis la plante du pied iusques au sommet

INTERIEVRE. 97

met de la teste il n'y a point de santé en moy] tout mon corps n'estant qu'vne playe continuelle: mais playe dont la fle-strisseure güerit tout l'vniuers.] O mondains suffoquez dans vne Mer de delices, & qui non contens de ne rien endurer pour luy qui a tant souffert pour vous, estes sans cesse apres à rechercher les voluptez, ne desnians rien à vos sens] non plus que Salomon, & vous couronnans des roses de peu de durée, des plaisirs passagers, qui ne trauersez aucun pré sans y piller des fleurs de diuers contentemens:] Iugez si vous estes conformes à cette image de douleur, & si vos cœurs peuuent estre receus cóme deniers de tribut deuant le Pere Eternel, puis qu'ils n'ont pas la figure de IESVS-CHRIST crucifié. Auez vous point de honte d'estre si delicats, & de vous dire membres de ce Chef tout couronné d'espines ? ne sçauez vous pas que vous ne serez point compagnons de sa gloire] ny ses coheritiers] si vous ne le suiuez en ses souffrances, & que vous ne viurez point eternellement auecque luy, si auecque luy vous ne mourez,] ou du moins si vous ne viuez comme luy, car il est mort pour tous afin que tous vescussent par luy, en luy & pour luy.] Iettez doncques vos yeux sur cét Autheur & consommateur de nostre

E

foy, qui ayant la joye eternelle deuant foy a faict election de la Croix] fe rendant vn vermiffeau, l'opprobre des hommes & le rebut du peuple.] Et certes il eſtoit non ſeulement bien-ſeant, comme dict l'Apoſtre, mais neceſſaire que nous euſſions vn tel Pontife, qui fuſt ſainct, & ſans tache, plus eſleué que les Cieux, & ſeparé des pecheurs,] afin que triomphant des Vanitez, des Voluptez & des Auarices du monde, il nous en rendiſt la victoire facile. Mais de quelle ſorte imiteriez-vous ſa conuerſation & ſuiuriez-vous les traces de ſon exemple, ô! enfans des tenebres de ce ſiecle malin, ſi vous faites littiere de ſes maximes & de ſa doctrine, pour ſuiure les ardans malheureux des preceptes du monde qui vous conduiſent ſans y penſer aux precipices de voſtre ruine. C'eſt ce qu'il faut que nous examinions, Eutrope, en conſiderant

La contrepointe des maximes de Iesus-Christ & du monde.

Chap. VIII.

Toute doctrine a ses Principes qui sont comme les sources d'où decoulét tous ses enseignemens. Voyons donc d'où prouient cet erreur des mõdains qui font tout le contraire de ce qu'ils croyent, cela certes ne tire son origine d'autre part que du choc des Maximes de l'Euangile & du siecle, car quel accord peut estre entre la lumiere & les tenebres, Christ & Belial] le Ciel n'est point plus esloigné de la terre, l'Orient du Couchant, le Pole Artique de l'Antartique, & la vie n'est point plus differente de la mort que sont les Axiomes de la doctrine de salut & de celle qui meine à la damnation. A la gloire il faut entrer par vne porte estroitte] mais le chemin qui meine à la reprobation n'est pas moins spacieux] qu'il est specieux. Il est tout jonché de fleurs, l'autre tout couuert d'espines, les mondains passent leurs iours en delices, mais en vn instant ils descendent en la mort,] l'extremité de leur courte joye c'est vne eternelle douleur,] accompagnée de pleurs, de grincemens de dents, & de tenebres exterieures,] parce qu'ils ont esté rebelles à la lumiere:] mais les enfans de la Croix sement en pleurs & recueillent en allegresse] ne prenez pas garde au vin, dict le Sage, quand il brille & sautelle dans le verre, souuenez-vous de sa queuë de scorpion qui est amere comme l'absinthe;] arrestons nous plustost aux momens de tribulation qui nous meinent à l'eternelle felicité.] Mais pour venir à la preuue descendons dans les particularitez. Considerez ie vous prie, Eutrope, en quelles choses le Fils de Dieu, Sagesse Eternelle, a establi la Beatitude de cette vie, vous verrez que c'est en la paureté & en l'humilité, choses si detestées des mondains qui aspirent aux richesses & aux honneurs, qu'ils tiennent pour malheureux ceux qui sont dans la necessité & la bassesse. Le monde plein d'orgueil met la felicité en la vengeance, iusques à la tenir pour vn bien plus delicieux que la vie mesme, & le Sauueur la met en la douceur & debonnaireté, qui souffre & pardonne toutes les offenses. Le monde tient pour heureux ceux qui rient & qui se donnent du bon temps. Et la Sagesse d'enhaut dict que ce sont ceux qui pleu-

INTERIEVRE.

rent, & que le bon heur ne se trouue pas en la terre de ceux qui viuent suauement,] tesmoins Baltazar & les enfans de Iob & Ammon qui trouuerent leur mort dans les festins. Le monde estime miserables ceux qui meurent de faim & de soif, & IESVS les nomme heureux. Le monde admire ceux qui par la force font éclatter leur puissance comme Pharaon qui se glorifioit en ses chariots & en sa Caualerie, & Nabuchodonosor en la multitude de ses combattans; mais le Fils de Dieu fait estat des misericordieux & des paisibles. Le monde met sa felicité en des choses qui soüillent, troublent, & infectent le cœur, & le Saueur la met en la netteté & en la tranquilité interieure. Le monde louë ceux qui ne souffrent rien, & nostre celeste Maistre tient pour heureux ceux qui endurent persecution, leur conseillant de s'en resjouyr, parce que leur recompense sera grande dans le Ciel. Le monde iniuste au lieu de rendre faict son ieu, de prendre à vn chacun ce qui luy appartient, & l'Euágile nous propose pour axiome que c'est vne chose plus heureuse de donner le sien que de receuoir] celuy d'autruy, & qu'en faict d'outrage il vaut mieux le patir que de le faire, & estre le volé que le voleur.

E iij

Le monde rend les siens aspres à la proye, & Iesvs-Christ veut qu'on lasche la haye à celuy qui nous ostera le manteau] & qu'apres auoir receu vn soufflet sur vne jouë on tende l'autre] enigmes que n'entendent point ceux qui ne prattiquent pas la doctrine de la Croix. Le monde apprend aux siens à poursuiure ses ennemis iusques à ce qu'on les ait accablez,] & le Fils de Dieu comme Souuerain Legislateur ordonne qu'on les ayme] commande que nous prions pour ceux qui nous trauaillent:] Le monde tient pour gens sans courage ceux qui ne sont point braues & releuez en leurs desseins, & le Fils de Dieu veut qu'on apprenne de sa doctrine & de son exemple, cette leçon d'estre doux & humble de cœur] Le monde desdaigne les petits, Nostre Seigneur les prend pour sa part & les met en sa particuliere protection exhortant ses disciples à estre simples comme des colombes & des petits enfans, s'ils veulent auoir accés à son Royaume.] O que les conseils du monde sont differens de ceux de Dieu, que les pensees de l'Eternel sont differentes de celles des hommes,] & que ses voyes sont contraires à celles des mondains.] Ceux qui suiuent les maximes du siecle ne pensent qu'à faire fortune, à s'auancer dans les honneurs, à faire amas de richesses & à se gorger de delices: Mais les conseils de l'Euangile mettans la coignée à la racine de ce mauuais arbre, induisent sans contrainte ceux qui volontairement les veulent embrasser, (selon qu'il est escrit qui les pourra prendre les prenne]) à vne entiere renonciation d'eux mesmes par l'obeyssance, à vn renoncement des biens par la pauureté qui est appellée parfaitte lors qu'il est dit: si tu veux estre parfaict vends tout ce que tu as & le donne aux pauures] & au mespris des voluptez non seulement illicites, mais de celles qui seroient permises dans le mariage, faisant beaucoup d'estat de ces Eunuques volontaires qui se rendent steriles en la terre pour aller plus legerement au Ciel. Mais, Eutrope, pourquoy m'arresteray-je à vne si longue description? Ouurez l'Euangile & les autres escrits de la nouuelle alliance, où ces maximes sont escrites à chaque page, & vn grand nombre d'autres dont celles-cy seruiront d'eschantillon, & conferez ce que disent ces sacrez cahiers qui sont les Oracles des volontez diuines & les preceptes de la Religion de IESVS-CHRIST, & ajustez à ces reigles les actions des mondains qui se disent Chrestiens, & vous trouuerez qu'il n'y a pas plus de difference entre le feu & l'eau, entre l'Ange de lumiere & celuy de tenebres, entre la chair & l'esprit, entre le bien & le mal qu'il y a de contradiction entre leur creance & leur vie, entre ce qu'ils disent & ce qu'ils font. Si nous ne voulons dire pour pallier leur malice, qu'ils ont la loy Chrestienne dans leur entendement speculatif & la mondaine dans le practic, qu'ils croyent les Veritez du Christianisme, mais de la bouche, d'autant que leurs œuures dementent leurs paroles, en quoy ils doiuent redouter la malediction dont ce Prophete de la part de Dieu menace ceux qui mettent les tenebres en la place de la lumiere, & qui nomment le mal bien. O mondains je vous dirois volontiers, ou croyez comme vous viuez, ou viuez comme vous croyez, car viuans en ce partage de creance & d'actions; vous mettez la Religion Chrestienne en opprobres & en parabole, & vous faites blasphemer le nom de Iesvs-Christ par les infideles. Tesmoin celuy qui ayant ouy discourir de nostre saincte foy, declara que la plus saincte de toutes les loix estoit celle des Chrestiens, mais la plus mal obseruée. Vous redoublez, ô miserables,

INTERIEVRE. 105

votre condamnation, parce que sçachans & faisans profession de croire les maximes de l'Euangile & foulans aux pieds par vne vie contraire le sang du Testament,] vous vous amassez des thresors de courroux au iour de la vengeance & du iuste iugement de Dieu.]

Les sainctes maximes de l'Euangile prattiquées par les enfans de lumiere.

CHAP. XIX.

VN Peintre ayant vn iour representé vn cheual courant dans vne lice, & l'exposant au Soleil pour secher, de peur que les passans ne s'arrestassent sur cet ouurage nouueau, & ne se meslassent selon leur coustume de donner leur iugement, il le renuersa, & de cette sorte ceux qui le veirent creurent que c'estoit le pourtrait d'vn cheual qui se veautroit dans la poussiere. Le discours precedent vous a faict voir, Eutrope, que les mondains renuersans les maximes diuines pour se veautrer dans la poussiere terrestre des

E v

opinions qui les aueuglent viuent tout au rebours de la creance qu'ils se disent auoir. Icy ie vous veux faire voir ceux qui se rangent sous les loix de Dieu ainsi qu'vn cheual] bien dressé sous le manege d'vn Escuyer, courans à toute bride en la voye des preceptes] & des maximes Euangeliques, leurs yeux estans ouuerts sur leur verité & leurs cœurs dilatez] sur leur aimable bonté. C'est à eux à qui il appartient de cognoistre les mysteres du Ciel] à qui les escailles sont tombées des yeux] & non pas à ceux qui aueugles volontaires en voyans, ne voyent pas, & les entendans, ne les entendent pas.] O Seigneur, dict le Psalmiste, faites moy misericorde] non pas selon le iugement des mondains qui tiennét les afflictiōs pour des fleaux de vostre colere, mais selon le iugement de ceux qui vous aiment & qui adorent vostre sainct Nom] en esprit & verité.] Les iniques m'ont conté des maximes que ie tiens pour des fables, mais elles n'ont rien qui approche de vostre loy] toutes vos voyes sont iudicieuses] & pleines de misericorde & de verité.] Vos iugemens sont en poids & en mesure,] mais les balances des mondains sont fausses & mensonges] j'ay cogneu, ô Seigneur, que vos ordonnances font la mefme equité] à raifon dequoy mon ame y acquiefce ; la declaration de vos paroles efclaire les entendemens.] Si le fens eft trompé par vn milieu qui l'abufe comme l'on void au bafton qui eftant droict paroift courbé eftant mis à moitié dans l'eau, & au verre coloré qui faict paroiftre de fa mefme couleur les chofes qui font oppofées, combien plus le fera l'entendement, s'il fe laiffe preoccuper aux fauffes maximes du monde. Mes enfans, dit le diuin Apoftre, ne croyez pas à tout efprit, mais efprouuez s'il eft de Dieu] ie vous en dy de mefme, Eutrope, auant que de donner voftre entendement à vne maxime, voyez fi elle vient du vieil Adam ou du nouueau, car le vieil eft terreftre & ne parle que de la terre, mais le fecond eft celefte & n'a des enfeignemens que par le Ciel.] & fi vous auez porté l'image de l'Ancien & creu fa doctrine, effayez d'effacer ces impreffions de voftre efprit & d'y grauer la figure du celefte qui eft formé felon Dieu en faincteté & en Iuftice.] Ie vous appelle donc icy à vne efcole bien differente & à l'imitation des difciples du Maiftre des maiftres, dont l'vn vous dict, foyez mes imitateurs comme ie le fuis de IESVS-CHRIST :] C'eft pour arracher aux lafches & abbatus de cœur, cette imperti-

E v

nente excuse qui fait que quelques vns se veulent dispenser de suiure les traces du Sauueur, comme n'ayant pas assez d'haleine pour courir apres ce cheureuil qui saute sur les montagnes & bondit sur les collines.] en leur proposant, non pas cet original, mais des copies ; non ce Soleil, mais des Astres qui tirent toute leur lumiere de luy; non vn Homme Dieu, mais des hommes diuisez par grace, & faits vn mesme esprit auecque Dieu] par adherence à ses volontez & à ses maximes. En fin des hommes qui n'auoient que deux bras & vne teste non plus que nous, mais qui en courage estoient des Geans & à qui estans comparez, nous ne sommes que des sauterelles.] Ce sont les Apostres ces vaisseaux d'elite, ces fleches en la main du Toutpuissant] & les hommes Apostoliques, qui trouuans les preceptes aisez] & le joug des conseils suaue & leger, renuersans tout à faict la prudence de la chair, qui est vne mort] & toute la sagesse du monde, non seulement mesprisoient les honneurs & les delices, (comme fit Moyse, selon que remarque Sainct Paul) & tous les tresors de la terre, & ne craignoiét ny la pauureté (qu'ils sçauoient fort bien endurer]) ny les tourmens, ny les opprobres, mais qui recherchoient & cherissoiét les douleurs comme les mondains font les voluptez, la disette auecque le mesme soin que les enfans du siecle amassent les richesses, & l'infamie auec autant d'ardeur que les ambitieux desirent les dignitez & les honneurs. Qu'il soit ainsi, oyez ce que nous lisons des premiers tesmoins de la foy de l'Euangile. Les Apostres sortoient de deuant les Tribunaux qui les auoient condamnez à estre flestris, bien joyeux de souffrir des vergongnes pour le Nom de IESVS-CHRIST :] Les vns estoient taillez, sciez, coupez, bruslez, esgorgez, & esprouuez par diuers supplices,] & ils tenoient pour vne grande ioye de tomber en ces espreuues,] leur affliction estoit leur honneur, selon ce mot du Psalmiste, Seigneur vos amis ont esté beaucoup honorez, c'est à dire, affligez, & ainsi leur Principauté a esté establie.] Ie surabonde de ioye en mes souffrances, dit le Docteur des Nations,] ie me glorifie en mes infirmitez, afin que la vertu, c'est à dire la grace de IESVS-CHRIST habite en moy :] d'autres par cette vertu entendent la Patience; Patience qui fait l'espreuue, espreuue qui donne l'Esperance, & vne Esperance qui ne confond point] mais qui resiouyt ceux qui sont patiens dans les Tribulations.] Les vaillans soldats se plaisoient parmy les perils, sçachans que cette vie est vne milice continuelle,] où l'on ne luitte pas seulement contre la chair & le sang, mais contre les Puissances & les gouuerneurs des tenebres de ce siecle, & contre les malices spirituelles:] grands Aigles qui se delectoient parmy les tourbillons de l'air, Dauphins se resioüissans parmy les tempestes & les orages: Salamandres qui se nourrissoient dans les embrasemens. Voyez vn sainct Laurens sur le gril qui se mocque des flammes, vn sainct Tiburce qui prend des charbons ardens pour des roses, vn sainct Estienne qui des pierres pernicieuses qui l'assommoient, fait pour sa teste vne couronne de pierres precieuses.] Voyez vne saincte Catherine de Sienne qui refuse la couronne d'or pour choisir celle d'espines; à vostre aduis son iugement n'estoit-il pas bien autre que celuy de ces maladuisez qui se couronnoient de roses qui flestrirent si tost: dont le Sage fait mention. Vn sainct André caressant vne Croix comme vne maistresse animée: vn sainct François appellant les douleurs & les afflictions ses cheres sœurs, & la pauureté son amie: vn sainct Bernard se faisant vn bouquet de myrrhe de toutes les enseignes de la Passion du Sauueur; & disant qu'il ne vouloit point estre sans playe, voyant son Redempteur en Croix percé de tous co-

INTERIEVRE.

ſtez. A voſtre aduis, Eutrope, ces grands ſeruiteurs du Crucifié viuoient-ils comme ils croyoient, & croyoient-ils comme il faut les maximes de l'Euangile? Quand le grand Apoſtre diſoit, que ce qu'il auoit tenu pour gain pour IESVS-CHRIST luy eſtoit vn dommage,] & qu'il eſtimoit toutes choſes boüe & ordure pourueu qu'il gaignaſt les bonnes graces de ſon Maiſtre: penſez-vous que ſa charité cherchaſt ſes intereſts non ceux de IESVS-CHRIST? Celuy qui vouloit eſtre Anatheme pour ſes freres, & de donner ſa vie pour eux, eſtoit bien eſloigné de deſirer leurs facultez; auſſi leur diſoit-il auec vn ſentiment auſſi tendre que veritable; c'eſt vous que ie cherche & non vos biens:] Ma vie c'eſt IESVS-CHRIST, diſoit ce Docteur du troiſieſme Ciel, & mourir pour luy c'eſt mon profit & mon plus grand aduantage.] Vn homme qui parloit comme il ſentoit, & qui auoit de ſi puiſſans ſentimens pour IESVS-CHRIST,] à voſtre aduis viuoit-il en ſoy-meſme,] c'eſt à dire, ſelon ſoy-meſme, ou en ſon Maiſtre; Maiſtre dont les paroles eſtoient eſprit & vie,] & de vie eternelle.] Celuy qui ſe vante de ſes flagellations, de ſes empriſonnemens, de ſes banniſſemens, de ſes ignominies, de ſes ſouffrances, de ſes neceſſitez pour IESVS-CHRIST, viuoit-il ſelon les maximes de l'Euangile, ou selon celles du monde. En vn mot, Eutrope, tous ceux qui ont esté préordonnez pour la vie eternelle] soit durant la Loy de nature, soit durant l'escrite, soit depuis la publication de la nouuelle, n'ont esté sauuez que par le merite de l'efficace du sang de l'Agneau immolé dés le commencement du monde.] Il est la voye du Ciel, & la verité de la meilleure vie, il est la porte, nul ne peut aller au salut que par luy, & en suiuant ses preceptes: & quels sont ses preceptes sinon le contrepied de ceux du monde, & fondez sur le parfait mespris des choses de la terre, & la fuitte des vanitez, voluptez & richesses du monde? Iettez les yeux sur tous ceux qui ont suiuy, seruy, & aimé Dieu en verité, & d'vne charité non feinte,] vous verrez qu'ils sont tous paruenus au raffraichissement de la gloire à trauers le feu de l'ocean] des souffrances, selon cette maxime generale, Le Royaume des Cieux endure force, il n'y a que les violens qui le rauissent,] & on n'y peut auoir d'accez que par beaucoup de peines & de tribulations?] Qui en peut douter, puisque celuy qui en a ouuert le chemin n'y est arriué que par d'incroyables souffrances,] bien que ce Royaume luy appartenoit par nature, & par toute sorte de Iustice? Depuis qu'Adam

INTERLEVRE. 113

fut chassé du Paradis terrestre, vn Ange fut mis à la porte auec vn glaiue ardant pour luy en empescher l'entrée, & pour monstrer à ses descendans, que sans estre transpercé du couteau de douleur, nul ne peut s'introduire dans le Paradis du Ciel. Et c'est là ce que fuyent les enfans du monde, amis de leurs aises, amoureux d'eux mesmes, enflez, superbes, ambitieux, conuoiteux ;] ainsi que l'Apostre les despeint, ils ne se peuuent resoudre d'aualler ces pillules, ny ces breuuages amers, mais faisans leur Dieu de leur ventre, & gloire de leur confusion,] ils s'affermissent dans leurs mauuais propos] se nourrissent & viuent dans leurs fausses maximes, & de cette sorte ils perissent s'esloignans de Dieu,] & luy disans sinon de la langue, au moins par leurs œuures, nous ne voulons point de vos voyes.] O que bien-heureux est l'homme qui ne suit point le conseil ny l'opinion de ces Sages du monde, de ces Herodes, qui sous couleur de vouloir adorer IESVS-CHRIST, ont dessein de le tuer en suffoquant sa doctrine, & violans son Euangile eternel. Bien-heureux qui ne chemine point en leurs voyes, & qui n'escoute point les axiomes de leur chaire de pestilence: mais qui applique sa volonté à loy du Seigneur, qui y pense iour & nuit, qui l'escrit à la teste du liure de sa memoire, & qui la graue au milieu de son cœur; Celui là sera comme vn bel arbre planté sur le courant des eaux de la grace, qui donnera du fruict en son temps: il n'en sera pas ainsi de ceux qui suiuent de fausses maximes, mais ils seront comme la poussiere piroüettée par le vent: Car le Seigneur cognoist la route des Iustes, & de ceux qui marchent de bon pied à sa suitte, mais la voye de ceux qui se destournoient de ses preceptes, ira dans la ruine & la damnation. Iettez vne œillade, Eutrope, sur ceux qui ont esté apres le bienaimé en l'odeur de ses parfums, sous quelque loy qu'ils aient vescu, soit deuant, soit depuis la predicatiõ de l'Euãgile, vous verrez qu'ils ont embrassé les douleurs plustost que les delices, les pauuretez plustost que l'abondance, & l'abiection plustost que l'ambition. Loth, Iob, Abraham, Isaac, Iacob, Ioseph, Moyse, Dauid, Tobie, & tant d'autres dont les noms & les actions reluisent dans les cahiers de l'alliance ancienne, comme des estoiles dans le firmament:] ont ils pas cheminé par des voyes dures pour obseruer les volontez de Dieu,] l'exil, la pauureté, les prisons, les priuations, les pertes, les maladies, les afflictions, ont elles pas esté les essais de leur constance, & l'épreuue de leur fidelité. Il est est vray, disoit Tobie

INTERIEVRE. 115
l'Ancien à son fils, que nous menons vne pauure vie, mais nous trouuons la suffisance dans la pauureté :] ainsi possedoit ce sainct homme, son Ame en patience. C'est vn grand bien, dit l'Apostre, que la pieté auecque ce qui suffit, & le mesme aduoüe que si les vrays Chrestiens n'esperoient qu'en cette vie, ils seroient les plus miserables de tous les humains ;] la raison de cela est en ce que les maximes de l'Euangile battent en ruine, & destruisent de fonds en comble tout ce que les mondains aueuglez tiennent pour de vrais biens. Aussi IESVS-CHRIST est il cette petite pierre de Daniel destachée d'vn haut rocher sans aucun effort de mains, qui venant à rouler contre les pieds de terre d'vn grand Colosse bigarré de diuers metaux, reduit en poudre l'or des ambitions, l'argent des auarices, & l'airain des voluptez du monde. Et qui est-ce qui sans mentir sur sa teste] & au S. Esprit, oseroit dire qu'il croit en luy & le cognoist, sans se soucier de marcher par où il a cheminé,] & d'estre ennemy de ses ennemis,] en detestant ce qu'il a detesté ? Quoy Vrie fera conscience de dormir à son aise, tandis que son Capitaine Ioab dort sur la dure, & sous vn pauillon en l'armée : & le soldat Chrestien enroollé sous l'estandard de la Croix, aimera & recherchera les delices,

les pompes, & l'abondance, voyant IESVS frappé] de douleurs, humilié] comme le dernier de tous les hommes,] & appauury pour nous afin de nous rendre riches par la disette.] Certes cette côtrarieté de la creance & de la vie, ne peut entrer en vn esprit vraiement raisonnable. C'est pourquoy il me semble que ces deux choses plus incompatibles qu'Esau & Iacob dans les flancs d'vne mesme mere, ne peuuent durer en vn mesme sujet, l'vne destruisant necessairement l'autre, & partant qu'il faut dire, que ceux qui viuent d'vne façon si repugnante aux maximes de l'Euangile, n'y croient que foiblement, imparfaittement, & peut estre point du tout, selon ce qui est escrit des derniers temps, & de la lie des siecles,] quand le fils de l'homme viendra iuger le monde, pensez-vous qu'il trouue de la foy en la terre?] Il est vray que malgré les supercheries du Prince des tenebres, Dieu se reserue tousjours plusieurs milliers d'ames qui ne flechissent point les genoux deuant Baal,] & qui s'écartent de la confusion de la Babylone du monde, pour ne prendre part à ses pollutions, & à ses fausses maximes, & pour sauuer leurs Ames.] Et qui sont ceux-là sinon les saincts Religieux, qui sont l'vne des illustres portions du troupeau de IESVS-CHRIST, & les Ames deuotieuses qui viuent dedan le monde, & en vſent comme n'en vſans point, cogneuës à Dieu, & incogneuës aux mondains, qui menent vne vie qui ſemble commune en l'exterieur, viuent d'vne maniere extraordinaire & Angelique dans l'interieur, foulant aux pieds les delices & vanitez de la terre, & comme Eſther deteſtant les pourpres Royales au milieu des grandeurs de la Cour. Ames eſleuës & choiſies, vaiſſeaux d'honneur, & qui ſemblent l'eſtre d'ignominie, eſprits eſleuez au deſſus de tout ce qui eſt icy bas, & dont le ſeul repos eſt en Dieu, pour qui toutes choſes leur ſont boüe & ordure. Ouy car les ſainctes maximes de l'Euangile ſont ſi profondement grauées dans leurs cœurs, que non ſeulemét elles ont en horreur tout ce que les mondains adorent & recherchent auecque beaucoup d'empreſſement ; mais par vn contrepied admirable, & qui ſurpaſſe les forces naturelles, elles ont en telle eſtime tout ce qui bat en ruine les maximes de la terre, qu'elles s'abondét dans la pauureté, ſe plaiſent dans les douleurs, & cheriſſent l'infamie par deſſus la gloire du monde. O que bien heureux eſt celuy, dit le Sage, qui a eſté trouué ſans tache, qui n'a point mis ſon eſperance aux treſors, & qui n'a point couru apres l'or, mais qui eſt celuy là, & nous luy donnerons les louanges qui luy font deuës.] En voulez vous voir vn modele, Eutrope, en voicy vn où il n'y a rien à redire; car non feulement toutes les maximes de l'Euangile eftoient empraintes en fon cœur, mais en fon corps mefme eftoient imprimées les fleftriffemens du Crucifié, c'eft vn liure efcrit dedans & dehors,] c'eft ce grand Apoftre, ce vafe d'elite de qui dit S. Auguftin le Difciple Crucifié, prefchoit le Maiftre Crucifié, à raifon dequoy il n'eftoit pas feulement Docteur de la lettre, mais de l'efprit :] fon nom c'eft non plus Saul zelé pour les traditions paternelles, & les maximes de la vieille loy, mais Paul Predicateur des nations, & vray imitateur de IESVS-CHRIST. Efcoutez la voix de ce tonnerre, & les éclats de cette foudre Apoftolique. A Dieu ne plaife que ie prenne ma gloire en autre chofe qu'en la Croix de IESVS CHRIST, par qui le monde m'eft crucifié comme ie fuis crucifié au monde.] C'eft à dire, (& cela fans faire aucune violence à la lettre, & fans la deftourner de fon fens Hiftorique à aucun Myftique) que le monde & toutes fes maximes me font en la mefme horreur, qu'eft aux yeux d'vn paffant la rencontre d'vn pendu, & moy reciproquement ie fuis en horreur au monde, parce que le monde voyant que ie cheris tout ce qu'il abhorre, fçauoir, les

INTERIEVRE.

croix, les supplices, les miseres, les douleurs, les infamies, les tribulations, & qu'au contraire ce qu'il estime ie le tiens pour abomination & ordure, selon ce qui est escrit que ce qui est esleué deuant les hommes, est abominable deuant Dieu, à cause de cela il me tient pour vn fol, & moy ie le tiens pour vn insensé, il me tient pour estropié du cerueau, & moy ie le prends pour vn bestial & enragé, il me prend pour vn desesperé, & moy ie le croy estre aueugle. Au moins ay-je cét auantage, c'est que ie suis fol ie suis tel pour IESVS CHRIST;] mais si le monde est sage, c'est d'vne sagesse impie. Nous suiuons les maximes d'vn Ies crucifié, folie pour les Getils, scandale pour les Iuifs, mais vertu & sagesse diuine pour les Eleuz.] Nous suiuons les preceptes de celuy qui est la Sagesse & la science de son Pere Eternel,] de celuy qui perdra la prudence des prudences,] qui rendra folle la Sagesse du monde,] & de ceux qui sont d'autant plus insensez qu'ils semblent estre plus sages,] parce que toute la Sagesse humaine est vne vraye folie deuant Dieu,] de celuy qui a esleu les choses folles pour confondre les sages, & les debiles pour abbattre les fortes.] Et parce que le monde n'a pas cogneu Dieu par la vraye Sagesse, qui est celle que Dieu enseigne, il luy a pleu par la folie de la predication sauuer les croyans.] En vn mot, Eutrope, si vous voulez mettre en sa droitte assiette vostre entendement speculatif, il n'en faut point faire à moitié, il ne faut rien reseruer des dépouïlles d'Amalec, ny du sac de Ierico; car la moindre maxime du monde y restant elle ruinera toutes celles de l'Euangile, comme la plume de l'aigle ronge les autres. Il faut arracher cette yuroye qui gaste le bon grain, si vous ne voulez vous fouruoyer de la voye de la verité.] Choisissez à quel party vous vous voulez ranger, car icy d'estre neutre il est impossible, qui n'est pour Dieu est contre luy,] & il vnit les tiedes:] il se faut declarer & sçauoir de quelle cité vous voulez estre bourgeois, de Hierusalem, ou de Babylone: de cette eslection despend vostre salut ou vostre perte pour l'eternité. Car si vous suiuez les maximes du monde, vous serez sans doute dans la route de l'iniquité que Dieu ne beut point,] & a en extreme haine;] mais si vous prenez le party de IESVS-CHRIST, il vous faut aussi embrasser sa doctrine, & renoncer à vostre sens, à vos propres opinions, à vous mesmes. Chose dure si vous considerez vos propres forces, mais douce si vous pensez à l'onction de la grace qui rend tout possible au croyant,] le jong se pourrissant,] c'est à dire, s'amollissant

INTERIEVRE.

fant & s'adouciſſant à la face de l'huile,] c'eſt à dire, par l'aſſiſtance celeſte. Et c'eſt au deſracinemẽt de cette opinion préoccupée, que les biens que le monde recherche ſont vrais biens, que conſiſte l'effort de la reformation de voſtre entendement paſſif ou ſpeculatif; car comme il eſt malaiſé d'effacer des caracteres profondement grauez ſur du marbre, auſſi d'oſter de l'eſprit vne creance enuieillie, principalement quand elle eſt appuyée de la chair & du ſang & des ſentimés humains, & meu de la volonté de l'homme, non tirée de celle de Dieu.] Si le More ne peut perdre ſa noirceur, ny le Leopard les taches de ſa peau, côme pourroiét apprendre le bien ceux qui ſont arreſtez au mal.] Ceux dõt les os ſont enuieillis, & les playes pourries & corrompuës par leur propre folie,] dit le Pſalmiſte. Car ie vous prie le moyen de faire comprendre à vn mondain ſi la foy viue n'opere en ſon ame, que les douleurs ſont des plaiſirs, les infamies des honneurs, & la diſette vne abondance, certes ces ſecrets ne ſe reuelent point par la chair & le ſang, c'eſt vn embleme que les compagnons de deſbauche de Samſon ne peuuent expliquer, & ils ne peuuent conceuoir comme de la gueule d'vn Lyon mort ſort vn rayon de miel. Mais comme les plõgeons qui cherchent les perles dans l'Oc-

F

cean à l'aide de l'huile qu'ils iettent de leurs bouches, se font iour dans les gouffres plus tenebreux; aussi la diuine action par des enseignemens surnaturels, nous fait comprendre ces veritez qui sont incogneuës à la lumiere naturelle. Les yeux de la Choüette incapables de voir le Soleil, discernēt beaucoup de choses durāt la nuit, il est vray que les enfans du siecle prudens en leur generation par leur sagesse mondaine, cognoissent beaucoup de ressorts de malice que les enfans de lumiere ignorent, mais d'autre costé ils sont aueugles aux hautes veritez tant de la foy que des mœurs qui procedent comme rayons du Soleil de Iustice, tandis que l'insensé & le fol perissent] en leur propre prudence. Le Sage qui entend] les secrettes veritez se sauue par leur addresse. Pour vous determiner à vn bon choix, voicy vne regle que ie vous donne, Eutrope, & reigle asseurée, puisqu'elle procede d'vn principe infaillible. Mettez en conference IESVS-CHRIST auec le monde, & iugez qui est le plus sage & le plus cognoissant des deux. Si vous auez, ie ne diray pas vne once de foy, mais aussi gros qu'vn grain de moustarde, vous ne tarderez point à vous resoudre, puisqu'il est constant que le monde est vn vieil fol,] dont la sottise est incurable, & que le nombre des insensez qui suiuent ses

maximes est infiny:] au côtraire que Iesvs-
Christ enseigne la voye de Dieu auec verité,] selon la confession mesme de ses ennemis, quoy que malicieusement pronon-
cée. Apres tout il est la lumiere du monde,
apres qui on ne peut marcher en tenebres,]
il est Dieu qui ne peut ny mentir ny tromper. Tout homme de bon sens, & en qui la
clairté de la foy n'est point esteinte, choisira
t'il pas plustost le party de la verité, que celuy des faussetez & des mensonges? Si donc
vous voulez arriuer à vne parfaite reformation de vostre entendement speculatif, &
vous purger de l'ignorance, soit grossiere,
soit affectée, instruisez-vous pour le regard
de la foy aux choses absolument necessaires
à sçauoir pour estre sauué; & aussi des vrayes
maximes qui nous portent à bien faire. Renoncez au monde, & à la malheureuse escole des mondains, où s'apprend vne science
qui enfle] d'orgueil, qui perd dans la volupté, & abisme dans l'auarice, racine de
tous maux:] au contraire écoutez Iesvs
Crucifié, qui de la Chaire de la Croix vous
enseignera les vrayes maximes qui mettrôt
vos pas aux voyes du Ciel, & aux sentiers de
la paix] & de la paix eternelle. Paix abon-
dante qui prouient de l'amour & de l'obseruance de la loy de Dieu, & qui retire du
scandale] inseparable du vice.

F ij

Continuation de la reformation de l'entendement speculatif.

CHAP. XX.

Tandis que les imprudens euitent vne extremité, ils ne s'aduisent pas souuent qu'ils tombent en vne autre, & que pensans tuer vn vice ils donnent dans l'autre contraire, sans s'arrester au milieu où loge la vertu. Il y a des ignorans grossiers, il y en a de malicieux, dont l'ignorance est encore moins excusable, ainsi que nous venons de voir aux Chapitres qui ont precedé. Mais il y a des esprits actifs, fretillans, & vifs qui donnent dans l'autre extreme, & pour n'ignorer rien ils se portent en des curiositez non inutiles seulement, mais blasmables. C'est de ce deffaut qu'il faut encore purger nostre entendement speculatif, ô Eutrope, si nous voulons le tenir en reigle. Cette curiosité rend les esprits desireux de comprendre les choses que la foy nous enseigne, & qui s'apprennent beaucoup mieux par vn humble acquiescement, & vne respectueuse adoration, que par vne curieuse recher-

INTERIEVRE.

che selon ce qui est escrit, Croyez & vous entendrez.] Les Mysteres ne seroient plus mysteres s'ils n'estoient cachez, & ils ne seroient pas diuins s'ils estoient bornez dans l'entendement humain. La grande cognoissance sans humilité est vn haut edifice dont le fondement est mauuais, & qui menace vne prochaine ruine. L'entendement estant l'œil de l'ame, & la foy estant des choses inuisibles, & qui n'apparoissent point à nostre veuë, ny corporelle, ny mesme intellectuelle, il est impossible de croire si nous ne captiuons nostre entendement sous l'obeyssance de la foy] L'homme hausse t'il trop son cœur, dit Dauid, Dieu se releue encore dauantage:] car il rejette les superbes (& la curiosité naist d'vn orgueil secret) de l'esprit de son cœur.] Les Anges mesmes qui voyent Dieu face à face, non par miroir ny par enigme, voilent leurs yeux de leurs aisles, comme s'estimans indignes de contempler vne telle grandeur ; belle mais forte leçon, pour tenir en bride la curiosité des voyageurs, dont les yeux sont de chouëtte aux veritez diuines, & non pas d'aigle pour regarder fermement le Soleil. Le sainct Espoux comparant les yeux de son Amante à ceux de la Colombe, la louë de la simplicité de ses regards, & au contraire

F iij

quand elle s'en emancipe par vne curiosité superfluë, il luy dit en la menaçant, Destourne tes yeux de moy, autrement ie m'enuoleray,] & m'esloigneray de toy; car qui ne sçait que celuy qui veut sonder vne telle Majesté est opprimé de la grandeur de sa gloire,] comme ce Philosophe ancien qui s'aueugla voulant trop opiniastrement contempler le Soleil. La curiosité ne s'areste pas là, mais comme vn Mercure tousiours mouuant, & qui ne se peut fixer, elle veut quelquesfois entrer dans les secrets de Dieu, & de sa prouidence, comme si quelqu'vn pouuoit estre son Conseiller] ou luy demander pourquoy faites vous cela?] Sagement le Sage, Ne sois point sage auecque hautaineté, mais crain.] Le Psalmiste. Mes yeux, Seigneur, ne sont point esleuez, ny mon cœur enflé, mes sentimens sont humbles, & les pensées de mon Ame sont abbaissées.] Le grand Apostre au retour du troisiesme Ciel, ne veut sçauoir autre chose que Iesvs Crucifié] & conseillé de n'auoir point de hauts sentimens, mais de penser auecque les humbles :] parce que Dieu resiste aux superbes, & donne sa grace aux petits.] Chacun sçait comme il en prit aux Betsamites pour auoir regardé l'Arche. Dieu ne veut point que nous sçachions les temps, ny les momens qu'il a reseruez à sa puissance,] & à sa seule cognoissance. Et puis c'est vn pas glissant où Dauid dit qu'il a pensé choper, que de vouloir sçauoir les causes du gouuernement du monde. La curiosité a des inegalitez prodigieuses ; car tantost comme vne Aigle elle fait essor iusques au plus haut de l'air, tantost elle rase la terre ou les eaux comme l'arondelle, mais pour y prendre des mouches. Elle s'amuse à des doctes fables, comme dit l'Apostre, à des sciences inutiles, dequoy se plaint & s'accuse sainct Augustin, bref elle imite les araignées qui s'esuantrent à faire le tissu d'vne toile, que le moindre vent deschire & emporte. Plusieurs de ceux qui auoient ainsi recherché des cognoissances curieuses apporterent leurs liures aux pieds des Apostres, qui les mirent dans la lumiere du feu. Tantost elle s'amuse apres les nouuelles du monde, oubliant le Ciel pour considerer ce qui se passe en la terre, dans cette grande cage de fols le theatre du monde. Certes comme rien n'embarrasse tant la mesnagerie des abeilles, que quand les araignées tendent leurs tapisseries à l'entrée de leurs ruches : aussi rien n'empesche tant l'éleuation de l'entendement que l'occupation qu'il se donne autour des mouuemens du monde. Si vous voulez, Eutrope, tenir clair l'œil de vostre entendement speculatif, vous bannirez bien loin toute curiosité vaine & pernicieuse, qui n'empesche pas moins sa fonction que la fumée ou la poussiere celle de l'œil du corps. Mais il est temps que nous passions à

La reformation de l'entendement Pratic., ou Agent.

Chap. XXI.

Comme le precedent regarde la consideration, cettuy-cy, Eutrope, se porte vers l'action, ce qui le rend de grande importance : parce que c'est luy qui donne le branfle à la volonté qui suit franchement & assez ordinairemét ce qu'il luy propose, comme bon & raisonnable : à l'occasion dequoy il se nomme iugement, piece principale en l'œconomie de l'interieur, & comme le Maistre d'Hostel qui dispose de tout. S'il manque, vn homme est tenu pour inconsideré, & de peu de ceruelle, s'il va bien, pour prudent & aduisé. Les deux grands deffauts de cette piece si no-

INTERIEVRE. 129

table sont la proprieté, & la temerité, d'où naiſſent le iugement propre, & le temeraire. Si nous pouuons les exterminer, nous rendrons à noſtre iugement ſa droicture neceſſaire : autrement nous ferons mille fautes en noſtre conduite, & nos actions ordinaires ſeront remplies de mille imperfections : Nous appellons iugement propre celuy qui ne nous eſt point commun auecque l'Egliſe aux choſes qui regardent la creance, ou aux plus ſages & experimentez en ce qui concerne les mœurs. La brebis qui s'eſcarte du troupeau ſe met à la gorge du loup, & deuient errante & vagabonde. Le propre iugement eſt le ſommaire de toutes les erreurs, & le principe qui a fait toutes les hereſies : car qu'eſt-ce que d'eſtre heretique, & quelle eſt ſa vraye marque, ſinon l'obſtination, (d'où vient le nom d'Hereſie) & d'où vient cette opiniaſtreté, ſinon de ne vouloir pas ſouſmettre ſon opinion particuliere à la creance de l'Egliſe vniuerſelle : & quel eſt le vray caractere du Catholique, ſinon de croire generalement, & ſans exception, tout ce que reçoit pour verité l'Egliſe Catholique ? En ce qui regarde les mœurs & noſtre conduite particuliere, il faut touſjours ſe deffier de ſon propre iugemét, d'où vient le Prouerbe Caſtillan, Seigneur gar-

F v

dez moy de moy; car si en fait de Iustice humaine on recuse vn Iuge qui est amy de l'vne des parties, qui ne sçait que nostre Amour propre est tousiours du party de nostre propre iugement, & que nul ne peut estre iuste Iuge en son fait propre? Dans les conduites spirituelles, d'où viennent à vostre aduis tant de scrupules en certaines Ames, d'ailleurs assez bonnes, & qui craignent Dieu, sinon de manquement de sousmission au iugement de ceux qui les conduisent, & d'abondance du propre sens?] car toute Ame qui renonce franchement à son iugement propre trouue aussi tost la tranquillité de sa conscience. Venez à moy ô vous qui estes trauaillez, dit le Prince des Pasteurs, & le Pere des Directeurs, & ie vous soulageray.] Mais de quelle sorte, voicy comment: Prenez mon ioug sur vos espaules,] c'est à dire, soumettez vous à ceux qui representent ma personne, & que i'ay rendus depositaires de ma science,] truchement de mes volontez, de la bouche de qui ie veux que vous recherchiez ma loy;] car ie l'ay mise dans leurs cœurs, & leurs langues prononcent mes iugemens;] parce que ie les ay mis sur la chaire de Moyse,] & sur les sieges de ma iudicature] spirituelle, afin qu'ils parlassent de paix en Hierusalem.] Or ie ne

INTERIEVRE.

dirige en ce iugement que les Ames douces & dociles, ie n'enseigne mes voyes qu'aux debonnaires.] Ceux qu'vn secret orgueil rend arrestez à leur sens sont reiettez par l'esprit du cœur de Dieu, qui n'est venu au monde que pour guerir les cœurs contrits & abbatus,] & entre tous ceux qui ont de la docilité:] celuy qui prefere son iugement à celuy des autres, qui veut que son opinion preuale toutes les autres, comme l'huile surnage toutes les liqueurs, ne voulant pas porter le ioug de la sujection, se rompant en pieces, & disant ie ne seruiray point,] celuy-là ne merite pas de iouyr de cette promesse du Sauueur, Vous qui estes humbles & soufmis trouuerez le repos de vos Ames; car mon ioug est suaue, & mon fardeau leger.] Ceux qui disent auec ces temeraires, Nos levres sont à nous, qui est nostre Seigneur? sont indignes d'auoir part en la grace de celuy qui regarde les choses basses, & qui considere les hautes de bien loing.] Parce que Saul prefera son iugement propre en chose qui auoit quelque apparence de pieté, comme de reseruer des hosties des despoüilles des ennemis vaincus, pour les sacrifier au Seigneur en reconnoissance de la victoire, au iugement de Samuel, il ouit la malediction diuine qui tomba sur luy par

F vj

la bouche de ce Prophete, & la raison en est renduë par ces terribles paroles, N'acquiescer pas c'est vn peché semblable à celuy de sorcellerie, & ne vouloir pas obeyr est vn crime pareil à l'idolatrie. Dauid nombrant son peuple & s'appuyant sur son iugement propre plustost que de se confier en la prouidence celeste, fut chastié de la sorte que l'histoire saincte nous l'apprend. Aussi voyons nous que les plus grands Saincts ont esté les plus souples à sousmettre leur iugement propre à celuy d'autruy : & le Prince des Apostres, qui auoit receu de la bouche du Fils de Dieu, la surintendance de l'Eglise vniuerselle, reçoit de bon cœur l'aduertissement de sainct Paul. Les Apostres indignez contre ceux qui auoient refusé l'hospitalité à leur Maistre, veulent, poussez d'vn faux zele, suggeré par leur propre iugement, faire descendre le feu du Ciel : lors que le Sauueur les retient, leur disant de quel esprit estes vous portez ?] O si nous pouuions exterminer la proprieté de nostre iugement, & comme des petits enfans de mammelle nous laisser conduire en simplicité de cœur nous aurions bien tost remis cette piece de nostre entendement praticq en son droit vsage.

INTERIEVRE.

Alors nous aurions bon marché de l'autre teste de ce monstre, & de ce serpent Amphibæne, & s'il n'auoit plus le venin de la proprieté, il n'en auroit point aussi de temerité. Deffaut qui compose tant de desordres, qui met la bouche de quelques vns dans le ciel, & fait passer leurs langues par la terre] comme des tranchants affilez. Mais qui es-tu, ô hôme, dit le grand Apostre, qui iuge ton frere, ne sçais-tu pas qu'il tombe ou est debout pour son Seigneur?] donc que celuy qui ne mãge point ne mesprise point celuy qui mange, & que celuy qui prend sa refection ne se mocque pas du jeusneur.] Certes tu es inexcusable quiconque tu sois qui iuges, car en ce que tu iuges autruy tu te condamnes toy-mesme, en faisant les mesmes choses que tu reprends, & tu n'euiteras pas le iugement de Dieu, estant contentieux, & n'acquiesçant pas à la verité,] c'est l'Apostre qui parle. Et le sainct Euangile nous aduertit de ne iuger point auant le temps, iusques à ce que le Seigneur ait manifesté les conseils des cœurs & la cachette des tenebres.] Aussi est-ce vne folie manifeste de iuger par la force,] c'est à dire par l'exterieur, puisque la principale malice des actions procede du cœur d'où sortent tous les vices,] dit le texte sainct. Or il n'y a que Dieu qui voye le cœur] c'est donc temerairement mettre la main à l'arche & à l'encensoir que d'entreprendre sur ce que Dieu s'est reserué. Ie m'estendrois dauantage sur l'iniustice de cette Temerité & sur les remedes de cette playe de nostre entendement Pratic si nostre B. Pere le deuot Euesque de Geneue n'auoit tres-abondamment traitté ce sujet des iugemens temeraires en la troisiesme Partie de la Philothée. Celuy qui ne guarira de ce mal par les Antidotes que fournit en ce lieu là ce S. personnage, ie tiens sa playe pour incurable & son mal pour desesperé.

Mais parlant en general de la Reformation de nostre entendement, tant speculatif que Pratic, c'est à dire de nostre intellect & patient & agent : Il me semble que le collire le plus excellent que l'on puisse appliquer à cet œil de nostre ame, doit estre composé de la prattique de deux vertus, l'vne Diuine, l'autre Morale : la Foy & la Prudence. Celle là estant souuerainement exquise pour le purger de toute erreur en ce qui regarde le ciel, & celle-cy de toute tromperie aux choses de la terre. Car S. Thomas & auecque luy tous les Scolastiques estans d'accord que ces deux vertus resident en l'intellect comme en leur sujet, & la Vertu estant la vraye reigle du bien, il n'y a point de doute que nostre entendement ne se fouruoye qu'autant qu'il se detraque de ces deux iustes habitudes. C'est donc à nous de l'en meubler si nous voulós mettre cette faculté en sa droitte assiette, en luy donnant la foy pour niueau quãd il est question des choses diuines, & la Prudence pour flambeau dans la conduite des choses humaines. Ce que nous ferons en nous exerçás en l'acte que ie vay dire. Aussi tost que quelque object s'offre à nos sens ou à nostre entendement, il faut surseoir son iugement, & ne precipiter rien iusques à ce que la meure cõsideration ait ioüé son roolle, & enuisagé sans passion, & sans preoccupation la chose en elle mesme : & examiné posérment ce qu'elle est veritablement, non selon les reuelations de la chair & du sang, mais selon l'esprit de Dieu, qui est esprit de Verité, & qui a des principes infaillibles. Si nous nous donnons ce sainct & iuste loisir, voicy les grands biens qui nous en arriueront, c'est que nous iugerõs selon Dieu & selon la raison d'enhaut descendant du Pere des lumieres de tout ce qui se presentera à nous, sans nous laisser surprendre à la piperie des sens & de la raison humaine : d'où naissent, dict l'Apostre, des appetits sensibles &nuisibles qui plongent dans leur ruine] ceux qui les suiuent:

Au contraire nous tiendrons pour fumée & neant tout ce que le monde prise, & de tout ce qu'il dédaigne & redoute, comme les ignominies, les Croix, les pauuretez, les affronts, & les douleurs, nous en ferons nos contentemens, parce que ces choses dispensées en nombre, poids & mesure, par la diuine Prouidence, nous meinent à nostre fin derniere qui est l'Eternelle felicité. Nous suiurons en cela le iugement de Iesvs-Christ, sagesse Eternelle, & de ses Saincts qui l'ont accompagné en ses tribulations, & qui ont laué leurs robes dans le sang de l'Agneau,] plustost que la Prudence de la chair, qui est vne mort,] & vne vraye folie :] Nous cognoistrons que le mespris du mõde vaut mieux que d'en estre honoré, & qu'il vaut mieux estre abiect en la maison de Dieu que grand dans les tabernacles des pecheurs,] Nous verrõs que l'obeyssance pour Dieu est preferable aux sceptres, & que seruir vn si grand maistre c'est regner. Nous apprendrons que la cognoissance de nous mesmes est preferable à toutes les sciences que le siecle admire, & que mortifier la moindre de ses passions est plus gracieux deuant Dieu que de vaincre des peuples en batailles rangées, que de prendre des villes par assault, & de triompher apres tant de victoires. Nous sçaurõs

INTERIEVRE. 137

que la prattique des moindres vertus est plus vtile & de plus grande perfection que de faire des miracles, pource que ceux-cy se font au nom de Dieu, & par les feints & par les parfaits, dict S. Bernard, mais les vertus ne s'exercét que par ceux qui sont vrayement bons. Nous experimenterons qu'il vaut mieux tirer son ame du peché que de refusciter les morts, ou de chasser les demons des corps qu'ils possedent, parce qu'à plusieurs qui auront fait ces choses cy il sera dict au grand iour, Allez, ie ne vous connoy point,] mais à ceux qui sont humbles d'esprit, le salut ne peut máquer.] Toutes ces Veritez ne sont pas seulement inconnuës aux mondains, mais ils les tiennent pour côtraires au sens commun, mais la foy gourmandant les sens, les fait voir comme indubitables: & la raison pourquoy ces propositions nous semblét estrãges à l'abord, c'est que nous nous laissons preoccuper des sentimens contraires, & emporter au torrent des maximes du siecle auparauant que nous ayons pris le loisir de recognoistre le bien caché sous ces apparences qui nous effrayent; & qui est le pis, c'est que nous embrassons sans aucune reflexion le mal qui est masqué de quelque fueille ou pretexte de bien. Tenez donc, Eutrope, cette reigle inuiolable, & ne vous en departez iamais, qui est, pour euiter toute supercherie, de ne donner vostre iugement sur aucun obiect, que vostre entendement ne soit purgé de toute erreur, ignorance, curiosité, propriété, & temerité, qui sont autant de tayes, de bandeaux, de broüillards, & d'empeschemens qui l'offusquent & empeschent son iuste discernement, & quand vous l'aurez mis en cet estat auecque l'exercice de la mortification aydé de la grace, lors que les choses se presentent à vous comme aymables ou haïssables, hastez vous tout bellement, & donnez vous le temps d'espelucher si elles sont telles en Verité qu'en apparence, car si vous vous laissez preuenir par l'inclination de la volonté, souuenez-vous que cette Eue seduira cét Adam, ayant esté premierement trompée par le serpent, qui est le sens ou la Prudence de la chair, & comme vn abysme en appelle vn autre] l'entendement estant vne fois fouruoyé ira de precipice en precipice, & cheminant comme en cercle] il donnera dans vn labyrinthe d'absurditez. Soyez donc bien aduisé en cecy, Eutrope, car de ce principe depend presque tout le bon-heur ou le malheur de cette vie & de l'autre : que la Prudence veille sur ce discernement de vostre intellect, & qu'elle soit comme la verge veillante du Prophete

INTERIEVRE. 139

sur le pot boüillant des passions & des sentimens, & gardez bien qu'il ne propose rien à vostre volonté pour l'aymer ou pour le hayr, que par vne bonne reflexion vous n'ayez sondé quelle elle est selon les reigles de la foy & de la raison. L'on dit que le Cigne animal blanc & poly, est si curieux de la netteté en son viure, qu'il ne iette iamais aucune viande dans son estomach, qu'il ne l'ait plusieurs fois lauée & trempée dans l'eau. Et vous sçauez qu'en l'ancienne loy les seuls animaux ruminans estoient tenus pour mondes. Vn Prophete se plaignant de l'inconsideration des hommes, dit que nul ne repose en son cœur. Et Moyse reproche à Israël qu'il n'a ny conseil ny prudence. Certes la source de la plus grande part des desreiglemens & des troubles, qui sont en nous procede de ce que peu joignét la lumiere de leurs entendemens auecque celle de la foy & de la grace sur le choix des occurrences qui se presentent. Si bien que plusieurs suiuans ce qui paroist & non ce qui est vrayment bien venu apres des Ardans trompeurs qui les conduisent à leur ruine. Et mesmes aux choses spirituelles & qui sont bonnes de leur nature, quand on ne suit que son iugement propre, ce mauuais Pilote laisse quelquefois aller la barque dans des escueils qui perdent dans vn triste naufrage beaucoup de bonnes marchandises. Ce n'est pas le tout de faire le bien, mais il le faut faire bien. Vn zele est bon estant bien conduit, mais indiscret & sans science, il est fort dangereux. Vne bonne espée faid de mauuais coups & de meschantes mains. La feruer est vne bonne chose, c'est l'ame de la deuotion, cependant le Prince des Apostres nous aduertit de ne cheminer pas inconsiderément en la chaleur de ce Midy. Plusieurs font mal en pensant bien faire, & sont contraincts de vomir le miel pour en auoir trop mangé. Tout cela par le deffaut de l'œil de nostre entendement, dont l'aueuglement est d'autant plus dangereux qu'il pense estre plus clair-voyant selon son iugement. Comme cette folle, dont le grand Stoique parle, qui ne se pouuoit persuader d'estre aueugle. Mais comme les yeux de Ionathas furent ouuerts par le rayon de miel, ceux de Tobie par le fiel, & ceux de l'aueugle nay par la bouë. Aussi nostre entendement doibt estre guery de ses tenebres par le miel de la Prudence dont l'abeille est le symbole, par le fiel de la foy, dont les preceptes sont si amers au sens, ou par la bouë d'vne profonde humilité. Et malheur à ceux qui comme Samson se trouuent tellemét aueuglez par leur malice] qu'ils meurent dans vn accablement de desordres & de confusion.

De la Volonté.

CHAP. XXII.

QVoy que dient ceux qui donnent l'auantage à l'entendement sur la Volōté, comme s'il estoit le Maistre des Puissances qui resident au secōd estage de l'Ame, si est-ce qu'auecque de plus graues Autheurs suiuis par mon B. Pere au premier liure de son Theotime, ie tiendray tousiours le party de la preeminence de la volonté, car quoy qu'elle semble la seconde en l'ordre de l'action des facultez, d'autant qu'elle ne se porte qu'à ce que l'entendement luy fait cognoistre, si est-elle maistresse absoluë d'elle mesme & tellement libre: que nonobstant toutes les propositions & persuasions de l'intellect, elle peut choisir ce que bon luy semble, sans que son libre arbitre puisse estre alteré, ny sa franchise contrainte sans violenter sa nature, ou plustost sans la destruire, estant vne maxime de nature aussi bien que de droict, que la volōté contraincte n'est plus volonté, la liberté estant & son element & son aliment, ou plustost son vray estre. Il est vray que le corps en la production marche deuant l'ame, mais il ne laisse pas de luy estre sujet. Il est vray aussi que l'entendement en fait d'humaine cognoissance va le premier, mais ce n'est pas à dire pour cela que l'empire de l'ame luy soit donné, au contraire c'est la marque de sa subiection, d'autant qu'il ne va deuant la volonté que comme vn page qui porte le flambeau deuant son Maistre pour l'esclairer, ne trauaillant que pour le seruice de cette sienne Maistresse, qui par apres contre tous ses discours & ratiocinations tranche & decide comme il luy plaist & se determine à sa mode. Il n'est point plus naturel aux oyseaux de voler, & aux poissons de nager, comme à la Volonté d'agir librement, que la force destruict, pareille au vif argent qui s'esparpille & s'esclate quand on le veut reduire en masse. De là ces paroles des sainctes Pages, que l'homme est en la main de son conseil, qu'il a son ame en ses mains] qu'il peut choisir le feu ou l'eau qu'il a deuant soy.] Dieu qui est Tout-puissant & autheur de la Nature l'ayāt creée telle qu'elle peut se reuolter contre luy, & resister au S. Esprit,] & ne s'estant reserué que le pouuoir de l'allecher & de la couuer, non celuy de la presser, ny d'oppresser sa franchise, Sans doute cette Puissance est

INTERIEVRE. 143
la Royne & la Regente de tout l'empire de noſtre interieur, comme fait voir ſi clairement le B. Euesque de Geneue, au commencement de ſon Theotime, que ie n'ay rien à adiouſter aux preuues qu'il en apporte. C'eſt le maiſtre reſſort de noſtre horloge, c'eſt le premier mobile de qui deſpend le branſle de toutes les autres facultez, c'eſt par elle que nous ſommes bós ou mauuais, & c'eſt par & pour ſes deffauts que nous ſerons iugez & condamnez, au contraire la Paix eternelle eſt promiſe aux hommes de bone volonté. Elle eſt la clef de l'ordre, ou la porte de tout le deſordre qui ſe gliſſe dãs noſtre interieur. Que les paſſions de la partie ſenſitiue que la concupiſcence & la colere facent des eſtincelles tant qu'il leur plaira ſi la meſche ne prend feu, ſi la volonté ne preſte ſon conſentement au ſentiment du feu & de peché, il ne ſe fera aucun mauuais embraſement en nous, au contraire nous ferons profit de noſtre tribulation] & la tentation qui par noſtre laſcheté pouuoit eſtre matiere de confuſion, le ſera de triomphe & de victoire. Iugez donc combien il importe de conſeruer le bouclier de la bonne volonté qui nous peut ſeruir de couronne.] Que l'intellect comme vn Aduocat caquette tant qu'il voudra à la barre, il a beau alleguer & raiſonner, la Volonté

est comme le Iuge souuerain qui prononce selon le droict & l'equité, non selon les conclusions des parties. Les Aduocats parlent auant les Iuges en fait de iudicature, mais les Iuges decident & precedent les autres en authorité. Que l'entendement, que la memoire, que l'appetit auecque la troupe de ses Passions disent & auancēt ce qu'ils voudront, la Volonté ne determinera que ce qu'il luy plaira, & dans tout ce tumulte elle demeure plainement libre : Les autres facultez la peuuent bien esmouuoir, incliner, attirer, ce qui n'arriue que trop souuent, en ces hommes animaux peu attentifs aux choses de l'esprit] d'où viennent tant de cheutes. Mais de dire qu'elles luy apportent de la necessité, ce seroit destruire la Raison, & la foy, & abolir le franc arbitre, ce qui ne peut estre admis sans impieté & sans absurdité. C'est donc en elle que fait sa residence cette principale piece de l'estre de l'homme que nous appellons arbitre, fondement du bien ou du mal, du merite ou du demerite, & pour qui, selon son droict vsage, ou son abus, sont bastis & preparez le Paradis ou l'enfer. C'est aussi en la volonté ou partie affectiue de l'ame Raisonnable que se rangent les affections reiglées par la Raison, qui s'appellent passions dans l'appetit sensitif, & dont nous parlerons

parlerons en leur lieu. Nous auons desia dit en l'œconomie de l'ame que le propre object de la volonté, c'est le bien auec qui elle a vne telle sympathie & vne si forte alliance, qu'aussi tost qu'elle l'apperçoit elle se tourne toute vers luy, & s'y attache d'vn si estroit lien que l'on ne peut faire connoistre l'vn que par l'autre, comme si c'estoient deux choses inseparables, car qu'est-ce que le Bien, sinon ce à quoy tend la volonté, & qu'est-ce que la volonté, sinon vne faculté de nostre ame qui tend au bien, soit vray, soit apparent. Ie disois apparent, parce qu'il est vray que la mauuaise volonté se porte vers le mal, mais mal masqué d'vne forme de Bien, comme par exemple le colerique se porte vers la vengeance, qui est vn mal, mais mal que dans son estime il prefere au bien de la vie. Ce qui nous paroistra encore dauantage par la cognoissance.

Des deffauts de cette Puissance.

Chap. XXIII.

IL est vray que la racine de tous nos maux de coulpe est en cette faculté, cóme aussi de tous nos biens (la grace de Dieu

G

supposée sans qui nous ne pouuons rien) parce que nous ne sommes bons ou mauuais, qu'autant que nous auons de bonne ou mauuaise volonté. Mais ie remarque en cette piece deux grands abysmes d'où sortent vne infinité de desreiglemens. C'est l'abus de la liberté, & la proprieté. I'appelle abus de la liberté lors que nous nous seurons malheureusement de nostre franc arbitre contre l'intention de celuy qui nous l'a donné, qui est Dieu ; c'est à sçauoir pour l'offencer, violer sa loy, & secoüer son joug qui est si suaue] & si conforme à la raison. Liberté damnable & qui doit plustost estre appellée libertinage, puisqu'elle est contraire à la liberté des enfans de Dieu, qui n'est iamais plus grande que quand nostre volonté est entieremẽt soumise à la diuine, ainsi que disoit le Psalmiste, I'ay couru en la voye des commandemens lors que vous auez dilaté & ouuert mon cœur par vostre Amour, ô Seigneur:] O Dieu que nous serions heureux si nous auions quelque part du courage du grand Abraham dont vous esprouuastes la fidelité par le sacrifice de son fils vnique. O quand vous tesmoignerons nous la nostre par le sacrifice de nostre franc-arbitre vnique enfant de nostre volonté. O victime agreable aux yeux de Dieu, ô holocauste moëlleux;] hostie viuante, plaisante à la diuine Maiesté, seruice tres-raisonnable;] Certes, mon cher Eutrope, nostre B. P. descrit si delicatement & si diuinement toutes les excellences du sacrifice interieur de nostre franc-arbitre au dixiesme chapitre du dernier liure de son Theotime, qu'il me semble que c'est vouloir chanter apres Minerue & toucher vn luth apres Apollon, que dire quelque chose apres luy sur ce sujet. Voyez le lieu que ie vous marque, & s'il ne vous suffit pour corriger l'excés de cette fausse liberté, en vain trauaillerois-ie auecque de plus foibles raisons pour arracher ce deffaut de vostre ame. Ie vous diray seulement que renonçant à vostre franc-arbitre pour la malheureuse puissance, diray-ie ou impuissance qu'il a de mal-faire, non seulement vous ne le perdez pas, mais vous le sauuez selon ce qui est escrit, qui perd son ame en ce monde, pour Dieu il la conserue pour la vie eternelle] & vous le perdez encore moins quand vous l'abysmez dans la diuine volõté, le sousmettant entierement aux ordonnances diuines. Car comme les fleuues se conseruent bien mieux dans le sein de la mer que dans leurs licts où ils coulent sans cesse & sans aucun repos, & comme les estoilles ne sont iamais si claires que quand le Soleil qui fait perdre leur lumiere à

G ij

yeux, les emplit de la sienne. Aussi nous ne sommes iamais plus libres que quand nous sommes suiets à Dieu, & nostre franchise ne peut estre plus asseurée qu'en cét azile, en cét abry, en cette protection du Tres-haut] & nous ne sommes iamais si francs que quand nous sommes ses esclaues, puisque c'est regner que de seruir vne si haute Maiesté. Quoy vn Autheur prophane aueuglé des erreurs & des tenebres de la Gentilité a bien osé dire que nous ne sommes iamais si libres que quand nous viuons sous l'Empire d'vn Prince pieux, ô mon ame, & qui est semblable en bonté & en misericorde au Roy des Roys, qui est la mesme bonté essentielle. O Seigneur, vous auez commandé puissammét que l'on gardast vostre Loy,] mais vos commandemés sont si doux] qu'il semble que vous n'ayez point fait de loy pour ceux qui aiment la Iustice.] I'ay connu, Seigneur, que vos iugemens sont la mesme equité] c'est pourquoy ie m'y rends & ie les veux garder de de tout mon cœur.] O mon Seigneur iamais ie ne m'escarteray ny d'affection, ny de souuenir de vos iustifications, car par elles vous m'auez donné la vie,] Non ie ne veux point de cette miserable liberté que celuy que vous auez, ô Iesvs fait Prince de vos Apostres, appelle liberté de malice,]

INTERIEVRE. 149

O mon Dieu, oſtez moy ce malheureux droict & me mettez dans la parfaitte liberté de vos ſaincts, qui conſiſte à vous pouuoir ſeruir & aymer, & à ne pouuoir vous offenſer, liberté d'aymer dont vous meſme iouyſſez, ô grand Dieu, eſtant impeccable par voſtre nature. Ie ne veux point d'autre liberté que celle que Christ nous a acquiſe] qui eſt la deliurance du ioug du peché, c'eſt à cette liberté que nous ſommes appellez, nõ à celle qui ſert à la chair & au ſang, mais à celle qui ſert à la charité & à l'eſprit] car où eſt l'eſprit de Dieu là eſt la parfaitte liberté.] Non, noſtre franc arbitre n'eſt iamais ſi libre que quand il eſt eſclaue de la diuine volonté, & iamais ſi captif que quand il iouyt de l'odieuſe liberté de noſtre Volonté. Tenez cette maxime là pour indubitable, Eutrope, & viuez ſelon elle, & voyla voſtre volonté bien auancée dans la Reformation.

Ouy, car ſi vous renoncez à la fauſſe liberté du franc arbitre, & ſi vous le ſoumettez entierement à la diuine Volonté, que deuiendra, ie vous prie, ce monſtre ſi deteſté par tous les Spirituels, ce Geãt armé, ou pluſtoſt ce neant audacieux, ce Philiſtin arrogant qui porte le nom de volonté propre, & où ſe pourra loger ſa proprieté, ſi

G iij

nostre franc arbitre, qui est l'ame & la fleur de nostre volonté, est entierement & sans reserue rangé au party & sous l'obeyssance de l'Amour celeste. Mais qu'est-ce proprement que cette maudite volonté propre, sinon celle qui nous est tellement propre & si remplie de malice qu'elle ne peut entrer en communauté auecque celle de Dieu, qui ne veut ny ne peut vouloir l'iniquité,] & à qui l'impie & son impieté sont en haine] C'est là cette source malheureuse de tout peché, qui feroit cesser l'enfer, dit S. Bernard, si elle estoit tarie:] c'est là ce ver execrable qui ronge le fruict où il naist, & qui le rend pourry & taré. A parler proprement & precisément, c'est vne volonté qui contrarie à la loy Eternelle de Dieu, par où il nous signifie sa Volonté. Le premier Ange & le premier homme ayant regardé leur volonté propre, & l'ayant preferée à celle de Dieu, tomberent dans les reuoltes qui ont fait tant de ruines & de breches au Ciel, & tant de desordres en la terre. Tous les maux sont sortis en foule de cette boëtte de Pandore, & tout peché originel, actuel, mortel & veniel tire son origine de cette source empoisonnée. Et ce venin est tellement entré comme l'eau dans nostre interieur, & comme l'huile a tellement penetré iusques dedans nos os] que nous sommes infectez de toutes parts de la recherche de nous mesmes. Nous ressemblons au Paon qui n'a point de plus grand plaisir que de regarder les beautez de sa queuë, ny de plus grand desplaisir que de contempler la laideur de ses pieds. Nous sommes non pas celestes, mais comme le ciel qui a toutes ses lumieres au dedans de soy. Et comme la pierre ditte Eslandratte qui a son lustre & son éclat au dedans. Et comme Rachel qui cachoit des Idoles sous sa robe, & comme ce ieune adolescent dont il est parlé en l'Euangile, si attaché à son bien que plustost que de le laisser il quitta la suitte du Sauueur. En vn mot nous nous aimons naturellement tant nous mesmes que nous nous idolatrons, & nous faisons des petits dieux de nos propres desirs, comme Michas qui tenoit ses Idoles dans son cabinet & se troubla extremement de leur perte. Tous, dict l'Apostre, cherchent leur propre interest, non celuy de Iesvs-Christ.] Et David d'vn mesme ton; Tous se fouruoyent & deuiennent inutiles, nul ne fait bien, non pas iusques à vn seul,] tous font comme les oyseaux qui ne font des nids que pour eux, aux abeilles qui ne vont à la picorée des fleurs, & ne font leurs rayons de miel que pour elles. Examinons bien nos actions

& nous verrons qu'elles retournent toutes à nostre auantage, & quand nous parlons le plus de la gloire de Dieu, c'est lors que nous y pensons le moins, & que nous nous recherchons dauantage sous vn manteau si specieux & vn pretexte si plausible. Si nous faisons quelques bonnes œuures au lieu d'achepter du pur or pour deuenir riches,] & thesauriser des thresors au Ciel] nous les gastons tellement par le meslage de nostre propre volonté que cét or est tout remply d'escume] & incapable de souffrir ou le creuset ou la coupelle. Nostre vin n'est pas pur, il est meslé d'eau] ie veux dire que nos intentions sont tellement impures que les eaux ne peuuent estre claires qui sortent d'vne source aussi troublée que le fleuue qui arrose l'Ægypte,] Et d'effet quoy que nous parlions de la crainte chaste & de l'amour filiale, & qu'auecque des paroles dorées nous traittiōs de ces chaisnes d'or qui nous deuroient attacher à l'Amour & au seruice de Dieu, si nous nous sondons de pres, & si nous voulons dire la verité & ne mentir point au Sainct Esprit] nous confesserons ingenuëment, que nous sommes tous remplis de crainte seruile , & d'amour mercenaire , & que nous ne nous abstenons du mal & ne faisons le bien que pour cuiter l'Enfer, & pour gaigner le Paradis, sans nous aduiser qu'en l'vn & en l'autre, nous nous recherchons nous mesme, & en la suite de la peine & en la suite de la recompense, comme si Dieu n'auoit pas assez de grandeur, de perfection, & de merite pour estre aymé & seruy à cause de luy mesme, & parce qu'il est ce qu'il est, sans auoir esgard à ses chastimens ou à ses recompenses. C'est dequoy se plaint Dieu par la bouche d'vn de ses Prophetes, quand il dit que son peuple fait deux grãds maux tout à la fois en le quittant, luy qui est la source de la vraye vie, & se bastissant des cisternes creuasses incapables de retenir les eaux] de ses graces. Mais quel remede à vn si grand desordre? c'est ce que ie remets au chapitre suiuant, qui traittera

De la Reformation de la Volonté.

Chap. XXIIII.

CErtes, Eutrope, si nous pouuions entierement accomplir le sacrifice de nostre franc arbitre à la diuine Majesté dont nous venons de parler, apres vn

G. v

holocauste si absolu, nous n'aurions que faire d'esgorger deuant ses yeux l'hostie de la proprieté de nostre volonté, car quoy que nostre volonté soit comme la mere de nostre libre arbitre, c'est vne mere tellemét jointe à ce fils, qu'elle est comme ces meres enceintes qui ne font auecque leur fruict qu'vne mesme personne, si bien que la consecration de l'vn seroit la donation parfaite de l'autre. Mais comme Dieu en l'ancienne loy, outre les holocaustes receuoit encore des hosties, où ceux qui seruoient à son Autel auoient quelque petite part: aussi permet-il à ceux qui ne peuuent pas arriuer iusques au poinct de la perfection de l'holocauste de leur franc arbitre, de luy consacrer leur volonté par vn Amour de conformité à la sienne & de soumission à son bon plaisir. Or cette matiere aussi bien que la precedente du Sacrifice du libre arbitre a esté & si amplement, & si nettement, & si iudicieusement traittée par N. B. P. aux Huictiesme & Neufiesme Liures de son Theotime, & mesme a esté si bien manié par le P. Benoist de Causfeld Capucin en son Liure de la Volonté de Dieu; par le P. Louys du Pont de la Compagnie de IESVS, & sage guide spirituelle, & fort au long par le P. Alphonse Rodriguez de la mesme Compa-

INTERIEVRE. 155

gnie, par vn traicté particulier, qu'il me semble qu'apres de si amples & exactes moissons le glannage est presque inutile. Mais comme les plus petites fontaines ne laissent pas de couler ce peu qu'elles ont d'eau, mesmes celles qui sourdent aupres des plus grands fleuues. Laissons à ces grands esprits leurs diuines pensées & leurs admirables enseignemens, que i'aymerois beaucoup mieux prattiquer que transcrire. Ie feray comme ceux qui ne pouuans contribuer à la structure du Tabernable de l'or & des pierreries, y apportoient du bois, du cuir, ou mesmes des poils de chevre selon leur pauureté, honorans Dieu de leur chetiue substance. I'apporteray donc icy à l'imitation de la pauure veufue de l'Euangile, dont l'affection pluftost que la valeur de l'offrande merita d'estre loüée par la bouche du Redempteur, deux simples deniers au Gazophilas. Ouurant l'esprit de celuy qui lira ces pages sur deux moyens de conformer nostre volonté à celle de Dieu, que ie n'ay pas trouuez dans les escrits de ces grands & saincts Personnages que i'ay loüez, & dont ie vous conseille, Eutrope, de consulter les ouurages, où vous trouuerez beaucoup de preceptes bien plus excellens que ceux que i'ay à vous representer.

G vj

Mais auant que ie vous descouure le moyen d'appliquer nostre volonté & de la rendre conforme à celle de Dieu, il faut que nous cognoissions celle cy, car de quelle sorte ajuster la pierre à la reigle, si cette reigle ne paroist: puisque toute Amour presuppose cognoissance, toute action vne precedente speculation, ou toute Pratique vne Theorie qui la deuance? A raison dequoy il semble que le Psalmiste disoit: O Seigneur, enseignez moy à faire vostre volonté, car vous estes mon Dieu.] comme s'il disoit, enseignez moy par vostre bonté quelles sont vos iustifications] & ie les embrasseray. Et encore sçachant qu'à la teste du Liure de vos commandemens il est escrit que ie face vostre volonté.] Voyla, Seigneur, que mon cœur est prest de l'executer,] & ie l'ay grauée au milieu de mon cœur] resolu de m'oublier plustost moy mesme que de l'escarter de ma memoire Sainct Basile, Eutrope, cité par N. B. P. au dernier Chapitre du Huictiesme Liure de son Theotime, nous donne pour reigle generale de la Volonté de Dieu le tesmoignage de sa Loy, car comme dict le grand Apostre, ie ne cognoy le peché que par la loy,] puisque le peché n'est autre chose que ce qui est est dit, fait, ou desiré contre la loy de Dieu eternelle. Or en ce qui est commandé ou deffendu de la part de Dieu, il n'y a point de deliberation à faire, l'obeyssance est deuë à vne si iuste & souueraine Ordonnance. Mais en tout le reste qui n'est point marqué par la loy, il est en nous de choisir à nostre gré ce que bon nous semblera : vsans de la liberté raisonnable des enfans de Dieu,] qui sont enfans de la libre non de l'esclaue,] & de la liberté que Iesvs-Christ nous a acquise,] selon qu'il est escrit, I'ay mis le feu & l'eau deuant toy, tu peux estendre ta main de quel costé tu voudras.] Mon Ame est en mes mains, dit le Psalmiste, mais ie n'oublie iamais la loy de mon Dieu.] La figure de cecy est expresse en ce que dit le Seigneur à Adam peu apres sa creation; Tu mangeras de tel fruict que tu voudras dans ce iardin de delices, ie te donne le libre vsage de tous excepté du fruict de la science du bien & du mal, à quoy si tu touches, tu mourras de mort.] Certes nous sommes tellement creés libres, que non seulement en ce qui nous est permis, & qui ne nous est ny commandé ny deffendu, nous pouuons agir & choisir comme il nous plaira, mais encore (ô excez de la diuine Bonté) nous pouuons violer les loix, & passer les bornes qui nous sont prescrites : ce que la deplorable exemple de nos premiers parens ne nous monstre que trop clairement. Mais c'est à nous d'vser de nostre liberté aux choses qui sont indifferentes, selon la reigle de toutes les iustes actions qui est la raison, de peur de passer de l'vsage à l'abus par vne glissade assez ordinaire, à cause que le sens de l'homme, comme dit la saincte parole, est enclin au mal] par la corruption de la nature alterée & debilitée par le peché ; car d'employer nostre liberté au choix des choses mauuaises, ce n'est pas en vser, mais en abuser : Or ie parle des indifferentes, dont nous ne deuons faire vsage, comme l'Apostre dit des viandes, qu'auec action de graces,] & benediction de Dieu, qui a donné vne telle puissance aux hommes] de choisir à leur gré les choses qui ne sont point contraires à ses ordonnances. Et c'est à mon aduis vne sublime, genereuse & fort generale façon de r'apporter toutes nos œuures, soit la practique des bonnes, soit la fuitte de l'abstinence mauuaises, soit le choix des indifferences, que de faire les bonnes, soient commandées, soient non commandées seulement & purement, pour faire en cela la volonté de Dieu, & chose qui luy soit agreable sans aucun propre interest : que d'euiter les mauuaises pour la seule consideratio que Dieu les

INTERIEVRE. 159

deffend, qu'elles luy font déplaifantes, & que fa volonté eft qu'on s'en abftienne. Et que d'eflire les indifferentes pour la feule volonté de Dieu qui nous a dōné ce choix: & auec vne telle foumiffion & fubordination à cette fainéte volonté, que nous foyōs prefts de quitter l'œuure ou l'action qui eft indifferente, ou d'elle mefme, ou felon noftre iugement, auffi toft qu'il nous apparoiftra que Dieu ne la veut pas, ou qu'elle ne luy eft pas agreable. De cette forte quoy que nous faffions nous coopererōs en bien, & non feulement le bien fera bien fait & rendu meilleur qu'il n'eftoit de fa nature par cette pure intention, mais encore les chofes indifferentes deuiendrōt bonnes par vne Alchimie admirable qui change le cuiure en or. Et mefme par cette metheore ou practique la fuitte du mal nous tournera à profit & à merite, felon ce qui eft efcrit; Bien-heureux celuy qui a pû violer la loy & s'en eft retenu, faire le mal & ne l'a pas fait: car fes biens font eftablis au Seigneur.] Et nous mettrons en execution ce mot de l'Apoftre, dont les vns font vn commandement, les autres vn confeil, foit que vous mangiez, foit que vous beuuiez, foit que vous faffiez quelqu'autre action, faites toutes chofes pour la gloire de Dieu.] Mais comme il y a des Ames ou scrupuleuses, ou excessiues en leur deuotion; il s'en trouue qui balancent le feu, qui mesurent l'air,] qui partagent les cirons, & pesent les atomes. Ames ennuyeuses, dit N. B. P. au lieu que nous auons cité, & non moins importunes que les oyseaux qui troubloient le sacrifice d'Abraham, qui sont plus long-temps à consulter, & à deliberer sur ce qui est bien ou mieux, plus ou moins à la gloire de Dieu, qu'à executer leurs bonnes actions. Et qui, sur des choses quelquefois assez legeres, font des considerations qui n'ont rien de graue que le soin qu'elles prennent de donner du poids & de la fumée : à cette enfance d'esprit le B. Euesque remedie d'vne façon si douce, & neantmoins si forte, que ceux qui ne se laisseront vaincre à la force de sa douceur, seront sans doute vaincus par la douceur de la force de ses raisons. Ce qu'vn autre des Autheurs que i'ay nommez auance, touchant le choix des choses indifferentes, pour y trouuer la volonté de Dieu, conseillant que l'on reiette tousiours les choses agreables au sens, & que l'on embrasse celles qui luy sont desplaisantes ; se fondant sur ces mots de l'Apostre, Mortifiez vos membres qui sont sur la terre,] & encore mortifiez auecque l'esprit les mouuemens de la sensualité (que cecy soit dit auecque

INTERIEVRE. 161

la reuerence deuë à vn si sainct personnage) ne m'a iamais satisfait, parce que luy mesme incontinent apres destruisant cette maxime par l'exception de la discretion, qui est vne reigle de plomb que l'on tourne cóme l'on veut, & accompagnée de diuerses circonstances comme de la santé, de la complexion, du temps, du lieu, de la qualité, & semblables, qui quelquefois deffendent les choses aspres & rudes, & commandent les douces & plaisantes à la nature, pour de bons & necessaires respects, ne voyez vous pas qu'il imite le lezard qui efface auecque sa queuë les marques que ses mains ont formées sur le sable. Mais la reigle plus estenduë & plus certaine sans s'amuser à tant de discernemens & de distinctions, pour cognoistre & faire auec asseurance partie de foy, partie morale, la volonté de Dieu, est de fuir les choses mauuaises, pour la seule & pure amour de cette adorable volonté qui les a deffenduës, & qui est la souueraine raison de tout ce qu'elle ordonne. C'est de faire les commandées, parce qu'elles le sont par cette diuine volonté, vnique blanc de nos intentions. Et parce que toutes les bonnes choses ne sont pas commandées absolument par la loy, mais recommandées par la foy, par l'Escriture, par l'Eglise, par les conseils, par les inspirations, par la conduite des Superieurs, tant spirituels que temporels : vne bonne Ame desireuse de plaire à Dieu, & de faire sa volonté, se seruira franchement d'vn cœur pur, & d'vne conscience nette, de la liberté de son choix que Dieu luy a laissé, & dont il veut qu'elle vse pour faire de ces choses-là celles qu'elle iugera plus à propos, loüāt Dieu de cette liberté qu'il luy a donnée, & ne s'en seruant qu'auec subordination & soumission à la diuine volonté auec action de graces, à telle condition que cette volonté souueraine se manifestant à elle en quelque maniere que ce soit, interieure ou exterieure, & luy faisant cognoistre qu'elle n'approuue pas cette œuure pour bonne en apparence & specieuse qu'elle soit, elle la quittera. Se seruant encore de la mesme pratique aux actions indifferentes, & les faisant librement, franchement, & selon les reigles de la bien-seance, de la raison, & de la commune modestie, elle les rendra bonnes, agreables à Dieu, & meritoires, quoy que de leur nature elles fussent de nulle consideration pour le Ciel. C'est là, à mon aduis, la baguette de direction au Royaume de Dieu,] & peut estre vne gaule non moins merueilleuse que celle de Moyse, puis que celle-cy ne faisoit des prodiges, & ne produisoit ses effets qu'en

INTERIEVRE. 163

la terre, mais l'autre opere vne viande qui ne perit point,] fait que ceux qui la manient comme il faut mangent l'œuure de leurs mains:] & comme cét ancien Peintre ils trauaillent pour l'eternité. Cette reigle ainsi establie & iettée pour fondement, il faut venir aux industries que ie vous ay promises, Eutrope, nous les allons deduire en la

Suitte du discours commencé.

CHAP. XXV.

LAissant donc à part les choses commandées & deffenduës, puisqu'il est aisé d'y conformer sa volonté à la diuine qui y est si manifeste, veu qu'il est escrit des commandemens de Dieu qu'ils ne sont pas pesans,] que le ioug du Sauueur est suaue,] & que celuy se monstre trop attaché à l'iniquité qui feint de la peine à accomplir les preceptes.] Parlons seulement des bonnes actions, & des indifferentes que nous rendons bonnes, en les appliquant & soufmettant à la volonté de Dieu, par vne droite & pure intention de faire chose qui luy plaise : Et parce qu'en celles-cy la volonté de Dieu n'est pas signifiée, ny si claire, ne nous paroissant que par forme de desir, cōme dans les conseils Euangeliques, ou par inspirations secrettes, ou dans les diuers euenemens de la vie, voyons de quelle sorte nous les pourrons appliquer à la volonté, afin que d'vne fin si excellente les indifferentes tirent de la bonté, & les bonnes soient faites meilleures, & deuiennent autant de boüillons d'eau viue rejallissans iusques à la vie eternelle.] Ce secret, Eutrope, merite mieux d'estre leu, appris, & practiqué, que ceux de tous les Medecins, & de tous les Empiriques de la terre: c'est pourquoy ie demande icy vostre attention, parce que nous sommes au plus fort de la besongne de tout ce Traitté. O sainct Esprit soyez fauorable à ma foiblesse, & donnez moy la grace de m'expliquer nettement sans m'impliquer, & respandez vostre aymable clairté sur l'obscurité de mon ignorance, Dieu de lumiere & de bonté esclairez mes tenebres.]

Nostre esprit, Eutrope, est d'vne substance si souple & si simple, qu'il se plie comme il veut, d'où vient que reflechissant sur soy-mesme il se sert comme de miroir pour se voir & se cognoistre. Or ceste soupplesse est cause de l'attētion qu'il a sur soy, se mirant dans ses facultez par vne vai-

INTERIEVRE. 165
ne, mais naturelle complaisance. Il aime esperduëment à se regarder, à se voir, à considerer ce qui se passe en luy, ce qu'il fait, repliant souuent les aisles de ses desirs & de ses affections sur soy mesme. Il n'est pas content s'il ne gouste qu'il l'est, pareil à ces auares qui ne penseroient pas estre riches s'ils ne côtoient sãs cesse leurs escus, pour se glorifier en la multitude de leurs richesses.] Il arriue de là, que la plus part de ceux qui sont sçauans, spirituels, subtils, & qui ont de belles qualités interieures, deuiennét enflés, amoureux d'eux-mesmes, esleuez, mesprisans les autres, & s'estimans par trop. Toute cette poussiere aueugle tellement l'Ame qu'elle n'a plus de regards que pour soy, encores sont-ils bien troubles : les veües sont quelle se recherche sans cesse elle mesme, & en toutes ses actions; & voylà le principe de la volonté propre. Comme ferons nous pour vuider ce venin qui infecte cette maistresse faculté de nostre Ame, & de là gaste toutes nos œuures? Icy, Eutrope, bon pied bon œil; car il faut prédre le Loup par les oreilles dans sa fosse, & arracher ce Renard de sa tasniere, afin qu'il ne rauage plus la vigne de nostre interieur. Aduisez donc lors que vous entreprendrez de faire quelque bonne œuure, que vous sçaurez estre agreable à Dieu : par exemple, vne au-

mosne, ou vn ieusne, choses si recommandées en l'Escriture, que la roüille malheureuse de la proprieté ne s'y attache; car si vne fois elles sont gastées en leur racine, le fruit n'en pourra estre bon, ny auantageux à la gloire de Dieu, ny vtile pour vostre salut. Ie ne parle pas de cette proprieté si cogneuë, qui rend les meilleures actions vicieuses, telles que sont ces aumosnes & ces ieusnes hypocrites si descriez en l'Escriture. O mon Eutrope, car les sinistres intentions de ces gens-là sont deffenduës, ie touche icy vne secrette proprieté de la volonté, qui fait que d'abord que nous nous determinons de faire vne bonne œuure pour l'amour de Dieu, nous perdons aussi tost de veuë cette noble & illustre fin, pour refleschir sur nous mesmes, par vne vaine cóplaisance en la beauté de cette action, qui, comme le diamant n'est iamais sans quelque éclat, selon que dit le Psalmiste, Il a dispersé & donné aux pauures, sa Iustice brille aussi tost, & sa corne est esleuée en gloire:] & de ce brillement naist vn certain contentement en l'Ame, mais contentement malin qui la destourne de Dieu, qui doit estre son vnique obiect, & sa derniere fin, pour s'arrester à cette pasture, qu'elle trouue d'autant plus friande & delicieuse, qu'elle luy est moins suspecte: l'aualant comme vne viande, dorée de la fueille du ſeruice, & & de la gloire de Dieu. Si vous m'en croyez, Eutrope, vous veillerez ſur ces commencemens, car il eſt aiſé d'écraſer les petits à la pierre,] & d'arracher vne pláte quand elle ne fait que de naiſtre, & de pouſſer ſon premier jet: mais non quand elle a ietté de profondes racines. Soyez dóc vigilant à cela, & dés que vous ſentirez l'inclination, ou l'inſpiration de faire quelque bonne action, ne vous contentez pas du ſimple regard, ny de la ſimple cognoiſſance, qu'en elle meſme elle eſt agreable à Dieu, ſçachãt qu'il ne faut qu'vne mauuaiſe circonſtance pour l'alterer ou la corrompre. Mais allez poſement en beſongne, & ſelon l'ancien Prouerbe haſtez vous tout bellement; & pour parler auec le Pſalmiſte, Leuez vous apres que vous ſerez aſſis:] & taſtant le pouls de voſtre interieur, voyez de quel coſté il bat, s'il n'y a point là dedãs de propre amour ou complaiſance, s'il n'y a point de recherche de vous-meſmes (car c'eſt vn charbon qui ſe cache finement ſous la cendre, & vn ſerpent qui ſe tapit ſous les fleurs des plus ſpecieux pretextes) & ſi vous n'eſtes meu à cette bonne action que pour la ſeule volonté de Dieu, & pour ſon ſeul plaiſir, non pour le voſtre, ny pour le contentement particulier qui vous vient de faire ce qu'il veut, ny pour l'aduantage qui vous vient de luy plaire, ny pour le plaisir que vous sentez à faire chose qui luy plaise. Icy, Eutrope, ie trauaille en l'œil & en matiere deliée & delicate; c'est pourquoy i'ay besoin de m'expliquer plus clairement, pour oster tout sujet d'ambiguité, & en suitte de toute mauuaise interpretation : ie dy donc que ce n'est pas mal fait, au contraire c'est tres bien fait de vouloir ce que Dieu veut, estant le comble de nostre perfection, que l'vnion de nostre volonté à la diuine; mais gardez vous du change, car la mauuaise herbe est aupres de la bonne, & l'erreur voisine de la verité. Il faut certes vouloir ce que Dieu veut, car qui n'adoreroit ceste souueraine volonté qui est la supreme raison, mais il le faut vouloir parce qu'il le veut, & accorder, soumettre, ranger, appliquer nostre volonté à cela, & non pas vouloir ce que Dieu veut, parce que ce qu'il veut s'accorde à ce que nous voulons, & nous est agreable; car cela c'est faire vn vsage prophane du vaisseau sacré de la volonté de Dieu, & c'est changer son vouloir diuin au nostre propre, ce qui est vne espece de sacrilege pareil au crime de ceux qui transformoient la gloire du Dieu viuant en vne idole morte.] Certes comme il y a bien de la difference entre regarder

Dieu

Dieu qui nous donne du contentement, & regarder le contentement que Dieu nous donne, aussi la distance est-elle extreme entre vouloir ce que Dieu veut, parce que Dieu le veut, ou parce que nous voulons nous mesmes ce qu'il veut, c'est à dire, que ce qu'il veut est cela mesme que nous voudrions sans qu'il le voulust. Car bien qu'il n'y ait point de peché à vouloir ce que Dieu veut, parce que nous mesmes le voulons bien aussi: & ainsi, c'est à dire, en la maniere mesme qu'il le veut, si est-ce qu'il y a tousiours de l'impureté en nostre volōté tāt qu'elle se regarde elle mesme ; mais si elle vient à ne regarder plus Dieu, & à s'arrester en elle mesme comme en sa derniere fin, en sorte que si Dieu ne vouloit pas ce qu'elle veut, elle ne laisseroit pas de le vouloir: qui ne voit que voilà l'abisme du peché capital, appellé & comme attiré par l'abisme de l'impureté precedente? Cette similitude comme ie croy, me fera mieux entendre, Quelqu'vn se regarde dans vn grand miroir, il s'y void sans doute, & au mesme temps il void le miroir; car ne se voyant que par & dedans le miroir, aussi tost qu'il cesse de voir l'vn il perd la veuë de l'autre: neantmoins selon l'attention qu'il a où à se regarder en particulier, ou à considerer la glace ou l'enchasseure du miroir

H

il est manifeste que plus il se regarde, moins il void le miroir, & plus il considere le miroir, moins il se regarde, parce que ces deux regards compatibles en vn degré mediocre, ne le sont point en vn eminent, toute l'attention de l'œil ne pouuant estre entiere en deux objects en mesme instant. Si ie veux ce que Dieu veut auecque soumission à cette diuine volonté, certes ie voy ma volonté vnie & soumise à celle de Dieu, & cette veuë d'obeyssance & d'adoration n'est point nuisible ny prejudiciable. Si ie perds tout à fait ma volonté de veuë pour n'auoir plus d'autre object que celle de Dieu, voilà le sommet de la perfection; car alors nous ne viuons plus, mais Dieu vit en nous] par sa volonté qui y regne absolument, vniquement, souuerainement, & elle donne le souffle de vie] à la nostre, l'animant presque en la mesme sorte que nostre Ame anime nostre corps, puis qu'elle donne la forme à nostre volonté. Et ainsi regardant auec vne forte attention, ou plustost vne intention tres pure, nostre miroir qui est la volonté Diuine, à peine voyons nous dedans la nostre encore qu'elle y soit exprimée, mais transformée. Au contraire si nous regardons trop fixement nous perdons de veuë nostre miroir, & sans considerer la diuine volonté qui doit embrasser

INTERIEVRE.

la nostre comme l'image est enclose dans le miroir, nous nous arresterons en la nostre: & comme ceux qui se mirent s'admirent bien tost, & quittans le soin & la veuë de leur miroir, pour se complaire en eux mesmes, se polir & s'ajancer; il auient assez souuent que nostre volonté propre apres auoir ietté vne œillade sur la diuine, au lieu de s'y conformer, reflechit sur soy, se mire, se complaist en elle mesme, & allant apres ses desirs s'égare dans ses inuentions,] perdant de veuë la belle estoille qui l'eust menée à Dieu, si elle eust cheminé en la splendeur de son Orient,] & en la clairté de la face diuine.] Au Printemps lors que les herbes sont en leur force, & que les fleurs respandent leurs odeurs, les chiens de chasse les mieux ameutis, ou perdent le sentimét de la proye qu'ils poursuiuent, ou en prennent aisémét le chánge, sinon qu'ils chassent de haut vent. Lors que les fleurs des bons desirs s'épanoüissent sur la terre,] d'vn cœur nouuellement retiré de sa voye,] & conuerty à Dieu, ce qui est le Printemps de sa nouueauté de vie:] il est aisément trompé par son propre sens ennemy domestique,] qui luy fait perdre souuent le train de la volonté de Dieu, & luy donne le change le faisant retourner sur la complaisance de la sienne propre; mais lors qu'vne Ame est en l'Esté de la

H ij

charité, c'est à dire, qu'elle a fait quelque progrez dans les exercices de la dilection sacrée, ou lors qu'elle est arriuée à l'Automne plein de fruicts, qui marque vn estat spirituel plus accomply, & où les fleurs sont des fruicts d'honneur & d'honnesteté, alors elle se garde mieux du change, & se tenant sur ses voyes elle sçait cognoistre les ruses de l'aduersaire de son salut, & se deffiant de sa volonté elle euite les embusches que l'ancien serpent homicide dés les commencement, dresse contre le talon] de son intention finale ; qui n'est autre que de faire en tout & par tout la seule volonté de Dieu. Selon la leçon de l'Apostre, tout ce que voꝰ faites, soit en paroles, soit en œuure, faites le tout au nom de Iesvs Christ nostre Seigneur.] A dire la verité nous auons à faire à vn ennemy bien rusé qui se sert de nos propres armes pour nous perdre. Car comme celuy qui nous a créez sans nous, ne nous sauuera pas sans nous,] dit S. Augustin, aussi le diable qui sçait qu'il ne nous peut perdre sans nous mesmes.] si nostre volonté n'yse d'intelligence auecque luy, le faux dragon non content de remplir nos reins d'illusions, & de reuolter nostre partie sensitiue contre la raisonnable (ce que S. Paul appelle des soufflets de sathã) il verse encore le feu artificiel de la proprieté dãs nostre

INTERIEVRE. 173

volonté, & malheureux qu'il est, apres auoir osé pecher deuant Dieu,] & dedans le Ciel, il essaye de nous rendre imitateurs de sa rebellion, de nous faire mettre nostre bouche dans le Ciel,] & par vn attentat enorme & tout à fait estrange, il nous seduit de telle sorte (cognoissant la ioincture & le deffaut par où il surprit nos premiers parens) que iusques à desirer Dieu mesme, obiect souuerain, non seulement deuant qui, mais en qui seul doiuent estre tous nos desirs,] parce qu'il est tout desirable,] ou comme dit vne autre lecture, tout desir] il cache l'hameçon sous l'appast, le loup sous la peau de brebis, & nostre interest propre sous le manteau de la gloire de Dieu. Sans doute c'est la gloire de Dieu que nous soyons à luy, que nous luy soyons soumis, que nous luy appartenions, car il a tout fait pour sa gloire, & pour soy-mesme,] il veut que tous soient sauuez,] & magnifie sa misericorde] sur tous les hommes. Mais il veut que nous nous donnions & abandonnions à luy pour luy mesme, il veut estre desiré pour son propre merite, & aymé parce qu'il est ce qu'il est, & parce qu'il luy plaist d'estre aymé sans aucun autre esgard que luy mesme, sans reserue & sans compagnon : car le lict de nostre cœur est trop estroit, la couuerture de nostre affe-

H iij

ction trop courte pour le receuoir, & couurir le vray espoux & son riual,] les tenebres ne peuuent estre auecque la lumiere,
Christ auecque Belial, l'Arche auec Dagon : De sorte qu'au desir de Dieu mesme,
& de son Paradis qui est la mesme chose,
puis qu'il est la vie eternelle, & la gloire de
ses Esleuz, il y peut auoir de la tromperie,
si nous le desirons non par amour d'amitié,
c'est à dire, pour luy mesme, & parce qu'il
luy plaist d'estre desiré, recherché, & que
son Royaume nous aduienne, mais par
amour de conuoitise, c'est à dire, par vne
affection toute retournée vers nostre propre interest, le desirans pour nostre felicité
particuliere, & pour trouuer en luy dans
l'eternité toutes les delices, les richesses, &
les gloires, auec eminence que nous sou-
haittons icy bas auec vn empressement, qui
tesmoigne assez quel esprit nous anime.
Voilà vn grand mal, Eutrope, & vn pie-
ge dangereux, mais de quelle façon l'imi-
terons nous? c'est ce que ie vous vay enseigner en la

Continuation de la matiere precedente.

CHAP. XXVI.

PVisque le deffaut que nous venons de declarer au Chapitre prochain, prouient de la surprise de nostre ennemy, qui nous fait prendre le change de la volonté de Dieu, par la reflexion qu'il nous fait faire sur la nostre. Si selon la reigle de toute bonne medecine le mal se guerit par son contraire, nous ne sçaurions mieux remedier à cettuy-cy que par vne inuariable & immobile attention à la volonté diuine, qui seule doit estre vniquement regardée en toutes nos actions, & estre la seule Tramontane qui addresse nostre nauigation. Nous deuons faire comme ce bon seruiteur, & cette bonne seruante, dont le Psalmiste parle, qui ont tousjours leurs yeux sur les mains de leur Maistre & Maistresse, afin de faire leur volonté au premier signe,] & dire auecque verité, Mes yeux sont tousiours vers le Seigneur, car c'est luy qui peut tirer mes pieds des lacs & pieges qui sont dressez par mes ennemis.] Tel estoit ce grand Apostre, qui rendu parfaict en vn instant, dit dés le premier poinct de sa conuersion, Seigneur, que voulez vous que ie face ?] Tel estoit ce sainct Prophete selon le cœur de Dieu qui disoit : O Seigneur vous m'auez tenu par la main droitte, & conduit en vostre volonté ?] & encore; Mon cœur est prest, Seigneur, mon cœur est prest,] vous voyez & vous oyez la preparation de mon cœur.] Tel celuy qui disoit, Me voilà Seigneur enuoyez moy ;] parlez car vostre seruiteur écoute :] vous voulez que ie face vostre volonté, ô Seigneur, ie la veux, & ie la porte grauée au milieu, & au meilleur de mon Ame] Telle cette Saincte des Sainctes, quand elle disoit à l'Ange, Qu'il me soit fait selon ta parole, ie suis la seruante tres-humble de la volonté du Tres-haut.] Tels le Fils de Dieu nous demande quand il nous apprend à prier son Pere que sa volonté soit faite (en nous & par nous) en la terre comme au Ciel,] luy mesme nous en donnant l'exemple, lors qu'il disoit à son Pere Eternel en ses plus extremes angoisses, Mon Pere que vostre volonté soit faite & non la mienne.] C'est là cette attente simple & generale de l'Ame parfaittement indifferente dont traitte N. B. P. au penultiesme Chapitre du liure neufiesme de son Theotime, & où ie vous renuoye, mon cher Eutrope, si vous voulez estre plainement satisfait en ce poinct icy. O application admirable de nostre volonté à celle de Dieu par vn abandonnemét total à celle-cy, & sans reflexion sur elle mesme : il est vray qu'elle ne peut perir en soy, non plus que nostre esprit dont elle est vne faculté inseparable & essentielle; mais certes elle perit quant à son acte qui est vouloir, & cessant de le produire pour se tenir à celuy qui est produit & signifié par la volonté de Dieu, encore que la volonté de l'homme & celle de Dieu soient deux volontez, il n'y a neantmoins qu'vn vouloir qui est celuy de Dieu, puisque le vouloir de la volonté humaine qui est son acte, cede tout à fait la place au vouloir diuin qui est l'acte de la volonté diuine. C'est ainsi que cette verge de la vertu de Dieu, que Dieu enuoye de Syon pour dominer au milieu de ses ennemis, deuore comme celle de Moyse les serpens de nos propres volontez. Engloutissans tous nos vouloirs, comme la lumiere du Soleil hume celle des moindres Astres. Et comme l'Ocean auale tous les ruisseaux.

Il faut donc, Eutrope, que par cette forte application nous transportions & transformions nostre volonté en celle de

Dieu, & que nostre vouloir propre soit aneanty pour faire en nous place au sien. Mais voicy l'industrie pour venir à bout de cette grande œuure. Ce n'est pas assez que cette diuine volonté soit nostre vnique fin & pretension, il faut encore qu'elle soit le principe de nos actions, soit en faisant les bonnes commandées, soit en euitant les mauuaises qui sont deffenduës, soit en operant les bonnes qui ne sont ny commandées, ny deffenduës, mais recommandées, conseillées, inspirées, & encore les indifferentes. Cette volonté de Dieu doit estre le motif principal & premier, & mesme l'vnique de tout ce que nous faisons. Ce doit estre nostre premier mobile, toutes nos œuures doiuent suiure son cours. Et comme les estoilles marchent selon le mouuement de leur sphere, nos desirs ne doiuët point auoir d'autre bransle que ce diuin vouloir, qui doit estre adoré de nous, comme l'estoile & la gerbe de Ioseph le fut de celles de ses freres. Ce motif est le principe de vie qui rendra toutes nos œuures vitales pour la vie eternelle. C'est la vraie pierre de touche qui fait cognoistre le franc & le faux alloy de nostre dilection. Selon cette saincte parole, Si quelqu'vn m'aime il obseruera mes volontez, & mon Pere l'aimera, & nous viendrons à luy, & ferons nostre demeure chez luy.] Car si vn ancien a bien pû dire de l'amitié humaine qu'elle côsiste en vn mesme vouloir, côbien mieux & plus veritablemét le pouuôs nous dire de la charité, qui est le lien de perfection, & qui a vne vertu beaucoup plus vnissante? Voulez vous voir vn admirable effect de cette vnion ou vnité d'amour en des choses insensibles, pour cognoistre la puissance de ce motif que ie vo⁹ propose. Considerez vn ayman aupres d'vn morceau de fer, vous verrez qu'aux approches de cette pierre aimée par ce metal si lourd & si dur, il fait de petits tremoussemens, & comme des tressaillemens, & puis en fin il s'vnit & s'attache à cette chere pierre; y estant serré si vous tirez l'ayman, le fer le suit & s'y tient colé sans autre lien que de sa naturelle inclination : mesme si vous éleuez l'ayman en haut, le fer qui est lourd quitte la terre & le bas qui est son centre, pour se tenir à ce qu'il aime. Pleust à Dieu que nos volôtez eussent autât d'inclination vers la Diuine, que ce metal en a pour cette pierre, & que leur applicatiô y fust aussi forte, elles suiuroiét par tout cét ayman tres-aimable, côme cét ayman ne cesse d'attirer nos cœurs. Mais certes, côme si vous tenez le fer vous ne voyez pas que l'ayman le suiue, aussi est-il bien moins raisonnable que la volonté de Dieu suiue la nostre, car ce seroit

H. vj

vn renuersement de tout ordre. Il y a plus, c'est qu'en la presence du diamant, & lors que le fer est frotté d'ail ou de graisse, l'ayman n'attire point le fer, ny nos volōtez ne le sont point par celles de Dieu, quand elles sont infectées ou de la puanteur de la proprieté, ou de la graisse des passiōs sensitiues. O que bien heureuse est l'ame qui n'a pour motif de ses desirs que la volōté de sō Dieu, & qui est comme ces machines qui ne se remuënt que par ressorts, ne se portāt que par le branle de ce ressort principal. Vn Sculpteur d'Æthiopie fit autresfois la statuë du Roy Memnō auec vn tel artifice dās la teste, qu'elle rēdoit vn certain son par la bouche aux premiers rayōs du Soleil du matin. Que cette Ame, image du Roy celeste, est bien reiglée, qui n'auāce aucune parole que selō les mouuemens de la diuine volonté; c'est d'elle que l'ō peut dire ce mot de l'Apostre, Si quelqu'vn parle, que ce soient cōme des discours de Dieu.] Ce qui faisoit dire à ce mesme vaisseau d'Election, Quoy cherchez vous de cognoistre par experience que c'est Iesus-Christ qui parle en moy.] Et le Sauueur mesme parlāt de ses Apostres, Ce n'est pas vo˘, leur dit il, qui parlez, mais c'est l'esprit de mon Pere qui parle en vo˘.] Certes celuy qui n'a point d'autre motif de sa volonté que le bon plaisir, peut dire qu'il

INTERIEVRE. 181
a en l'ame les marques que S. Paul se disoit porter en son corps,] & qu'il a le cachet de l'Espoux diuin imprimé sur son cœur & sur son bras,] c'est à dire sur ses pésees & sur ses œuures. Girofol sacré qui ne se tourne que selon le mouuement de ce grand Astre du diuin vouloir. Aiguille d'horloge qui ne marque les heures de ses actions que par ce poids qui est celuy de son Amour & de sa conformité au bon plaisir diuin. Aiguille de cadran faite de l'ayman de la charité qui ne vise qu'à ce Pole qui est de faire ce qui plaist à Dieu. O Seigneur, disoit Dauid porté de ce motif, & voyla que ie suis comme vn cheual sans la conduitte de vostre diuine ordonnance] menez moy s'il vous plaist aux sentiers de vostre voye, car ie la veux de tout mon cœur,] S'il vous plaist que mon ame soit vn vaisseau, ie vous en remets toute la conduitte, & ie desire que vous en soyez le Pilote; ou plustost ie souhaitte que vostre volonté soit le vaisseau de la mienne, & que celle-cy n'ait autre bransle ny mouuement que celuy qu'elle tirera de vostre diuin vouloir. Voyla que mon cœur est fait comme vne boule de cire molle au milieu de ma poictrine:] Donnez-luy telle impression & telle forme qu'il vous plaira, Eutrope, l'ame bien resignée & qui peut parler

ainsi auec vn cœur pur, vne bon conscience, & vne charité non feinte, peut estre dittè entée en la bonne oliue, & arrachée du sauuageon] de la volonté propre, & qu'elle a vne force extraordinaire par l'esprit de Dieu qui la saisit, la pousse & la possede bien plus fortement que Samson. Mais vous allez apprendre le moyen de vous seruir & de mettre en vsage ce motif, par la suiuante

Prattique des enseignemens proposez.

Chap. XXVII.

LEs Veritez que ie vous viens d'auancer, Eutrope, sont si euidentes qu'il ne faut qu'e les monstrer pour les faire croire, & les croire c'est les aymer, tant elles sont aimables de leur propre nature. Mais par quelle porte entrerons-nous dans leur exercice? En voicy la porte & la clef tout ensemble par l'adresse que ie vous vay donner. Lors qu'il se presentera occasion de faire vne chose que Dieu cōmande, dressez aussi tost vostre intention & la purifiez de tout propre interest & dites à Dieu de bou-

INTERIEVRE.

che ou d'esprit, mais d'vn cœur net & sincere; Seigneur ie feray telle chose parce que vous la cōmandez, parce que vous la voulez, parce qu'elle vous plaist, pour vous seul, pour vostre seule gloire, sans pretension d'aucun auantage pour moy. Auecque ce motif vrayement cordial & nullemēt double (car malheur aux doubles de cœur) marchez, Eutrope, hardiment en besoigne, & n'ayez point de peur ny du monde, ny du sang, ny de l'Enfer auec toutes leurs troupes conjurées contre cette pureté, car quand des armées seroient esleuées contre vous, quand des milliers d'aduersaires seroient bandez contre vous], quād vous chemineriez au milieu de l'ombre de la mort, nul mal ne vous peut accueillir, parce que Dieu est auecque vous], & il est à vostre droicte, vous empeschant de chanceler.] Faites la mesme consideration quand quelque chose deffenduë se presentera à vostre rencontre. Rejettez la courageusement pour faire la volonté de Dieu qui la deffend, incité à ce rebut par ce seul motif, & ne recherchant en cela que sa gloire, & que cela luy plaist, sans vous soucier de ce qui vous touche, en disant auecque Dauid, ô Seigneur, à cause des paroles de vos levres, c'est à dire de vostre volonté signifiée en vostre loy, i'ay marché par les plus aspres voyes] Que si vous estes pressé de la tentation ayez recours à celuy qui est fidelle & qui ne permet iamais que nous soyons tentez par dessus nos forces, mais qui nous fait tirer profit de nostre tribulation] parce qu'il ne tente personne] en mal] & luy dittes, ô Seigneur, ie souffre violence, c'est à vous de respondre pour moy.] Puis que vous estes mon support, mon refuge & mon ayde.] Aux choses bonnes qui s'offrent à executer, soit par inspiration, soit par occurrence, & qui ne sont pas commādées, mais seulement recommandées; ne vous y portez pas precipitamment, & legeremēt sans vous donner le loisir de les enuisager, & d'esleuer vostre cœur à Dieu, luy addressant vostre intention & la purifiant de la roüille de toute proprieté, protestant que vous n'y pretendez rien que l'honneur & la gloire de Dieu : & renonçant de tout vostre cœur aux mouuemens de la complaisance & de la vanité qui accompagnent ordinairement comme des ombres les corps des bonnes œuures. Il arriuera par ce moyen que les œuures des tenebres seront escarteés par la splendeur des armes de lumiere,] & que nous cheminerons honnestement au iour] de la diuine volonté.] Faites le semblable tant que vous pourrez aux actiõs les plus indifferentes, & n'vsez de la liberté que Dieu vous y donne qu'auecque benediction de sa permission, & vne telle soumission à son diuin vouloir que vous soyez prest de les quitter aussi tost qu'il vous apparoistra que Dieu ne vueille pas cela de vous: & appliquez les autant qu'il vous sera possible à sa gloire & à son honneur, & il arriuera de cette application & pureté d'intention le mesme qu'à vne fille de basse qualité qui deuient noble & illustre si elle espouse vn grand Seigneur, & Reyne si elle deuient femme d'vn Roy, comme fit Esther espousant Assuerus: car non seulement d'indifferentes elles deuiendront bõnes, mais d'humaines & naturelles, diuines & surnaturelles, estans jointes par l'intention à vne si noble fin que l'amour de celuy à qui seul appartient hõneur & gloire.] Cecy, me direz vous, Eutrope, est aisé à proposer, mais n'est pas si facile à faire. Le plus aisé du monde pourueu que vous ayez vn peu de preuoyance, & que la soudaineté (que ie ne die legereté) soit bannie de vos deportemens. Auisez donc à cecy (car c'est le moyé de cet employ.) En toute chose ou deffenduë, ou commandee, ou seulement recommandée pour sa bonté, ou indifferente, arrestez-vous vn peu auant que de la receuoir, ou rejetter, la faire ou l'euiter, y consentir ou y resister. Ce peu de temps importe beaucoup, puis qu'vne chose bien commencée est ditte à moitié faite. Cela s'appelle considerer ses voyes] & c'est le propre office de la Prudence de preuoir ce que l'on doit quitter ou embrasser. Celuy qui veut faire vn grand sault recule vn peu, pourquoy se retire-t'il sinon pour s'eslancer & par cét eslancemét s'auácer dauátage? Les Peintres en faisant leurs ouurages se reculent de quelques pas de temps en temps, pour en considerer plus iudicieusement les traicts, les ombres, & les proportions. L'object visible estant mis sur les yeux n'en peut estre apperceu, il faut vn milieu & quelque distance afin que la veuë ait son action libre. La precipitation de la Magdeleine en cherchant le Sauueur resuscité, fit que ne l'enuisageant pas elle le prit pour vn Iardinier. Sans reflexion l'on ne verroit point de figure dans le meilleur miroir & la plus fine glace du monde. La hastiueté est ennemie de tout bon ordre, & de l'attrempance. Moyse reproche à Israël quand il l'appelle peuple sans cóseil & sans Prudence] souhaittant qu'il eust plus de preuoyance de l'aduenir.] Les volontez trop soudaines sont sujettes à de longues repentances, & vn Ancien nous apprend

INTERIEVRE. 187

que tout vice est vn precipice, c'est à dire en vne pente de precipitation & d'inconsideration. En nos actions naturelles nous nous portons auecque iugement, en marchant nous aduisons où nous mettons nos pieds pour ne broncher à quelque pierre,] en cheminant nous sçauons où nous allons sans courir à l'incertain] en mageant nous prenons garde aux viandes que nous mettons dans nostre bouche, encore que nous sçachions que la viande n'est que pour le ventre, & le ventre pour les viandes, & que toute cette nourriture ira vn iour en pourriture, lors que Dieu par la mort destruira l'vn & l'autre.] Combien plus aux actions de l'esprit & vraiement raisonnables, c'est a dire, qui dependent absolument de la volonté, deuons nous estre plus considerez, & prattiquer ces mots de l'Escriture: Ayez attention sur vous,] ne croyez pas à tout esprit,] esprouuez les Esprits s'ils sont de Dieu] essayez tout, mais ne retenez que ce qui est bon] faites selon l'exemplaire qui vous est monstré en la montagne] de la volonté diuine. Ne cheminez pas en la vanité de vostre sens] & vous souuenez que vous n'estes pas capables de former de vous mesme, comme de vous mesme, vne seule bonne pensée, toute vostre suffisance venant de Dieu] & qu'il n'est pas en vostre puissance de proferer le nom du Sauueur sinon par le S. Esprit.] A raison dequoy le grand Apostre nous coniure par la misericorde de Dieu que nous presentions à sa Majesté diuine nos cœurs & nos corps côme des hosties viues, sainctes & qui luy soient plaisantes par vn seruice raisonnable sans nous conformer au siecle, (c'est à dire aux volontez de la chair & du vieil homme) mais en nous reformât en la nouueauté de nostre sens, si nous voulons apprendre par espreuue quelle est la volonté de Dieu, bonne, agreable, & parfaitte.] Cette attention, cette reflection, cette consideration que nous ferons deuant que nous determiner, nous preseruera de l'embusche que le diable dresse à nos œuures pour tourner à nostre ruine ce que nous prenôs pour instrument de nostre salut. Car il a ce stratageme & ruze de guerre, pour vne subtilité qui n'est apperceuë que de ceux qui y prennent garde de bien pres, de faire croire à nostre volonté alterée par la corruption de la nature, que le motif de nos actiôs qui est souuent en elle sera de Dieu seul, & par ce change il met nostre volonté propre en la place de celle de Dieu, & fait comme celuy qui semant du poison sur les fleurs d'vn parterre, fit faire aux abeilles qui les cueilloient vn miel veneneux. Cet artifice est estrange & vrayement diabolique, & est vn des tours dont ce Sanglier farouche se sert pour demolir la vigne] de nostre interieur, & en perdre les fruicts qui sont les bonnes œuures. Certes cette erreur est bien dangereuse parce que non seulement elle corrompt la racine des bonnes actiõs, mais elle emplit l'ame de presomption & la fait endormir sur le bord d'vn precipice. Erreur facile à aualer & difficile à vomir, erreur pareille à la fueille d'Asphalte, qui cache vn serpent sous vne specieuse apparence. Ceux qui cheminent sur l'eau & qui regardent le riuage, s'imaginent que les arbres marchent, & c'est le batteau qui glisse sur la riuiere. Ceux qui ont la iaunisse dans les yeux croyent tous les objects estre iaunes encore qu'ils ne le soient pas. Et il s'est trouué des Mathematiciens fantasques qui ont voulu faire croire par leurs demonstrations que la terre tournoit & que le ciel estoit immobile. Saul pensoit bien faire en reseruant des troupeaux des ennemis pour immoler au Seigneur. Dauid aussi nombrant son peuple. Et Moyse frappant la pierre à qui il auoit receu commandement de parler, ne pensoit pas faire mal. S. Pierre non plus ne voulant pas permettre que son Maistre luy lauast les pieds. Cependant chacun sçait que leurs pensees n'e-

ſtoient pas bonnes en ce qu'elles eſtoient
eſloignées de celles de Dieu, & que c'eſtoit
l'Ange de tenebres qui ſe transformoit deuant eux en Ange de lumiere,] comme il
fit à nos premiers parens lors qu'auec tant
d'artifice il leur perſuada de manger du
fruict qui leur eſtoit deffendu. C'eſt pourquoy, Eutrope, ie vous aduiſe ſi vous eſtes
debout par vne droitte intention, de prendre bien garde de n'en deſcheoir pas : & de
vous donner le loiſir de bien examiner le
motif qui vous porte à quelque action ſi
vous voulez qu'elle ſoit agreable à Dieu.
Cette petite Retraitte en vous meſme &
cette Reueuë de voſtre mouuement interieur eſt bien figurée en ces trous de la pierre & en cette cauerne de la maſure] où le
S. Eſpoux appelle ſa colombe afin qu'elle
eſpluche à loiſir ſon intention, & voye ſi
ſon action n'apoint d'autre viſée que l'A-
mour de ſon vnique Colombeau, & ſigni-
fié en ce qui eſt dit aux Apoſtres, Aſſeez-
vous icy iuſques à ce que vous ſoyez remplis de la Vertu d'enhaut,] c'eſt à dire, re-
poſez vous vn peu & vous arreſtez auant
que vous vous mettiez en œuure, & conſi-
derez quel motif vous y porte. Les Spagy-
riques auecque l'eau forte qu'ils appellent
depart, ſeparent les metaux, il faut icy que
l'examen face le meſme office, & ſeparant

INTERIEVRE.

ce qu'il y a de nostre propre interest d'auec celuy de la gloire de Dieu, il escarte le precieux du vil] & ne souffre pas que nostre volonté propre se mette en la place de celle de Dieu : ce qui seroit vn sacrilege horrible, & vn attentat espouuantable. C'est pourquoy il faut imiter la Colombe qui ne prend aucun grain en terre qu'au mesme temps elle ne regarde le Ciel. Et le Cigne qui ne prend aucun morceau qu'il ne l'ait auparauant laué en vne eau bien claire. Deux beaux symboles de la pureté de l'intention d'vne ame qui en toutes ses actiós veut plaire à Dieu, & que ses pas,] c'est à dire ses mouuemens, soient beaux en sa chaussure,] c'est à dire, en leur fin. Car l'Espoux qu'elle sert est delicat & ialoux, & de plus, si clair-voyāt que tout est nud deuant ses yeux,] il entend les pésees de loin, & il connoist tous les sentiers par où passent les cœurs,] c'est pourquoy ce seroit vne folie de le penser tromper, & vne impieté de croire de luy pouuoir celer quelque chose. Forger des couleurs d'excuses, c'est chercher des paroles de malice] & augmenter son infidelité, c'est se couurir de fueilles de figuier, & se cacher derriere des toiles d'araignées. Rien ne se peut tapir deuant son esprit, ny s'enfuyr deuant sa face,] il est par tout & il voit tout iusques aux plus secrets recoins de nostre cœur.] Il reiettoit autresfois le Cigne de ses sacrifices, pourquoy cela? c'est vn animal si net, si blanc, si poly, si doux, si aymable, si beau, qui chante si melodieusement deuant son trespas : rien de tout cela ne luy plaist, parce qu'il est l'image de l'hypocrite qui sous vn plumage blanc d'innocence apparente cache vne chair noire de malice & de duplicité. Marchons donc franchement & candidement deuant luy, & nous souuenons que la Charité qui ne recherche point son propre interest, ne fait aussi rien d'inutile.] Mais i'ay encore, Eutrope, quelques industries à vous representer, vous les allez voir en la

Poursuitte de cette Prattique.

Chap. XXVIII.

IE sçay qu'il n'appartient qu'aux Bienheureux qui voyent Dieu face à face d'estre tellement occupez de cet obiet rauissant, qu'ils ne peuuent estre aucunement diuertis non pas vn seul instant de la continuelle & inuariable attention qu'ils ont à cette infinie Beauté & Bonté de Dieu, qui
le

le comble auec vne mesure espanchante] de delices incomparables. Mais il n'en est pas ainsi de ceux qui aiment Dieu dans le pelerinage de cette vie, où ils ne le cognoissent que par miroir & par enigme,] parce que leurs esprits assez prompts attachez à vne chair infirme] & portans des thresors en des vases fragiles] en des vaisseaux de terre qui se brisent au moindre effort] ils ne peuuent bander continuellement leur attention vers cét object inuisible sans lasser les organes & sans bandement de teste & danger d'offencer le cerueau. De là vient que les maistres ont prudemmét distingué l'attention en habituelle ou virtuelle, c'est à dire, generale; & en actuelle, c'est à dire, presente, speciale, & particuliere. Estimans que pour donner poids & valeur à nos actions la virtuelle suffit, quoy que l'actuelle leur communique vn degré de plus grande excellence, comme ayant plus de chaleur & de viuacité. Sur cette proposition voicy ce que ie vous dy, Eutrope, Si aux actions bonnes ou indifferentes qui se font ou s'escoulent promptement, vous ne pouuez tousiours sentir en vostre volonté ce mouuement actuel de vostre intention & application à la volóté de Dieu, ne vous troublez pas pour cela, vous souuenant que vo^s auez la racine de ce bon ar-

I

bre dans le cœur en l'intention habituelle que vous formez ou tous les iours, ou toutes les semaines de n'auoir autre motif, autre but, autre fin de vos actions que la volonté & le bon plaisir de Dieu. O Seigneur, disoit le Psalmiste, i'ay caché vostre Loy au profond de mon cœur, afin qu'elle m'empesche de rien faire qui vous déplaise. O Dieu benit, enseignez moy vos iustifications.] Mais aux actions dont l'effect est de quelque durée, & qui ne se peuuent prattiquer que dans quelque interualle, ce n'est pas assez de leur donner en leur commencement le motif de la diuine volonté, si encore de temps en temps nous ne le renouuellons, à la façon de ces oyseaux qui volent à remises. Il n'y a point de si bonne horloge qu'il ne faille remonter d'espace à autre, sinon elle s'arreste & ne marque plus les heures. Les charbons allumez s'esteignent peu à peu si on ne les entretient en ardeur auec le souffle. Et les herbes d'vn jardin se flestrissent si elles ne sont arrosées par interualles. Nostre poulmon ne se rafraischit pas par vne haleine continuë, mais il s'entretient en bon estat par les respirations & aspirations alternatiues. Et le Soleil mesme à ce que disent quelques Philosophes, ne darde ses rayons que successiuement : Nous auons vne memoire si debile, que iusques à Dieu (quoy que visible par tout & en toutes ses creatures, puis qu'il remplit toutes choses, tout estant en luy, de luy, & par luy] en qui nous viuons, nous agissons, & nous sommes]) nous tombons en oubly de sa presence & du respect que nous luy deuons, d'où vient que nous perdons à tous propos le souuenir actuel & l'intention expresse de ne rien faire que pour sa gloire. Et c'est dans cét oubly comme dans vne eau trouble que nostre aduersaire fait vne grande pesche de nos actions, y cachant ses filets & ses hameçons iettez pour nous surprendre. Cet ennemy espie le temps de ce sommeil pour sursemer l'yuroye parmy le bon grain,] il met des pierres d'achopement en nostre chemin] & dresse des tresbuchets aux pieds des inconsiderez] destournant peu à peu nostre intention de sa droitte qui n'a que Dieu pour visée en son commencement, & la courbant en sorte qu'à la fin elle a tout son reflechissement vers nous. Semblable à ces ruisseaux qui se troublent en leurs cours par le limon qu'ils rencontrent en leurs riuages ou en leurs fonds, encore que leur source soit claire & nette. Cecy se fait par la malice de nostre volonté propre, qui petit à petit se cóplaisant en l'œuure commencée pour l'Amour

I ij

de Dieu, y trouue par la succession du progrez tant de contentement qu'elle fait perdre à nostre memoire le souuenir de celle de Dieu, qui estoit en son commencement son vnique but. Tant les choses visibles sont nuisibles, & les presentes pressātes, nostre inclination s'attachant si fort au profit, honneur, ou plaisir particulier qu'elle prend ou pretend en vne bonne œuure, qu'elle perd la veuë de son blanc qui estoit en cela de plaire seulement à Dieu, & de faire vne chose qui luy fust agreable. Car comme il ne faut que le moindre obstacle pour empescher qu'vn archer n'atteigne au lieu où il vise, il ne faut aussi qu'vne petite reflexion sur soy mesme pour rendre vne intention impure, & destourner nostre volonté de la conformité qu'elle doit auoir auec celle de Dieu. Peut estre me direz vous, Eutrope, que ie vous serre le bouton de bien pres & que ie vous porte à vne perfection bien haute. Certes ie presuppose que vous ne voulez point regarder en arriere, ny faire de reste en la Reformation de vostre interieur, c'est pourquoy ie vous monstre le plus haut poinct de celle de vostre volonté, en vous disant comme le Sauueur parlant de la continence, qui la pourra prendre la prenne. Tous ceux qui courent la bague ne l'emportent pas tousiours, mais nul n'est exempt de faire de belles courses. L'Apostre nous exhorte de courir en la lice de la perfection ouuerte à tout le monde, & de courir en sorte que si nous pouuós nous en emportions le prix.] En toutes les vertus & mesme en la charité il y a diuers degrez, & tous n'arriuent pas au sublime & heroïque, encore si on ne le peut ioindre est il bon de le cognoistre, de le voir, de l'aymer, de le desirer, de l'admirer. La perfection Chrestienne est recommandée à tout homme qui par le Baptesme s'est enroollé en la milice de IESVS-CHRIST, sous l'estendart de sa Croix. Soyez parfaicts, dit le Sauueur, comme vostre Pere celeste est parfaict :] Soyez parfaicts en toutes choses] disent les Apostres S. Paul, S. Iean, & S. Iacques. Elle est cette belle Rachel, cette belle Micol promise par le Pere celeste à celuy qui sera fidelle & vaillant, elle est cette mâne cachée qui sera donnée au vainqueur:] & ie sçay bien, Eutrope, que vous estes trop genereux pour n'y aspirer, mais si quelque Ame de moindre courage que la vostre passe les yeux sur ces lignes de peur que la difficulté imaginaire qu'elle se pourroit figurer en cette glorieuse entreprise, ne l'effraye, comme les lasches espions de la terre de promesse qui pour en desgouster le peuple en represen-

I iij

toiẽt les habitãs grãds cõme des Geans, & cruels comme des mangeurs d'hommes. Ie vous diray qu'en cét exercice de la conformité de nostre volonté auec celle de Dieu en toutes nos actions, (exercice la preuue de la vraye dilection]) il y a diuers degrez aussi bien qu'en la charité. Tout ainsi donc qu'il y en a qui meurẽt en la charité ce que l'Escriture appelle mourir au Seigneur,] degré necessaire, mais suffisant pour estre sauué, d'autres meurent pour la charité comme les Martyrs, d'autres par la charité, comme quelques sainctes Ames que l'excés de l'Amour de Dieu tire de leurs corps; d'autres en fin de la charité mesme, comme IESVS-CHRIST & sa tres-saincte Mere moururent, ainsi que monstre si pieusement N. B. P. au Septiesme Liure de son Theotime: Aussi, Eutrope, il y en a qui viuent & agissent (car la vie cõsiste en l'action) en la charité, ce sont ceux qui font toutes leurs actions en grace: Grace qui leur donne le principe de vie, selon ce qui est escrit, soyez enracinez en la charité] qui est la fin & le but du precepte.] Il y en a d'autres qui võt plus auãt & qui n'agissent que pour la charité, c'est à dire, qui ne font leurs œuures que pour l'Amour de Dieu. D'autres plus courageux, ne font rien que par la charité, c'est à dire par le seul motif de la diuine dilection. Et en fin il y en a d'vnis à Dieu si immediatement, & qui ont tellement crucifié leurs desirs & leurs conuoitises,] qu'ils laissent vouloir à Dieu en eux & sur eux tout ce qui luy plaira, ne voulans rien d'eux mesmes, sinon acquiescer à ce que Dieu veut. Distinction qui se fera cognoistre par cette similitude. Il y a des oyseaux qui bien que couuerts de plumes, ne s'esleuent pourtant point de terre, comme les Austruches, ny ne se balancent en l'air, comme les Cignes, d'autres font quelques eslans, comme les Poules & les Paons, d'autres volét par secousses, côme les Perdrix, d'autres se tiennent plus long temps en l'air, comme les Arondelles & les Aigles; mais en fin il n'y a que l'oyseau appellé de Paradis que l'on ne void jamais en terre que quand il est mort. Il y a des personnes pieuses de toutes ces façons, (car nous ne parlons pas icy des pecheurs dont le talent de plomb non seulement demeure tousiours en terre, mais les plôgera dans l'abysme, s'ils ne s'en deschargent par la Penitence.) Les vnes ont pour leur portion la seule obseruation des Commandemens] & s'y tiennent comme à la garde du Paradis terrestre,] ne se mettans point en peine de passer outre, tel fut ce jeune homme qui demanda à Nostre Seigneur ce qu'il feroit pour posseder la vie Eternelle,] à qui il respondit qu'il gardast les Commandemens.] Et comme il le pressoit de luy dire si c'estoit assez, faites-les, luy repliqua le Sauueur, & vous viurez.] Mais il y a des Ames plus genereuses, qui non contentes de cette basse classe & pressez de la Charité de IESVS-CHRIST] volent plus haut. Les vnes dans les conseils, les autres dans l'obseruance des inspirations, les autres dás la prattique des vertus Heroïques, les autres dans vne pratique presque continuelle de la presence de Dieu; d'autres dás vne conformité fort exacte & punctuelle de leur volonté auec la diuine; les autres en fin vont à l'vnité d'esprit auec Dieu qui se trouue dans vne telle pureté d'intention, que mortes en elles mesmes, elles ne viuent plus qu'en Dieu, tout ce qui n'est point Dieu ne leur estant rien. Oyseaux vrayement de Paradis, puis que toute leur conuersation est dans le Ciel] & qui ne tiennēt à cette vie qu'à vn petit filet, menans en terre vne vie semblable à celle des Anges. Que chacun donc s'esprouue soy-mesme] & voye de quel rāg il est en la charité qui n'est iamais sans ordre:] car tout ainsi que plus les Regions sont esloignées du Soleil plus elles sont froides & steriles, aussi moins vne bonne action a de degrez de la chaleur de cette saincte Vertu de Charité, qui est l'ame & la forme de toutes les autres, moins est elle excellente. Estant vne chose certaine en bonne Theologie, qu'vne œuure pour releuée qu'elle soit en l'exterieur, côme de donner tout son bien aux pauures, & son corps aux flammes, sans charité ne vaut rien,] & auecque peu de charité n'est pas de grande estime deuant Dieu, qui ne fait estat que du cœur, ny du cœur que pour l'amour, ny de l'amour qu'autant qu'elle le regarde. Au contraire, qu'vne action de peu de consideration en apparence, comme d'vn verre d'eau froide donnée à vn pauure] deux deniers iettez dans vn tronc auec beaucoup d'Amour operent vn poids de gloire eternelle.] La raison de cela est en la fin qui dône l'estre à la chose & la rauale ou releue selon qu'elle est haute ou basse. Ie vay bien plus auant, Eutrope, & ie vous dy que si vous faites bien pour euiter l'enfer ou pour gaigner le Paradis, il y a de l'impureté en ce bien là si vous le regardez autre part que dans la volonté de Dieu, qui veut que vous fuyez l'vn & que vous cherchiez l'autre, selon ce qui est escrit, cherchez le Royaume de Dieu] recherchez la face du Seigneur,] Que si vous craignez l'vn, & si vo⁹ esperez l'autre, cette crainte est bonne, cette esperance aussi, mais il y aura tousiours de l'imperfection tant que le motif sera en vous & en voſtre particulier intereſt, ſi bien que pour dreſſer en cela voſtre intention, & l'addreſſer à Dieu, vous deuez craindre Dieu, ſes Iugemens & l'enfer, parce que Dieu en mille lieux de ſa ſaincte parole nous fait cognoiſtre que ſa volôté eſt qu'on le craigne. Craignez le Seigneur, ô vous tous ſes ſaincts,] Bien-heureux l'homme qui craint Dieu & qui eſt touſiours craintif.] Crains Dieu & garde ſa loy, & voyla le Tout de l'homme] & eſperez le Paradis, parce qu'il veut que l'on eſpere en ſa miſericorde,] & que l'on aſpire à l'Eternité pour y chanter à iamais ſes douces miſericordes.] De cette façon vous luy rapporterez tout voſtre intereſt & jetterez en luy toute voſtre penſee] par vne intention trespure. Mais ie voy bien que par cette prattique ſi ſerrée & ſi eſleuée, ie preſſe trop certaines ames, qui n'ont pas aſſez de zele ny de courage pour embraſſer l'aduis de l'Apoſtre qui veut que l'on pourſuiue touſiours les meilleures graces] que l'on s'eſcoule touſiours au deuant de ſoy] c'eſt à dire à la plus excellente voye] à la façon de ces oyſeaux du Prophete, qui voloient touſiours en auant ſans rebrouſſer en arriere,] & de s'eſtendre ſans ceſſe vers le mieux, ſans penſer iamais auoir atteint le but] de la perfection; car, dit S. Bernard,

INTERIEVRE.

s'arrester en la voye de Dieu c'est reculer.] C'est pourquoy estant redeuable aux infirmes & aux forts] & autant obligé de joindre mes sentimens auecque les humbles qu'auecque les plus esleuez] pour consoler les pusillanimes] selon l'aduis de l'Apostre, ie leur diray auec Isaye, ô esprits abbatus confortez-vous & ne tremblez point.] Si vous ne pouuez aller auecque Moyse au sommet de la montagne, tenez-vous plus bas auecque Iosué. Si cette cime pleine d'éclairs & de lumieres vous effraye, tenez vous dans la vallée de l'humilité.] Le Seigneur est venu euangelizer les pauures] aussi bien que les plus grands, & il prend encore plaisir à conuerser & s'entretenir auecque les simples. Ie vous dy donc que si cét exercice de la conformité de vostre volonté à celle de Dieu vous semble difficile à l'abord, comme si vous auiez peur de mourir en voyant Dieu, ou en luy parlant à chaque action, & si ces intentions actuelles si frequentes vous estonnent, que tout art est tousiours penible en ses commencemens, mais que les actes reïterez peu à peu forment vne habitude qui en fin surmonte toute difficulté. Ainsi qu'il paroist au ioug qui blesse les animaux qui le portent au cómencement, & puis il leur devient aisé, insensible, à la fin cōmode. Et puis quand il y a de l'amour il n'y a point de fardeau, ou s'il y a du trauail, le sentiment & le poids en est aymable. Mais pour vous soulager dauantage ie vous dy que du conseil de ce qui est de plus excellent on ne fait pas vn precepte, pour ne ietter indiscrettemēt des liens à vos pieds, & vous obliger à vn ioug que voꝰ ne pourriez porter. Si voꝰ ne pouuez le plus, faites le moins, il y a plusieurs demeures au logis du Pere celeste,] il y faut des habitās pour tous les estages, qui semera peu recueillira vne moindre moisson.] Et puis tout est si grand au Royaume eternel que le moindre des habitās de cette celeste Hierusalé est plus grād que ne seroit vn Monarque de tout le monde. Il reluira cōme vne estoile en de perpetuelles eternitez] & qui ne sçait que le moindre des Astres est plus grand que toute la terre? Sus donc, ma tres-chere ame, ne gesnez point vostre liberté, Dieu veut des sacrifices volontaires] & des dons libres & ioyeux.] Souuenez vous que vostre vraye liberté consiste à vostre entiere soumission à la diuine volonté signifiée par les choses qu'il commande ou deffend. En tout le reste qui n'est ny commandé ny deffendu, suiuez le cōseil de S. Basile, faites ce qui vous plaira. Entre les choses bōnes & qui ne sont pas cōmandées, mais seulement recommādées, choisissez du bien ou du mieux auec vne grande liberté d'esprit, sans vous amuser à peser cette menuë monnoye des communes actions par vne humeur trop scrupuleuse, que ie ne die chagrine, ennuyeuse, superstitieuse. Ayez encore plus de liberté aux choses indifferentes, puisqu'il importe peu ou rien que vous les faciez, ou ne les faciez pas. Seulement prenez garde que cette honneste & iuste liberté dont ie vous parle, ne vous porte par vne perte molle suiuant l'inclination de la nature corrompuë, au mespris des conseils (ce qui seroit vn grand peché) ou à la negligence d'ouïr, & d'accueillir les inspirations: ou au peu de consideration sur les occurrences. Il est vray que plus vous aurez d'actuelle & d'expresse intention de plaire à Dieu en vos actions, plus vous thesauriserez de thresors au Ciel.] Mais aussi ne faut-il pas que cette auarice spirituelle, quoy que loüable, vous face faire tant & tant de reflexions sur vous, que vous y arrestant vous preniez le change, & tombiez dans les pieges que ie vous ay descouuerts. Vne intention bien formée au commencement de vostre conuersion à Dieu, de vouloir faire toutes vos actions pour luy, & de les rapporter toutes à sa gloire. Et cette intention reïterée souuent au tribunal de la Confession, ou à la Table sacrée (car ces deux Sacremens sont comme les deux yeux, les deux bras, & les deux pieds de la vie deuote & interieure) renouuellée aux retraittes spirituelles qui se font de temps en temps selon l'aduis du Directeur. De plus faite à chaque commencement d'année, de mois, de semaine. Dauantage refaite tous les iours aux exercices du matin, & du soir, qui ne doiuent iamais estre obmis par quiconque veut mener vne vie, ie ne diray pas spirituelle & interieure, mais simplement Chrestienne. Ne suffit-elle pas abondamment pour sanctifier par son habitude toutes nos actions, & les soumettre à la tres saincte volonté de Dieu? Ouy certes, Eutrope, & c'est la doctrine de nostre B. P. au Chapitre huictiesme du dernier Liure de son Theotime, doctrine qu'il tire de sainct Bonauenture, & de plusieurs graues Docteurs, dont il apporte les puissantes preuues. Que l'Ame donc qui se sent surchargée de multiplier tant de fois ses applications, & ses intentions particulieres & actuelles, se contente des habituelles & virtuelles, ou generales, dont la pluye volontaire se peut respandre sur les fleurs & les fruicts de toutes leurs actions, & principalement sur les menuës & communes; car quant aux grandes & importantes, comme elles sont plus rares

& de plus grand poids, elles sont aussi plus considerables, & cette consideration fait qu'on ne les fait gueres sans vne forte attention qui peut estre facilement vnie à vne intention actuelle qui les sousmette à la volonté de Dieu, & les consacre à sa seule gloire. Et afin que ces enseignemens que ie vous viens de donner touchant la conformité de nostre volonté à celle de Dieu, coulent plus facilement en vostre creance, & y prennent plus d'authorité, ie vous aduertis, Eutrope, que ce que ie vo' ay esté du vn peu au long pour vous éclaircir vn sujet si important, est compris en abregé, & en fort peu de lignes au Chapitre huictiesme d'vn liuret tout d'or nommé le Combat Sprituel, dont N. B. P. faisoit vne grande estime, & l'auoit fort familier. Ce que l'ó pourra aisément en conferant l'esprit de cét ouurage-là auecque celuy de Philothée, & de Theotime. L'obscurité inseparable de la trop grande brieueté que vous pouuez trouuer en ce Chapitre-là, vous sera comme ie croy éclaircie, par ce que ie vous ay dit icy en forme de Commentaire, au moins ç'a esté mon dessein. Ie finiray cette Reformation de nostre volonté, par vn aduis que ie tranche en vn mot, ne voulant pas m'arrester aux deux sources inépuisables que ie vous vay monstrer. S. Thomas, & tous les

Scolastiques enseignans que la Charité la Royne & le Soleil des vertus, reside comme en son sujet en cette Puissance de nostre Ame, que nous appellons volonté, Puissance qui est la Royne de toutes nos facultez interieures; Vous pouuez iuger de là que c'est à elle qu'appartient la principale reformation de nostre volonté, en l'appliquant à l'amour du Souuerain obiect qui est Dieu: obiect qui par son infiny merite doit estre aimé, estimé, regardé, adoré, sur toutes choses & en toutes choses. La vertu morale de la Iustice qui est selon sa definition vne constante, inuariable, & perpetuelle volonté de rendre à chacun ce qui luy appartient, & qui selon les mesmes Theologiens & encore les Philosophes, tient son siege en nostre volonté, peut encore beaucoup contribuer au reglement de cette Puissance : veu que cette vertu, comme la Charité, comprend encore en soy toutes les autres, les mettant toutes en leur rang, ainsi que la volonté range toutes les facultez qui luy sont soumises à leur deuoir. Or le grand effect de la Charité & de la Iustice, estant de nous vnir & de nous rendre à celuy à qui nous appartenons par toute sorte de droict qui est Dieu, & à qui nous sommes incomparablement plus qu'à nous-mesmes ; puisqu'il est le principe & la fin de noſtre eſtre ; qui ne voit que l'exercice de la conformité de noſtre volonté à la diuine, embraſſe l'acte & l'habitude de l'vne & de l'autre vertu, & par conſequent que c'eſt le pl⁹ iuſte niueau que nous puiſſions choiſir pour mettre noſtre volonté en ſa vraye droicture? Ie vous exhorte donc, Eutrope, de l'embraſſer, vous aſſeurant que c'eſt la reigle la plus courte & la plus droicte que vous puiſſiez choiſir, pour eſleuer en voſtre Ame vn haut edifice de perfection. Apres la volonté il nous faut parler

---

De la Memoire, & de ſes deffauts.

CHAP. XXIX.

CETTE troiſieſme des Puiſſances de noſtre Ame, eſt comme le reſeruoir tant des cognoiſſances de noſtre entendement, & des reſolutions de noſtre volonté, comme des mouuemens de nos paſſions, & des impreſſions de nos ſens interieurs & exterieurs. C'eſt pourquoy il me ſemble que ie ne la puis mieux comparer qu'à la Mer, qui eſt le receptacle de toutes les eaux, ou à ce grand Cuueau du Tabernacle Moſaïque composé de miroirs d'acier, où se lauoient les victimes, & où les Prestres se lauoient les mains, & apres s'estre mirez sur ses bords, leuoient les taches qui estoient sur leurs visages. Sans cette faculté nous aurions de la peine à nous souuenir de nos fautes, & à nous en corriger en les lauant dedans l'eau de la compunction de nos cœurs, qui excite en nous vne contrition amere comme la Mer.] Il me semble que ie puis aussi la comparer à la piscine probatique, dont il est parlé en l'Euangile : elle auoit cinq portiques, où s'assembloit vne grande multitude de malades, & plusieurs aussi qui estoient sains, tant pour y apporter, que pour y seruir, assister, & visiter les malades; comme aussi pour admirer les miracles qui s'y faisoient tous les iours. La memoire est vn grand bureau qui reçoit tout le bien & le mal qui peut venir à nostre cognoissance, tout y entre en foule pesle-mesle; mais c'est à faire au iugement de discerner, & à la volonté de choisir parmy tant d'obiects qui y sont representez. Si la volonté se porte au bien, le mal s'écarte, & les maladies sont cassées, si au contraire elle embrasse le mal, les sains y deuiennent malades; ie veux dire que les idées du mal qui sont en la memoire, ne seruent qu'à empirer l'Ame, & à la rendre

INTERIEVRE. 211

plus capable de malice. C'est vne grange où le bon grain est auec la paille, vn champ où le froment est meslé d'yuroye, vn filé où les bons poissons sont auec les mauuais, vn parc où les boucs sont auec les agneaux, vne Arche où les animaux mondes sont enfermez auec les immondes. Le mal, à proprement parler, n'est point en ce Tabernacle ou departement là; mais comme les tonnerres & les gresles qui font tant de rauages se forgent en l'air, où ces orages n'apportent aucune incommodité; aussi dans la memoire, où le bien & le mal sont ensemble, comme le froid & le chaud dans le nuage, se brassent beaucoup de trahisons de nostre ennemy, qui luy donnent prise sur nous, & nous causent beaucoup de surprises. C'est vne hostellerie où logent toute sorte de passans, & où si l'on n'y prend garde, se brassent beaucoup de fourbes. C'est vn marché où il y a beaucoup de mauuaises marchandises parmy quelques bonnes, & il faut aduiser à n'en prendre point de contrefaites. Car comme Hannibal surprit autresfois Capouë, faisant entrer dedans des soldats qui feignoient estre malades & estropiez : & comme les Gabaonites surprindrent Iosué par leur déguisement, aussi la memoire surprise elle mesme fait tomber la volonté en des pieges par de faulses apparences de bien, & comme vn miroir trompeur luy fait voir des obiects qui la destournent de sa droicture. Il n'y a rien de si dangereux en la Iustice distributiue que de falsifier les pieces des procez, ou les Registres des Arrests, car cela trouble tout ordre, faisant donner de mauuais iugemens sur de fausses preuues, ou alterant les bons iugemens qui ont esté rendus sur des allegations veritables. La memoire estant comme le sac des pieces de l'intellect, & comme le Registre des Arrests de la volonté; il importe extremement de la preseruer nette de toute corruption, autrement nous prendrons le faux pour le vray, le mal pour le bien, & les tenebres pour la lumiere. Or ie sçay que le vulgaire estime fort les grandes memoires, parce qu'elles font admirer ceux que la nature a fauorisez de cét ornement, & que sans cét outil il est malaisé, que ie ne die impossible de deuenir grand Orateur, & mesme de s'aduancer beaucoup dans les sciences humaines, dont les preceptes sont presqu'infinis. Mais les plus aduisez se gardent bien de faire tant d'estime d'vne piece de plus de bruit que de fruit, de plus de monstre que d'effect, & qui estant incompatible (à ce que l'on tient) auec vn grand iugement, est suiette à beaucoup pe de fautes, & pour vn bien a beau-

INTERIEVRE.

coup de grands maux. Car voyez-vous, Eutrope, ceux qui ont peu de memoire sont ordinairement sur leurs gardes, & disent auecque Dauid, I'ay dit j'obserueray mes voyes de peur que ie ne peche en ma langue.] S'ils sont offencez ils oublient aisément les iniures; de quoy vn Ancien loüe Cesar qui ostoit facilement de son souuenir les deplaisirs qu'on luy faisoit. Mais à ceux qui ont la memoire fertile, la langue ordinairement fretille: ils sont grands causeurs, & dit-on que pour mentir il faut auoir vne memoire heureuse. Mais ce ne sont pas là les deffauts plus notables (quoy qu'ils le soient assez) de cette faculté. I'en remarque deux principaux, qui sont deux extremitez vicieuses en fait de memoire. L'vn est l'oubly grossier, & affecté des choses qui regardent nostre deuoir. L'autre vne retenuë, & vn r'amas inutile de soins friuoles, & de notions superfluës. Quand nous parlons de l'oubly, nous ne parlons pas de celuy qui est naturel, & du tout sans malice, car il n'y a nul peché à auoir la memoire courte, puisque toute coulpe est en la volonté, & non aux autres facultez. Ioint que ce manquement se trouue en plusieurs qui en sont bien affligez à cause des dommages qu'il leur apporte. Nous entendons seulement parler d'vn oubly si grossier qu'il ressemble à cette ignorance que les Iurisconsultes appellent crasse, & qui merite aussi peu d'excuse que la malice expresse. Tel est l'oubly des choses qu'il n'est pas permis d'ignorer, comme de celles qu'il faut croire pour estre sauuez, & de celles que nous sommes obligez de faire en nos professions & vacations. Tel cét oubly dont Dieu se plaint par la bouche d'vn de ses Prophetes quand il dit, Mon peuple m'a oublié par des iours innombrables.] Tel celuy dont parle Iob quand il reprend les voyes de ceux qui oublient le Seigneur.] Tel l'oubly de ceux qui ne se souuiennent pas de faire Penitence, & de recourir à Dieu par le Sacrement de reconciliation, & de se reünir au Sauueur par le Sacrement de la Saincte Eucharistie, de qui l'on peut dire qu'ils ont oublié de manger leur pain.] Et de ceux dont le Psalmiste … qu'ils ont oublié les bienfaits de Dieu,] & mis en oubly ses œuures,] & celuy là mesme qui les a sauuez.] Et le Sage, Qu'ils ont oublié la paction qu'ils ont auecque leur Dieu.] Et Isaie, Qu'ils ont mis en oubly celuy qui les a créez.] Bref cette plainte de l'oubly de Dieu est fort commune & ordinaire en la bouche des Prophetes. Tel l'oubly de cét homme dont parle S. Iacques, qui se regarde dans vn miroir, & estant passé, perd

INTERIEVRE.

aussi tost le souuenir de sa forme.] Tels sont les auditeurs oublieux.] dit le mesme Apostre, qui perdent la memoire de la parole de Dieu auecque le son] de la voix du Predicateur. Certes comme nous auons dit des ignorans grossiers qu'ils seront ignorez:] le mesme pouuons nous dire de ces oublieux, qu'ils seront mis en l'oubly du cœur de Dieu dans la mort eternelle.] Tels sont ceux ou qui ne veulent point prester l'oreille aux remords de leur sinderese, ou qui oyans ses secrettes remonstrances, les enseuelissent dans vn ingrat oubly; car ceux là entendront vn iour cette sanglante reproche; combien de fois vous ay-je appellez, & vous auez fermé l'oreille pour ne m'ouyr pas, & de peur de me suiure?] Combien de fois comme vne poule ay-ie voulu vous ramasser sous les aisles de ma misericorde, & vous n'auez pas voulu vous ranger sous cét abry.] Mais quel remede à ce grand mal, & qui comme vn torrent moins impitoyable qu'impetueux, fait vn tel rauage des biensfaits diuins, sinon de picquer viuement sa memoire pour la réueiller de la lethargie de cét ingrat oubly? Escoute donc, ô Sunamite, ô Ame oublieuse, la voix de cét Amant passionné, qui tant de fois te crie en son Epithalame, Retourne Sunamite, retourne, retourne que ie te voye:]

Souuien-toy des iours anciens,] repense à tes ans passez parmy tant de fautes; mais souuien t'en en l'amertume de ton cœur.] Souuien-toy de ton Dieu, & tu trouueras vne vraye delectation en cette memoire, au milieu de tes plus grandes desolations.] Souuien-toy de sa Iustice,] mais plus encore de sa misericorde. Aye souuenance de ses mammelles dõt le laict est meilleur que le vin] fumeux des delices passageres. Souuien-toy sur tout du souuenir que i'ay de toy, car quand la mere oublieroit son enfant, & la fille ses parures, si ne puis-je t'oublier:] parce que ie t'ay escrite en mes mains.] Eutrope, vne Ame qui par ses pechez a perdu la saincte amour de Dieu, tõbe aisément en cét oubly, & de Dieu, & de soy-mesme, & de son salut: pareille à vne fille effrontée, qui ayant fait banqueroute à son honneur, ne se soucie plus ny de sa reputation, ny de sa race, ny de la gloire de sa naissance: ayant essuyé toute pudeur, & puis vn front impudent qui n'est plus capable de rougir de honte. Mais vne Ame qui a tant soit peu d'amour de Dieu, se retourne aussi tost vers son Nort, comme l'aiguille frottée d'aiman, & dit à Dieu, Non Seigneur, iamais ie n'oublieray vos iustifications; car par elles vous m'auez donné la vie.] Si ie t'oublie iamais, ô chere Hierusalem,

lem, ô celeste grace, que ie m'oublie de ma droitte, que ma langue s'attache à mon palais,] & que ie perde la souuenance de moy-mesme.

Quant à l'autre deffaut qui donne dans l'autre extremité, qui est d'auoir trop de souuenirs ou pernicieux, ou inutiles. Il arriue lors qu'vne memoire se charge de trop de soins superflus des choses de la terre; figurez par ces espines de l'Euangile qui suffoquent la bonne semence. Alors il luy aduient comme aux abeilles, dont la mesnagerie est embarassée par les toiles des araignées qui filent autour de leurs ruches. O combien ces soins-là sont-ils importuns & fascheux! certes, dit S. Augustin, ils sont comme la glus aux aisles de nos desirs, & ils les empeschent de s'esleuer aux choses eternelles:] Et c'est cét empeschement de Marthe se troublant de beaucoup de choses, que nostre Seigneur reprend.] Ce n'est pas qu'il ne faille auoir soin des affaires iustes & necessaires, puisque l'homme est nay pour trauailler, comme l'oyseau pour voler.] Non, car ces emplois sont non seulement selon Dieu, mais encore pour Dieu, si nous les sçauons bien appliquer. Mais ie parle de ceux qui par vn excessif desir de s'aduancer se surchargent d'affaires vestus & reuestus,] de sorte qu'ils en sont accablez,] & leur me-

K

moire comme suffoquée de cette multitude de diuers soucis. N.B.P. Eutrope, monstre fort bien au dixiesme Chapitre de la troisiesme partie de sa Philothée, de quelle façon il se faut conduire au maniement des affaires, & au dernier liure de son Theotime, il fait cognoistre que les occupations legitimes aident pluſtoſt qu'elles ne trauersent le chemin de la vraye Pieté. Vous apprendrez en ces deux endroits à bien regler vostre memoire, & à la releuer du deffaut que ie viens de vous faire voir. Il y en a vn autre touchant la multiplicité des idées dont nous la remplissons, c'est lors que nous sommes plus curieux des nouuelles de ce monde, que de celles de l'autre, de ce qui se passe en terre, que de ce qui est au Ciel: & ainsi nous nous remplissons de vent, d'où naissent des coliques en nos esprits, & quelquesfois des humeurs melancoliques, selon les passions des partis que nous y espousons, & la diuersité des succez qui les troublent. Il arriue de là que comme vn estomac surchargé de viandes, demeure indigeſte & affligé de cruditez, aussi la memoire est inquietée de tant de differentes especes dont elle s'est remplie. Le remede de cela est d'imiter la Tortuë, & de se retirer sous sa coquille, pensant à ses affaires interieures, pluſtoſt qu'à

INTERIEVRE. 219

celles qui ne nous touchent point, ce que ie dy pour ceux qui menans vne vie priuée & retirée, ne sont point appellez au gouuernement des affaires publiques: dont il faut laisser le soucy & à la Prouidence de Dieu, & à la prudence de ceux que Dieu a establis en sa place en la terre pour conduire les hommes.

Il y a encore vn autre excez de memoire qui est communément loüé, & neantmoins qui est & nuisible & blasmable. Il est de ceux qui sont si aspres à se mesler des sciences, & si gourmans de diuerses cognoissances, qu'ils passent les iours, & les nuits sur les liures, tousiours apprenans & n'arriuans iamais ie ne diray, ny à la science de la verité, ny à la verité des sciences,] mais au but où ils pretendent, qui est d'assouuir leur desir, parce que leur esprit s'ouurant & s'estendant à mesme qu'il se remplit, sa capacité se trouue tousiours plus grande que ce que l'on y verse, & ainsi au milieu de l'abondance qui suffoque & leurs memoires & leurs entendemens, ils demeurent froids & secs en la volonté, pareils à ces plantes qui sechent dans la trop grande quantité des pluyes. Le remede de cét excez si commun aux gens d'estude, & de longue speculation, c'est de chercher le Dieu de scien-

K ij

ce,] celuy qui donne aux hommes la vraye science,] & cette vraye science est celle des Saincts,] celle qui apprend la vraye saincteté qui consiste en la Charité qui edifie non au sçauoir qui enfle.] En cette science souuent les apprentifs, pourueu qu'ils ayent bonne volonté, sont les Maistres, & les plus ignorans aux actes & sciences humaines y sont les plus experimentez, tesmoin ce beau mot de sainct Augustin, Les ignorans rauissent les Cieux, (& ce qui est bien plus admirable, rauissent le cœur du Dieu des Cieux) tandis que les Doctes, sçauans comme des demons, descendent aux abysmes auecque toutes leurs cognoissances. O Eutrope, c'est icy qu'il faut n'estre pas trop sage, mais l'estre sobrement.] Plusieurs, dit S. Bernard sçauent beaucoup de choses, & ne se sçauent pas eux-mesmes. Beaucoup sçauent le cours des Astres, & ignorēt ce qui se passe en leur interieur qui est tout desreglé; d'autres sçauent toutes les loix humaines, & sont ignorans en la Diuine, en cette loy immaculée qui conuertit les Ames, & qui rend sages les moindres esprits,] mais d'vne sagesse d'enhaut, non de celle d'embas, terrestre, animale, diabolique.] Heureux celuy qui retient son esprit en ses mains, qui donne des bornes à ses desirs, & qui pour dire auecque l'Apo-

INTERIEVRE.

stre, qu'il ne veut sçauoir en ce monde que IESVS Crucifié.] Celuy-là ne surcharge pas sa memoire de choses inutiles & superfluës qui en doiuent estre retranchées, tout ainsi que les pampres sont ostez d'vne vigne que l'on ébourgeonne, afin qu'elle rende plus de fruict.

Il y a encore vn autre excez de memoire, c'est lors que nous nous souuenons des fautes d'autruy, ou de nos bonnes œuures. En quoy pecha ce Pharizien qui reprochoit à la Magdelaine ses fautes passées, & celuy qui disoit, Ie ne suis pas comme les autres hommes qui sont larrons, homicides, adulteres,] & se souuenant de ses œuures exterieures disoit en suitte, Ie ieusne deux fois la semaine, ie paye exactement la dixme, & ie fay vne exacte restitution du bien d'autruy. Pauure homme qui voyoit les actions d'autruy & les siennes auecque de fausses & trompeuses lunettes. Il ne faudroit que reciter cette sottise pour la refuter : mais parce qu'vn sage Medecin ne mesprise aucune maladie, nous guerirons celle-cy par son reuers, en disant qu'en fait de iugement il nous est deffendu en l'Escriture de iuger de personne, estant vn cas reserué à Dieu, & nous est recommandé de nous iuger nous mesmes, si nous ne voulós estre iugez] au Tribunal diuin, où la faueur

K iij

n'a nul accez. Et toutesfois nous faisons ordinairement le contraire, parce que nous ne faisons que censurer les fautes & imperfections d'autruy, sans r'entrer en nous mesmes pour iuger les nostres, & nous en corriger. De la mesme sorte nous n'auons que trop de memoire pour nous souuenir ou des fautes d'autruy, ou des offences qui nous sont faites, encore que nous deussions par le deuoir de Charité oublier les vnes & les autres, & nous grauans nos bienfaits sur les marbres, sonnans de la trompette aussi tost que nous faisons quelque bien, l'exposans ainsi au pillage de la vanité, comme fit Ezechias ses tresors pour les auoir monstrez mal à propos. Au lieu que nous les deurions tenir pour vn rien, par humilité, & nous estimer seruiteurs inutiles, & les oublier comme faisoit ce grand Roy, selõ le cœur de Dieu qui disoit, Voilà ie dy, que ie commence maintenant] à seruir Dieu. Et le grand Apostre quoy qu'il eust plus trauaillé qu'aucun autre,] & fait mille merueilles pour le seruice de son maistre, disoit neantmoins qu'il s'estendoit aux choses qu'il auoit deuant les yeux, oubliant celles qui estoient derriere ses espaules,] & bien qu'il courust non à l'incertain, & qu'il combatist non comme escrimant en l'air, toutefois il declare qu'il ne croyoit estre ar-

INTERIEVRE. 225
riué à aucun degré de perfection. Tel estoit le sainct oubly de cét homme diuin, qui ne viuoit plus en soy, mais en son vnique Maistre, pour qui seul il estimoit toutes choses fange & ordure.] O parfait oubly, combien es tu plus excellent que toute memoire. Mais, Eutrope, en oubliant ainsi pour l'amour de Dieu tout le bien que vous ferez, ou pluftost tout le bien que Dieu a fait en vous par sa grace, & où vous auez vne part si petite, & si peu considerable, qu'il vous souuienne de cét adorable oubl~ du Sauueur, qui aiāt pour nostre salut souffert vne mort extreme en douleurs, & en ignominies, deux iours apres sa glorieuse Resurrection ne s'en souuenoit presque plus, lors que les deux Pelerins d'Emaus luy parlans de ses souffrances sans le cognoistre, il leur dit; Quelles souffrances. O Charité infinie, dont les eaux des douleurs n'ont pû esteindre les flammes, ie ne m'estonne pas si vostre amour vous a fait si tost oublier tant d'affronts, d'outrages & d'ignominies, puifqu'au milieu de tous ces orages, & parmy les tourmens de la mort, vous demandiez à vostre Pere, qu'il pardonnast à ceux qui vous crucifioient, excusant leur horrible cruauté par leur ignorance. Mon Ame apres vn tel exemple sans exemple, de patience, d'amour, & de debonnaireté, te

K iiij

souuiendras-tu des iniures que tu reçois d'autruy, & mettras-tu en ligne de compte les froids & chetifs seruices que tu rends à ce cher & inimitable Sauueur. Desormais, ô ma memoire, il faut noyer dans la fontaine, ou le fleuue d'oubly, toutes les pensées & les pretensions du monde, & iurer vn sainct diuorce contre ces vanitez. Il faut se purger de ce vieil leuain,] il faut essayer d'apprendre l'art d'oubly, que le Pere des Stoiques preferoit à celuy de memoire, pour se faire quitte de beaucoup d'idées qui troubloient la tranquillité de son esprit. Oubly sacré que le grand S. Augustin dit auoir esté donné à son cher Alipius, pour ne se souuenir plus des attraits de la chair & du siecle; mais qui ne fut pas donné au grand S. Hierosme persecuté en sa vieillesse, & dans les deserts du souuenir des pompes & des dames Romaines qu'il auoit veuës en sa ieunesse, afin que sa vertu se perfectionnast dedans l'infirmité.] Oubly sainct & desirable, où le Roy des cœurs appelle vne Ame quand il luy dit par son Prophete Roy: Escoute ma fille & voy, oublie ton peuple, & la maison de ton pere, & alors ie cheriray ta beauté,] & tu seras agreable à mes yeux. Mais tandis que ie vous exhorte à cét oubly si recommandable, gardez vous bien, Eutrope, de tomber dans celuy de vos pechez & imperfections: car c'est à quoy il faut que vous pensiez sans cesse en l'amertume de vostre Ame] afin que dans vos desloyautez, & vos ingratitudes, vous esleuiez vn trophée à la diuine misericorde, qui a eu sur vous tant de longanimité & de patience. Cela s'appelle comme Acan confessant son peché, donner gloire à Dieu:] ce que faisoit le grand Psalmiste quand il disoit, Ie confesseray contre moy-mesme mon iniustice au Seigneur:] & encore voilà ie cognoy mon iniquité, & mon peché est tousiours deuant moy. O Dieu i'ay peché contre vous seul, & i'ay fait mal deuant vous, afin que vous soyez iustifié en vos paroles, & que vous demeuriez victorieux lors que vous iugerez. Voilà quelques remedes particuliers, mais ie vous en veux monstrer quelques generaux pour

La Reformation de la Memoire.

Chap. XXX.

IE vous remarqueray sommairement, Eutrope, deux grands moyens pour appliquer cette Puissance de nostre Ame à son droit vsage. Et ie dy sommairement, parce que ce n'est pas mon dessein de me respādre au large dans le champ qu'ils me presteroient, si ie voulois m'y arrester, ainsi que vous cognoistrez facilement quand ie vous les auray fait voir. Le premier moyen de tenir nostre memoire arrestée en Dieu, son bien & obiect souuerain, c'est de se rendre familier par vn frequent exercice la vertu d'Esperance, l'vne des trois que l'on appelle Diuines ou Theologales, parce qu'elles ont Dieu immediatemēt pour obiect. Car bien que selon S. Thomas elle soit en la volonté comme en son sujet, si est-ce que quant à son acte, elle semble estre attachée à la memoire, parce que pour esperer en Dieu il faut necessairement l'auoir en son souuenir. Mais laissons ses subtilitez à l'Escole: & disons que cette vertu est entre deux voyes, comme cette Colombe du Psalmiste qui a des aisles argentées, & l'extremité du dos de couleur d'or,] parce qu'elle est au milieu de la Foy & de la Charité, n'estant vraye & solide qu'autant qu'elle a de creance & d'amour, ô qui nous donnera ces aisles de Colombe pour voler en Dieu, & nous y reposer.] Certes ceux qui esperent en Dieu changeront de force (parce que leur vigueur naturelle sera aidée de celle de la grace qui est surnaturelle), & prendront des aisles d'Aigle pour voler sans s'abbatre.] A raison dequoy le grand Apostre parlant de cette vertu aux Hebreux, l'appelle l'anchre ferme & asseurée, qui meine la nauire de nostre Ame iusques à l'interieur du voile,] c'est à dire iusques au port de salut. Comme s'il disoit que nostre memoire est comme vn vaisseau chargé de toutes les marchandises des autres facultez de nostre Ame, & qu'elle la fait surgir à l'abry dans vne havre bien seur. C'est à cette vertu si necessaire à nostre bonne conduite, que l'Ecriture donne tant de loüanges, dont voicy des eschantillons. Le Seigneur, dit le Psalmiste, sauue ceux qui esperent en luy;] il est le Protecteur de tous ceux qui esperent en sa bonté,] ils y esperent, & ils ne sont point confondus,] parce que ceux qui iettent en luy leur esperance, sont enuironnez de sa misericorde.] O que bié heureux est l'homme qui espere au Seigneur,] son cœur est tousiours prest d'esperer en luy, & c'est en cela que consiste toute sa force.] Et Salomon appelle celuy-là heureux qui a mis en si bon lieu son esperáce,] parce qu'il est le bouclier de ceux qui esperent en luy.] C'est luy, dit Daniel, qui sauue ceux de qui il est l'espoir.] S. Paul, nous nous glorifions en l'esperance des enfans de Dieu,] la tribulation fait l'espreuue, l'espreuue engendre l'esperance, &

cette esperance ne confond point.] Nous sommes sauuez par l'esperance,] Que le Dieu d'Esperance vous remplisse de joye, afin que vous abondiez dauantage en la Vertu d'espoir.] Iesvs-Christ est en nous l'Esperance de la gloire.] L'espoir est le heaume de salut.] Nous attendons la bien-heureuse Esperance de l'aduenement du grand Dieu,] Qui nous a regenerez, dit S. Pierre, en vne foy viue :] Mais pourquoy entassé-ie tant de passages, puis que toute l'Escriture n'estant remplie que des proüesses diuines dont nous ne pouuons douter sans offenser celuy qui les a faites, & sur cette parole fidele & digne d'estre receuë auecque toute confiance] nostre esperance est fondée. Or le vray moyen d'aggrandir & dilater nostre espoir & de faire croistre cette Vertu en nous, c'est l'vsage frequent des oraisons appellées iaculatoires, ou aspirations, car qui aspire souuent à Dieu son Souuerain bien, espere sans doute beaucoup en luy, & qui espere beaucoup l'a presque tousiours en sa memoire, & quelle plus grande perfection peut auoir nostre memoire, que d'estre remplie d'vn object si excellent? O Seigneur, disoit Dauid, i'exhaleray sans cesse la memoire de vostre suauité, & i'esleueray par mes loüages vostre adorable Iustice.]

INTERIEVRE.

Mais le second moyen de perfectionner noftre memoire & de la mettre en vne droicture semblable à celle des Anges & des ames Bien-heureuses, c'eft la prattique exacte de cet exercice, tant recommandé par les Maiftres de la vie fpirituelle, qui eft celuy de la prefence de Dieu. O, Eutrope, vous iugez bien que ce fujet merite vn loifir & vn efcrit à part, & que cettui-cy eftant defia plus groffi que ie ne m'eftois propofé, ie ne puis l'enfler d'vne ample digreffion fur vn fujet fi notable fans luy ofter beaucoup de fa brieueté. Ie me contenteray feulement de vous renuoyer pour plus ample inftruction aux amples traittez qu'en ont faits ces excellens Efcriuains des chofes interieures les PP. Arias, Rodriguez, & du Pont de la Compagnie de IESVS admirables en tout ce qui fort de leurs plumes, comme auffi à ce peu mais tres-bon qu'en a dit N. B. P. au chapitre fecond de la Deuxiefme Partie de fa Philotée, & mefme, fi i'ofe fuiure les traces de ces rares hommes, à ce que i'en ay tracé dans ma Direction à l'Oraifon mentale. Mais pour ne vous laiffer point aller tout à fait à ieun d'vn exercice fi digne d'eftre goufté, permettez que ie vous en face faire les effays en la veuë des recommandations que l'Efcriture facrée nous en fournit. Cherchez le Seigneur, dit le Prophete Roy, & soyez fortifiez, cherchez tousiours sa face.] Et le mesme : Ie consideray tousiours le Seigneur deuant moy, car estant à ma droitte ie ne puis estre esbranlé.] Si ie m'esleue au Ciel le Seigneur y est, si ie descends en Enfer ie l'y trouue, que i'aille aux extremitez de la mer ie ne puis eschapper de ses mains] C'estoit autrefois vne façon de parler assez en vsage, le Seigneur est viuant en la presence de qui ie suis.] Tobie disoit que Dieu consideroit ses voyes & nombroit ses pas,] Dieu, est-il dit aux Actes, n'est pas loin de nous, puis qu'en luy nous viuons, nous nous remuons, & nous sommes.] C'est le chemin par où Dieu mena son amy Abraham à la perfection quand il luy dit, Marche deuant moy & sois parfaict.] Salomon y vise quand il vous aduise de penser à Dieu en toutes nos voyes, afin qu'il addresse nos pas :] Le bon Tobie enseigne à son fils pour euiter tout peché d'auoir Dieu en sa memoire tous les iours de sa vie.] Ce fut le souuenir de cette diuine presence, qui fit resoudre la chaste Suzanne à toute extremité plustost que de pecher deuāt les yeux de Dieu.] Le Sage appelle Bien-heureux celuy qui marche en Iustice, pensant en soy mesme que Dieu le regarde de toutes parts] Et asseure qu'il a cogneu par experience

INTERIEVRE.

que c'eſt vne bonne choſe à ceux qui craignent Dieu, d'adorer, reuerer, & redouter ſa preſence. Cet exercice embraſſe toutes les voyes de la vie de l'eſprit, car il purge des pechez, il porte le flambeau en l'acquiſition des vertus, & il vnit parfaittement l'ame à Dieu. Si bien qu'il eſt vtile en la purgatiue, aux commençans, en l'illuminatiue aux profitans, & en l'vnitiue aux auancez. Mais c'eſt aſſez de cecy, Eutrope, pour vous en donner le gouſt, allez raſſaſier voſtre ſoif aux ſources que ie vous ay monſtrées; & vous ſouuenez que cet Exercice depend d'vne memoire continuelle de cette diuine Preſence, & que cette faculté de voſtre ame, & par elle tout voſtre eſprit pouſſeroit bien auant dans la perfection ſi vous eſtes en ce ſainct employ exact, diligent, & fidelle. Mais c'eſt aſſez parler de la Reformation de ce ſecond eſtage de noſtre ame qui comprend les trois Puiſſances de l'entendement de la memoire & de la volonté. Il eſt temps que nous deſcendions au troiſieſme, qui eſt le ſeiour.

De l'Appetit sensitif.

Chap. XXXI.

NOstre ame, Eutrope, bien qu'vnique & indiuisible & respäduë de telle sorte par tout nostre corps, qu'elle est toute en tout, & toute en chaque partie, a neantmoins beaucoup de diuerses facultez, ainsi que nous auons deduit lors que nous auons parlé de son œconomie. Or ces facultez sont ou sensitiues ou raisonnables, & purement spirituelles : nous venons de traitter de celles-cy, & il nous reste à considerer les autres, où le desreiglement est d'autant plus grand, qu'elles sont plus voisines du sang & de la matiere, & par consequent plus susceptibles de desordre & de corruption. Sans le secours de la Philosophie & de la Theologie ce Chaos ne se pourroit desbroüiller, & on ne pourroit se desueloper de ce labyrinte, mais auecque ses deux lumieres aidées de celles de la grace, on peut se conduire dans les tenebres qui sont sur la face de cet abysme. Disons donc, Eutrope, que nostre ame a deux parties, l'vne superieure & raisonnable, l'autre inferieure & senfuelle. Par l'vne nous viuons vne vie Angelique & celeste, par l'autre vne vie animale & terrestre. Chacune de ces parties est partagée en deux portions. La superieure a vne portion sublime, qui est la cime, la pointe ou la fleur de l'esprit, ou le centre & fonds de l'ame. Car elle est appellée de tous ces noms là, & la portion des puissances qui comprend les trois facultez de l'Entendement, de la Memoire, & de la Volonté. La partie inferieure a aussi deux portions, dont l'vne s'appelle Appetit, qui se diuise en deux branches, qui sont le concupiscible & l'irascible. Et l'autre portion infime & plus basse est celle des sens tant interieurs qu'exterieurs. Or cette seconde partie auecque ses deux portions est entierement subordonnée à l'autre, selon ce qui est escrit sous toy, (c'est à dire sous ta raison) sera ton appetit & tu le gouuerneras, comme vn maistre son seruiteur, vn mary sa femme, vn Roy ses suiets, vn Capitaine ses soldats, vn Cheualier son cheual, vn pere de famille sa maison. Ce double appetit & les sens interieurs & exterieurs sont comme vn chariot à quatre roües dont la raison est le conducteur, & comme le chariot d'Israël dont Elie estoit le gouuerneur. Mais il arriue souuent que cet appetit rebelle se reuoltant contre la raison l'entraine apres ses passions, comme S. Philippe fut emmené dans le carrosse de l'Eunuque de la Royne de Candace, & Iehu dans celuy de Ionadab, d'où vient cette malheureuse metamorphose de tant d'hommes en bestes pareille à celle de Nabuchodonosor, c'est à dire de ce qu'il y a tant d'hommes animaux] & sensuels ignorans des choses de l'esprit,] dont le ventre est le Dieu] & qui vont apres les desirs nuisibles] de leurs sens, qui les precipitent dans leur ruine.] Mais aussi lors que l'esprit raisonnable a vne fois l'ascendant sur les rebellions & les aueuglemens du sens, comme il est en toutes les ames vertueuses & bien reglées : Alors la partie superieure commande auecque iustice aux facultez de l'inferieure, à la façon du bon Centenier de l'Euangile qui disoit à l'vn des soldats de sa compagnie, fay cela, & il le faisoit; va, & il alloit; vien, & il venoit: les rangeant en vn si bon ordre, qu'alors l'ame paroist comme cette Sulamite du Cantique, pareille à vne armée mise en bataille & disposée en belle ordonnance,] & les passions de l'appetit auecque les sens ressemblent à des cœurs de combattans & à des escadrons de Chantres.] Alors l'ame raisonnable aidée de la grace peut loüer Dieu auec Dauid, & luy dire,

INTERIEVRE.

Beny soit le Seigneur qui enseigne mes mains au combat, & dresse mes doigts à la guerre, & qui range mon peuple sous moy.] Certes, Eutrope, si nous auions redressé nostre partie superieure selon le modele que i'ay tasché de vous monstrer, nous aurions tellement estably son empire que nous n'aurions que faire de passer outre à la visite & au reglement de la partie inferieure, parce que son commandement seroit si doux & si puissant, que comme il n'y auroit rien de si puissant que sa douceur, il n'y auroit aussi rien de si doux que sa force. Que le Roy, dit cet Ancien, veuille les choses honnestes, tous ses suiets voudront l'honnesteté : parce que le peuple est vn poulpe, & comme cét animal prend les couleurs des rochers où il s'attache, aussi les inferieurs se parent des liurées vicieuses ou vertueuses des superieurs, d'où naist cette maxime dont l'experience fait connoistre la verité, que le vulgaire muable n'a point d'autre reigle de ses actions que les deportemens de son Prince, pensant faire par raison ce que l'exemple luy fait produire. Si donc tout alloit bien en la partie superieure & dominante, tout se passeroit reiglément & moderément en l'inferieure & obeïssante, parce que les reuoltes des suiets n'arriuent que par les deffauts du gouuernement: Ainsi que les chariots ne versent que par la mauuaise conduite: Il n'y a beste si farouche qui ne s'appriuoise par vn bon traittement, ny appetit sensitif si desordonné qu'vne ame iuste ne rameine à la raison par vn empire moderé. Et comme l'on a trouué l'industrie de rendre doux les Amandiers qui ne produisent que des fruicts amers, en les perçant par le pied; aussi vn bon & sain iugement & vne volonté resoluë au bien, sçait si bien mortifier la partie animale & sensible, qu'elle est renduë douce & traittable; ce cheual rebours se rangeant auecque le caueçon & la bride, si la baguette ne suffit. Mais depuis que la partie inferieure est soumise & rangée à son deuoir, alors on peut dire qu'elle est entée en la bonne oliue,] & que le greffe de la raison enté sur ce tronc sauuage produit des fruicts doux & suaues au goust] de Dieu & des hômes. A n'en point métir, Eutrope, si nous auiôs bien muni la citadelle de la pointe de nostre esprit, & la cité des puissances de nostre ame, nous n'aurions que faire des fauxbours de la partie inferieure, & nous nous mocquerions de tous les rauages que nos ennemis y pourroiêt faire, parce que le fort principal seroit en seureté. Nous pourrions dire côme Sara à Abraham, chasse la seruăte qui est la sensualité, & son fils qui est l'appetit. Mais comme ce n'est pas assez qu'vn Tableau soit bien fait, ou bien remis en couleur, si nous n'auons encore soin de l'enchasseure; aussi ne suffit-il pas d'auoir remis la partie superieure & principale en sa iuste assiette, si encore nous n'auons attention à l'inferieure ou accessoire, qui nuit ou sert beaucoup à l'autre. C'est donc à cela qu'il nous faut trauailler par le menu, quoy que beaucoup plus legerement que sur la precedente partie beaucoup plus importante. Voyons donc en detail

---

Les passions de l'appetit concupiscible, & de l'irascible.

CHAP. XXXII.

Nostre appetit sensitif se partage en deux pieces, qui contiennent en elles diuers mouuemens, que l'on appelle passions. Ces deux cauernes d'où sortent tant de vertu, qui font des tempestes & des orages en nostre Ame, se nomment la concupiscible, & l'irascible, à qui quelques Philosophes donnent diuers sieges, mettons celle-là au cœur, & celle-cy au foye: d'autres mettent tous les deux appetits au cœur, estant asseuré que c'est le cœur qui conuoite, & que la colere est vn bouillonnement du sang autour du cœur. Voyla quant à leur siege : Pour le regard de ce nom de Passions il est tiré de ce que ces mouuemens, que nous allons representer, font de fortes impressions & au corps & à l'ame, si bien que l'vn & l'autre patit ou souffre de cela quelque changement ou alteration. Entant que cette impression esmeut le corps, elle s'appelle simplement Passion : mais quand elle trouble l'ame, l'inquiete, & l'agite, elles se nomment par les Latins Perturbations.

Leur Object est le Bien & le Mal, celuilà considere pour l'acquerir, celuy cy pour le repousser, ce que nous cognoistrôs mieux par le denombremét & la monstre generale de ce Regiment de mauuais Garçons. L'Appetit concupiscible en a six qui sont l'Amour, la Haine, le Desir, l'Auersion, la Ioye & la Tristesse. L'Irascible en a cinq, qui sont l'Esperance, le Desespoir, la Hardiesse, la Crainte, & l'Indignation. Si nous considerons le Bien ou le Mal simplemét & tel qu'il est en soy, celuy-là nous excite à l'Amour, cettuy-cy à la Haine. Si nous le cognoissons côme absent, de cette cognoissance naist le desir du Bien & l'auersion du

Mal: mais s'il est present; alors le Bien cause la joye & le Mal la tristesse. Et voyla les champions de la bande côcupiscible. quant à l'irascible cét appetit a pour object le Bien & le Mal sous quelque image de difficulté. D'où vient que si nous considerons le Bien difficile à acquerir, mais neantmoins possible nous conceuons l'esperance d'y arriuer, mais si les obstacles sont si grãds que nous y voyons de l'impossibilité en cette acquisition, de là naist le desespoir. Si nous preuoyons vn mal absent difficile, quoy que non impossible à vaincre la hardiesse nous anime: Si nous pensons que le mal nous arriuera nous conceuons la Crainte. Si nous nous efforçons de repousser le mal, cela s'appelle indignation ou colere. Et voyla les mouuemens de la faculté irascible. Tous les sousleuemens de l'appetit & du sens qui font tant de mutineries & de seditions en la cité de nostre interieur, se peuuent rapporter à ces vnze choses que nous venons de proposer. Et de leur distinction l'on peut cognoistre que les passions de la concupiscible regardent le bien & le mal picusement comme tels, mais celles de l'irascible le considerent comme accompagnez de quelque peine à fuir l'vn & à poursuiure l'autre.

Mais auant que nous venions au reiglement de ces mouuemens farouches : I'ay, Eutrope, quelque petit aduis à vous donner : qui est que ces passions creées de Dieu en nous, ne sont pas seulement bonnes, mais fort bonnes, selon ce qui est escrit en la Genese, qu'apres la creation Dieu faisant reflexion sur ses ouurages, vid que tout ce qu'il auoit fait estoit fort bon. Et bien qu'apres le peché de nos premiers parens, & par celuy que nous tirons d'eux par l'origine, cette partie ait esté beaucoup debilitée, si est-ce qu'elle nous est laissée auec cette inclination naturelle qu'elle a à se reuolter contre la partie raisonnable, pour nous exercer à la vaillance spirituelle, & pour nous seruir en cette guerre de la vie humaine] de matiere de combat, & de sujet de merite, de victoire, & de triomphe. Ceux qui parlent de les exterminer, & de les arracher ne sçauent ce qu'ils disent, dautant que ce seroit separer l'Ame qui est indiuisible, & qui ne peut sans peril perdre ses facultez. Aussi l'ancienne Philospohie s'est elle moquée de l'apathie ou impassibilité des Stoiques, comme d'vne chose non moins impertinente qu'impossible : & l'Eglise a condamné certains Hermites anciens qui estoient en cette erreur, qu'on les pouuoit tout à fait esteindre, & non seulement les mortifier, (ce qui est veritable, &

le prinle principal exercice des spirituels,) mais les faire mourir, ce qui est si dignement traitté par N. B. P. au troisiesme chapitre du premier liure de son Theotime, qu'il me suffit, Eutrope, de vous y renuoyer pour ce regard. L'importance donc est de veiller si soigneusement sur ce peuple mutin des passiõs & des sens que nostre raison, qui doit tousiours estre la maistresse, n'en reçoiue point de dommage, ce que nous serons obligez de faire si nous considerons de plus pres le rauage de cette guerre ciuile de nostre interieur, qui n'est autre que

Le choc des deux parties de l'Ame Superieure & Inferieure.

Chap. XXXIII.

Nous auons expliqué icy dessus comme il y a deux volontez en la partie raisonnable, & monstré qu'il n'y a pas à proprement parler, de volonté en la partie inferieure & sensitiue de nostre ame, mais seulement des mouuemens, inclinations, passions & propensions. En quoy plusieurs se mescontent en parlant des choses spirituelles, lors que traittans de

L

la Rebellion & du Combat qui se fait en nous entre les deux parties de nostre Ame superieure & inferieure, raisonnable ou sensitiue, ils disent que la volonté inferieure entendant celle de l'Appetit sensitif qui n'en a point, (si ce n'est quelque image de volonté, qui doit pluftost porter le nom de desir ou d'inclination) est contraire & opposée à la volonté superieure, au lieu qu'ils deuroient vser du nom de Parties qui vraiement sont en contraste & contrepointe l'vne & l'autre. Or le duel de ce Geant audacieux, de ce Philistin arrogant & incirconcis, qui est nostre Appetit, contre Dauid, qui est nostre esprit armé de la simple fonde du fond de l'ame, & de trois pierres des trois Puissances, se forme de cette façon. Les sens exterieurs ayans seduit les interieurs par de faux objects qui ont apparence de Bien, representent ces idées aux Passions de l'Appetit sensitif qui se portent aussi tost sans beaucoup de discernement, à la recherche de ce faux Bien, ou à la fuitte du mal faussement representé, sans consulter leur oracle, qui est la Raison, dont la residence est en la partie superieure de l'ame à qui elle donne le nom de Raisonnable. Que si l'entendement à qui il appartient de discerner le vray du faux, descouure leur embusche, il aduertit aussi tost la volonté comme vne vigilante sentinelle de prendre garde & d'euiter vne surprise, & comme c'est à cette faculté Regente de toutes les autres, de ranger à leur deuoir tous ces mouuemens aueugles & brutaux de l'Appetit sensuel, si elle se trouue en estat de leur resister, elle leur fait teste, & de ce contraste vient la reuolte & la mutinerie de ce peuple factieux & remuant contre son chef, & les caprices de ce cheual plein de fougue côtre l'Escuyer qui le conduit & le dresse. Pour mieux entendre cecy nous deuons nous representer la partie superieure & raisonnable de nostre ame, semblable à cet enfant de l'Embleme, qui auoit vne aisle en vn bras qui le sousleuoit en haut, & vne pierre attachée à l'autre qui le retenoit contre terre, car d'vn costé elle desire bien fort demeurer inuariablement attachée à la diuine volonté, sçachant que sa vie en depend selon ce que dit le Psalmiste, la vie veritable est en la volonté du Seigneur] & estre inseparablement vnie à la diuine Amour, sçachant que celuy qui ne l'a pas demeure en la mort,] & que celuy qui la peut acquerir est transporté de la mort à la vie.] Mais de l'autre part elle se voit tellement attirée & allechée par l'amour brutale des sentimens que sa flamme est sur le point, contre sa

L ij

naturelle inclination, de descendre en bas à la suitte de cette fumée, ce que l'experience nous fait voir en vn flambeau fumant qui mis au dessous d'vn allumé en rameine à soy la flamme. C'est là ce pendement ou suspension d'Ame] que Iob met entre ses plus fascheuses angoisses. Car alors l'ame establie comme vn fer entre deux Aimans ne sçait auquel se rendre, mais semblable à vne nauire battuë sur mer de deux vents contraires, elle n'attend que le naufrage en vne si furieuse tempeste. Certes si elle suit l'inspiration celeste elle arriuera heureusement au port de la tranquilité & au havre de la grace, mais si elle s'abbat sous l'effort de la tentation de l'appetit selon ce qui est escrit, chacun est tenté de sa concupiscence alleché & entrainé, elle donne dans les bancs & les escueils. Dans ces cruelles agitations, Iob s'escrie, ô Seigneur, pourquoy m'auez vous mis contraire à vous & si pesant à moy mesme que ie me suis insupportable?] Voyla cette loy des membres repugnante à celle de l'esprit qui fait escrier au grand Apostre parmy ses destresses; Pauure moy & miserable, qui me deliurera du corps de cette mort?] Certes comme en la composition de l'Vniuers nous voyós vn continuel combat entre le Ciel & la

INTERIEVRE.

Terre, celuy-là dardant sur celle-cy des foudres, des grefles & des orages, & celle-cy enuoyant vers l'autre des vapeurs & des exhalaisons, & l'offusquant de ses brouïllards. Auſſi dans le petit monde il y a vne guerre perpetuelle entre la partie superieure, spirituelle, & celeste, contre l'inferieure, sensuelle & terrestre ; mais guerre perilleuse où les combats sont dangereux, & les victoires fort incertaines; car tantost l'esprit qui est prompt & vif aidé de la grace dôpte l'infirmité de la chair, & mortifie les membres terrestres. Tantost le sens pareil à ce Geant de la fable prenant des faces de son terrassement se releue si vigoureux qu'il abbat l'esprit auecque toutes ses esleuations & ses hautes penſées : tantost Iacob preuaut contre Esaü & l'esprit plus ieune en origine domine le corps son aisné : tantost Ismael abbat Isaac, & l'opprime de sorte que souuent nous ne faisons pas le bien que nous desirons & nous ne nous abstenons pas du mal que nous haiſſons,] tant la confusion est grande en cette meslée. Ce qui fait le bruit du Tonnerre, l'ardeur de la foudre & le brillement des éclairs dans la nuée, c'est la contrarieté des deux qualitez du froid & du chaud, & ce qui fait que nous souffrons tant de contrepointes & de contradictions

L iij

Pagination incorrecte — date incorrecte

NF Z 43-120-12

en nous mesmes dans les tentations, c'est le froid malheureux du peché, qui veut esteindre le feu de la diuine dilection, & de ce choc naissent des tourmens extremes. Mais tout ainsi que les vaillans hommes aiment les combats & les dangers où ils font paroistre leur vertu, & où ils se frayent le chemin à la gloire & à vne grande fortune: De mesme, ceux qui sont bons mesnagers de la grace font vn tel profit de ces tribulations interieures, que ce qui est pierre d'achopement aux inconsiderez, est pierre d'edification aux ames fideles & genereuses, qui sçauent luitter non seulement contre les assauts de la chair & du sang, mais encore contre les malices plus spirituelles.] Nous auons vn exemple admirable de cecy en ce vaisseau que Dieu auoit esleu pour porter aux Gentils la lumiere de son nom:] car estant si rudement tenté de l'esguillon du sens qu'il appelle vn soufflet de sathan, qu'il estoit en vne extreme angoisse, il pria Dieu plusieurs fois de l'en deliurer, mais il eut pour responce que la grace suffisoit, parce que la vertu se rend plus parfaitte dedans l'infirmité,] comme l'or se r'affine & s'espure dans la fournaise. Dequoy il fut tellement consolé & fortifié, qu'il proteste de se glorifier desormais en ses infirmitez, afin que la vertu de IESVS-CHRIST ha-

INTERIEVRE. 247

bitast en luy. Lors que Rebecca sentoit en son ventre les conuulsions qui prouenoiét du combat de ces iumeaux incompatibles qu'elle auoit en ses flancs, apres auoir tant souhaitté d'estre mere, s'il falloit, disoit elle, endurer tant de douleurs il m'eust esté meilleur de ne conceuoir point, mais quãd elle sçeut qu'elle seroit mere de deux nations, & lors qu'elle fut deliurée de ses enfans, elle oublia bien tost ses ressentimens douloureux par la joye qu'elle eut de voir sa lignée. A dire la verité dans le heurt des deux parties de nostre ame, il n'y a si resolu qui ne sente des tranchées comme d'vne femme qui enfante,] mais si la grace victorieuse du peché nous fait gouster le plaisir du triomphe, alors on se resioüit comme des moissonneurs en la recolte, & comme des soldats qui apres le hazard des armes, partagent les despoüilles de leurs ennemis.]

Or quoy que de cette bataille interieure naisse la rebellion de la partie inferieure de nostre ame, & de la resistance de la superieure, il ne faut pas pourtant, Eutrope, que vous vous imaginiez que nostre appetit sensitif, ou nostre sens soit peché. Non certes, car ce seroit vne erreur condamnée par l'Eglise. Il est bien vray que l'Apostre appelle nostre conuoitise peché, & jeune corps de peché, mais c'est parce-

L iiij

que ce foyer ou source de peché, comme l'escole l'appelle, prouient du peché originel, & par le poids de sa mauuaise inclination nous pousse & porte au peché actuel, de la mesme façon qu'Adam fut appellé Terre, parce que venant de la Terre il deuoit retourner en Terre,] Mais S. Thomas suiuy de tous les Scholastiques, nous apprend que le sujet du peché est seulement en la volonté raisonnable & non en l'appetit sensuel, (autrement les bestes qui ont cet appetit brutal seroient capables de peché, ce qui est vne absurdité manifeste,) d'où il s'ensuit que l'appetit ne peut de soymesme former le peché, si par son sentiment malheureux il n'attire à sa cordelle le consentement de la partie superieure. De sorte que nous ne pouuós iamais estre coupables, quoy que tempeste la tentation, bouleuersant la partie inferieure, & reuoltant toutes les passions & tous les sens interieurs & exterieurs, si nous ne secondons cét orage, en luy cedant volontairement. Aussi l'Apostre parlant de cette rebellion sensible nous exhorte à prendre garde que le peché ne regne point en nos corps:] notez ce mot de regner, qui marque le Regne de la volonté qui seule a le sceptre sur toutes nos facultez. De là vient cette notable distinction de tous les Theologiens entre

INTERIEVRE. 249

le sentir & le consentir, celuy-là estant de la partie inferieure, & qui simplement pris ne fait point le peché, au contraire peut estre matiere de combat, de triomphe & de merite, & celuy-cy estant le propre de la partie superieure, à qui seule il appartient de determiner les actions humaines, & de les rendre bonnes ou mauuaises. Certes l'ennemy de nostre salut a beau battre le fusil de nostre appetit sensitif auecque la pierre d'achopement de ses illusions & artifices, quelques estincelles qu'il face briller iamais le feu du du peché se prendra en nous si nostre consentement ne fournit de mèche. Si vous voulez vous esclaircir dauantage en cette matiere, voyez, Eutrope, la quatriesme Partie de la Philotée de N. B. P. & ie m'asseure que vous en aurez toute la satisfaction que vostre cœur sçauroit desirer. Et ie passe à vous faire entendre quelle est

La Difference entre les Passions & les Affections.

CHAP. XXXIIII.

IL y en a beaucoup qui blasment les Passions & les Affections, & qui trouuent ces noms là odieux, sans cognoistre ce qu'ils signifient, & sans sçauoir ce qu'ils disent ; semblables à cét Empereur Payen qui mesprisa vne excelente apologie faite pour les Chrestiens apres l'auoir leuë: à qui il fut reparty courageusement qu'il pouuoit l'auoir leuë, mais qu'il ne l'auoit pas entenduë, d'autant que s'il en eust eu l'intelligence il ne l'eust pas dédaigné. Tant s'en faut donc que les Passions soient peché (ce que nous auons monstré ne pouuoir estre d'elles-mesmes, non plus que nos sens exterieurs, quoy que souuent organes du peché & de la deshonnesteté,] comme dit l'Escriture ne sont pas peché, qu'au contraire, si elles sont soumises à la raison, & gouuernées par son ordonnance, elles sont autant d'outils des operations de la Vertu, estans mises de Dieu en l'ame à ce dessein icy. Car tout ainsi que la concupiscence qui peut conceuoir ou faire conceuoir le peché, ne peut l'enfanter] sans la volonté; comme la femelle ne peut auoir lignée sans l'vsage de son pair: aussi la volonté pour produire des actes vertueux, a besoin en diuerses rencontres de l'aide des passions qu'elle employe vtilement & raisonnablement à son seruice. De là vient que l'Escriture en tant de lieux semble attribuer des passions à Dieu, encore qu'il soit impassible, comme d'amour, de haine, d'auersion, de ioye, de repentir, de colere, & le Fils de Dieu mesme comme homme a eu de la douleur, de la tristesse, des desirs, iusques à pallir, trembler, craindre, suer le sang, ce que l'escole par respect de sa diuine personne appelle propassions plustost que Passions, d'autant que tous ces mouuemens estoient souuerainement conduits par la raison. Il est vray que la malediction que Dieu a respanduë sur la terre pour punition du peché de nos premiers parens qu'elle ne luy produiroit que des ronces & des espines, s'il ne la cultiuoit en la sueur de son visage, s'est encore respandue sur nostre partie sensitiue & terrestre, qui n'engendre de soy que des desordres, si elle n'est reglée par la raison. Mais aussi comme les bons mesnagers de la campagne se seruent des espines pour conseruer leurs terres &

leurs plantes, & à plusieurs autres bons vsages: de mesme celuy qui en soy mesme entend l'agriculture de Dieu peut se seruir vtilement des broussailles de ses passions & de ses sens, en les reduisant au seruice de la vertu, ou plustost du Dieu des vertus.

Et à mon gré vne des meilleures industries pour venir à bout d'vn si bon dessein, c'est de changer autant qu'il nous est possible nos Passions en Affections. Voicy ce que ie veux dire. Ces vnze mouuemens de l'appetit sensitif que nous auons representez sont en pareil nombre & de semblable nom dans l'appetit raisonnable que nous appellons volonté, maïs auecque cette notable difference que ceux là sont appellez Passions qui n'ont rien que de sensible, & qui nous sont communs auecque les animaux : Mais ceux cy qui sont dans la partie superieure & raisonnable, s'appellent affections qui sont blasmables ou loüables selon l'abus ou le bon vsage qu'en fait nostre volonté. De plus ces affectiós ont des objets beaucoup plus nobles que n'ont les passions, qui toutes plongées dans la lie des sentimens, ont ie ne sçay quoy de bestial, de vil, & de raualé. De sorte que les Stoïciés qui haïssoient & nioient les passiós affectás l'Apathie par vne sagesse impossible, dót S. Augustin se moque gracieusemét, recognoissoiét neātmoins, & estimoiēt les Eupathies ou bōnes affectiōs, dont ils vouloiēt qu'on aimast la vertu, la republique, la science, qu'on haist le vice, qu'on esperast l'honneur, qu'on desesperast d'euiter la mort, qu'on desirast la science : & ainsi des autres affections gouuernées, reglées, & moderées par la raison. Quand i'ay donc dit qu'il seroit bon pour regler nos passions, que nous les changeassions en affections, ie n'ay pas entendu que l'on abolist les passions pour n'auoir que des affections Stoïques, non certes, car ce seroit au lieu de moderer l'appetit sensitif le destruire, & au lieu de le mortifier luy donner la mort. Mais i'ay voulu dire qu'il falloit pour bien regler cette premiere portion de la partie inferieure de nostre Ame, appellée appetit sensitif, luy donner la mesme loy par prudence, que les affections ont de leur nature, & les soumettre tellement à la partie raisonnable, qu'elles semblassent, comme Abacuc, transportées par les cheuaux de leur siege grossier & materiel, en vn autre plus iuste & plus espuré de sang & de matiere, comme est celuy des Puissances de l'Ame. Les passions ce sont des armes, nuisibles entre les mains d'vn furieux, mais excellentes & vtiles en vne personne habile, addroite, & iudicieuse. O ! les beaux coups que fait vne bonne espreuue en vn bon bras. Certes la volonté en la poursuitte des vertus, fait vne aussi belle conqueste lors qu'elle est aidée des passions, qu'vn Chef de guerre produit de beaux effects quand il est obey par de bons Soldats: quel gibier eschappe deuant vn chasseur qui a vne bonne meute, & qui ne prend point le change. Mais à propos de change, il me semble, Eutrope, que ce qui abuse ceux qui parlent de la contradiction de la volonté inferieure, (entendans l'appetit sensitif) à la volonté superieure, qui est dans les Puissances, prouient de ce qu'ils ne prennent pas garde à la difference qui est entre les passions & les affections, s'imaginans que celles-là soient attachées à la volonté comme sont celles-cy, dont la residence est dans l'appetit superieur & raisonnable. Et de cette sorte ils parlent de la volonté inferieure rebelle à la superieure, confondans ce mot de volonté, & celuy de partie. Or il est vray que souuent il y a du combat entre les passions sensibles, & les affections raisonnables, ce qui a fait dire au grand Apostre, que la chair entendant la passion sensitiue, fait la guerre à l'esprit, c'est à dire à la raison, & l'esprit combat contre la sensualité. Ce qui est figuré par les deux Adams le vieil & le nouueau, l'vn terrestre l'autre celeste, l'vn sensible, l'autre spirituel, l'vn remply de mauuaises inclinations, l'autre tendant à la saincteté & à la Iustice,] l'vn suiuant les appetits de son Eue, qui est la conuoitise sensuelle; l'autre ayant pour guide la sagesse du Ciel, & le flambeau de la droitte raison. Raison qui sert de filé d'Ariadné dans ce labyrinthe de passions & d'affections où plusieurs s'esgarent, & sont deuorez des monstres de la sensualité, & d'où peu comme Thesée sortent victorieux. Si vous voulez, Eutrope, cognoistre dauantage cette distinction des affections raisonnables, & des passions sensitiues; Vous pourrez consulter le cinquiesme chapitre du premier liure du Theotime de N. B. P. tandis que ie m'appresteray à vous representer en détail les testes de cette Hydre de nostre appetit sensitif, afin que nous y appliquions le fer de la raison superieure & maistresse, & le feu de la diuine dilection. Parlons premierement de

La reformation des Paſsions de l'appetit concupiſcible.

Chap. XXXV.

N'Attendez pas, Eutrope, que ie m'eſtende beaucoup ſur la deſcription, & les particularitez de nos paſſions. C'eſt vn ſujet fort ample que i'ay autrefois manié en ma jeuneſſe, & dont i'ay fait vn Traitté entier, qui fait vn des Tomes de mes Diuerſitez, c'eſt là que ie me reſpands au large dedans cette vaſte matiere, & que ie deſcouure à nud tous ces reſſorts de noſtre appetit ſenſitif. Depuis, cette plume vraymēt dorée de M. Coeffeteau Eueſque de Marſeille, mit au iour vn riche tableau des paſſions humaines, dont les traits & les couleurs ſont dignes du pinceau d'vne ſi bonne main, & ce ſujet y eſt deduit auec tant d'elegance, de netteté, & de polliſſeure, qu'il ne ſe peut rien voir, ſelon mon iugement, de plus accomply. Depuis encore le R. P. Loriot de la Compagnie de Iesvs, en ſes ſecrets moraux, a embelly & reuelé cette matiere des paſſions auec tant de doctrine, & de ſi curieuſes recherches, qu'il semble (quelque reserue que Dieu en ait faite) auoir sondé tous les cachots, & visité tous les recoins, & les replis du cœur humain. Et ie dy depuis, parce que si ces deux habiles hommes eussent donné leurs liures au iour deuant moy, ie n'eusse pas eu la hardiesse de courir auec eux en vne mesme lice. Ce n'est donc pas mon desir de retrasser icy ce qu'ils ont manié, ny de refouler leurs vestiges, moins de remascher ce que i'ay desia digeré, ny de vous presenter selon l'ancien Prouerbe vn chou cuit à deux fois. Il ne faut point passer deux fois le cizeau sur vne mesme estoffe, si l'on ne veut gaster vn habit. Voicy donc ce que ie veux faire sommairement en ce lieu, y estant obligé par la suitte necessaire de la matiere que ie traitte, c'est de vous donner vne regle generale & applicable à toutes les passions, pour les ranger au niueau d'vne iuste reformation. Ie vous l'ay desia monstrée au Chapitre precedent, & vous ay dit que c'estoit la raison, qui residante en la partie superieure de l'Ame, doit gouuerner l'inferieure où sont les passions, parce que cette sur-intendance luy appartient, comme luy ayant esté donnée de la part de Dieu, qui a dit, Ton appetit sera sous toy, & tu luy commanderas.] Mais comme ce n'est pas assez de faire voir vne regle si l'on n'en fait l'essay; c'est ce que nous allons faire par l'application particuliere de chaque passion, à vn object raisonnable, & legitime, & cela brieuement.

L'Amour n'est pas seulement la premiere de nos passions, mais encore elle est comme la racine de toutes les autres. Ce n'est pas assez de dire qu'elle est parmy ces mouuemens de nostre appetit, ce qu'vn Roy parmy ses sujets, ce que le Lyon entre les animaux de la terre, l'Aigle entre les oyseaux, le Dauphin entre les poissons, le diamant entre les pierreries, le premier mobile entre les Cieux, & le Soleil entre les Astres, mais il faut dire qu'elle est la source, ou plustost la mer, d'où toutes les autres découlent. Car ie vous prie, Eutrope, qu'est-ce que nous haïssons sinon ce qui est contraire à nostre amour? que desirons-nous que ce que nous aimons? dequoy auons nous auersion, sinon de ce qui est opposé à nostre amour? dequoy nous resiouyssons nous, sinon de la possession? dequoy nous attristons nous, sinon de la priuation de ce que nous aimons? D'où prouient nostre esperance, sinon de l'apparence d'auoir? d'où le desespoir, sinon de l'Impossibilité d'acquerir ce que nous affectionnons? d'où la hardiesse & le courage, sinon de l'ardeur de nostre amour? d'où la crainte sinon de l'apprehension de perdre ce que nous aimons? d'où l'indignation ou le zele, sinon du desir vehement de repousser ce qui est contraire à nostre amour? Vous voyez par ce denombrement que l'amour est le motif, & côme l'Ame de toutes les autres passions, & le piuot sur quoy elles tournent & se remuent. Mon amour, disoit le grand S. Augustin, c'est mon poids, ie suis poussé par mon amour par tout où ie me porte.] Car comme c'est le poids qui esbranle les choses pesantes, & qui les fait tendre vers leur centre: & comme ce sont les contrepoids qui font aller tous les roüages d'vne horloge; ainsi l'amour fait-il agir tous les mouuemens de nostre Ame. Ie dy de nostre Ame, Eutrope, entendant ses deux parties, tant la superieure & raisonnable, que l'inferieure & sensible, parce qu'encore que l'amour sensible soit enfant de nostre appetit, l'amour raisonnable l'est de la patie affectiue de nostre Ame, qui est la volonté: mais vn enfant qui estant engendré gouuerne par apres sa mere, & luy commande en la mesme façon que Bersabée fut soumise à son fils Salomon, lors qu'il fut esleué sur le trosne de son pere Dauid. Il y a cette notable difference entre nostre entendemêt & nostre volonté, que celuy-là reduit en sa puissance son object, mais celle-cy en est maistrisée : de sorte que l'vn ressemble au mary qui reçoit sa femme à ses costez, mais à condition qu'elle luy sera suiette ; mais la volonté s'appliquant à vn amour s'y assujettit comme la femme au mary : de sorte que si l'amour est sensuelle, la volonté deuiendra terrestre, si spirituelle la volonté sera de mesme : si l'amour est de Dieu, la volonté, dit sainct Augustin, sera en quelque façon diuine. Cecy est parfaittement bien expliqué, Eutrope, par N. B. P. au quatriesme chapitre du premier liure de son Theotime, où ie vous renuoye si vous en voulez vn plus ample esclaircissement. Mais pourquoy vous marquay-je ce Chapitre plustost que tout ce bel ouurage de l'amour de Dieu, où il traitte si dignement, & si exactement cẽ sujet, qu'il me semble que tout ce qui se peut dire pour la reformation, & le bon reglement de cette passion, qui est non seulement la regente de toutes les autres, mais le maistre ressort de toutes nos facultez interieures, s'y trouue en si bon ordre qu'il ne s'y peut rien desirer. Que si vous ne voulez pas aller si loin, ny parcourir sur ce poinct vne si longue lecture, sans sortir des bornes de ce liure que ie vous trace icy, prenez pour le reglemẽt de vostre amour, celuy là mesme que ie vous ay deduit assez amplement en la reformation de la volonté, puisque la volonté & l'amour ont vne telle liaison, que l'on peut dire de la volonté, que c'est la faculté qui aime, & que l'amour est le plus noble de nostre volonté. Comme donc le vray niueau de nostre volonté est celle de Dieu, sa droicture dependant absolument de sa conformité auec la diuine: Nous deuons dire le mesme de nostre amour, soit sensible, soit raisonnable, soit passionnée, soit affectueuse, & la ranger de telle sorte sous l'empire absolu de l'amour de Dieu, que nous n'aimions rien que selon Dieu, en Dieu, & pour Dieu, & par le seul motif de son amour. De cette maniere si pure & si eminente, nous n'aimerons pas seulement toutes choses selon Dieu, mais nous ne les aimerons qu'en Dieu, & pour Dieu. Ou pour mieux dire, nous n'aimerons pas plusieurs choses en Dieu, ou auec Dieu, ou conformement au bon plaisir de Dieu, mais nous n'aimerons que Dieu seul en toutes choses, & toutes choses en Dieu seul, ou plustost qu'vne seule chose qui est Dieu, en qui sont, se meuuent, & viuent toutes choses. Demandez à vne Ame arriuée à ce faiste où est le propre amour, certes elle en trouuera aussi peu chez soy que de broüillars au faiste du mont Olympe, ou en la plus haute region de l'air qui en est tout à fait espurée. Telle sera, Eutrope, la reformation de nostre amour : si nous auons le courage d'embrasser vne si digne entreprise : telle sera la victoire de nous mesmes, & de nostre amour propre, deffaitte si triomphante que les Anges l'admirent en vne Ame qui en est venuë à bout : selon que nous apprend ce motet de ioye & d'estonnement qu'ils entonnent sur elle au Cantique, quand ils disent, Qui est cette belle qui marche par le desert de ce monde, comblée de delices, & de contentemens, appuyée sur son bien-aimé,] c'est à dire, n'ayant vn cœur que pour cét vnique Amant, esleu entre les miliers. Ce reglement de nostre amour meriteroit, Eutrope, non pas seulement vn trauail à part, mais mille trauaux, puisque tous les liures spirituels, & de deuotion, & tous les traittez de la Theologie Mystique ne parlent d'autre chose. Aimez, disoit le grand S. Augustin, & faites ce qui vous plaira ;] car comme l'Escriture nous apprend, qui aime accomplit la loy,] dont la plenitude est en la dilection sacrée,] la Charité estant non le lien seulement, comme dit l'Apostre, mais le comble de la perfection.

INTERIEVRE.

Suitte du suiet precedent.

Chap. XXXVI.

SI nous auions reglé nostre amour de la façon que nous venons non pas d'enseigner (car il faudroit plus de loisir pour manier vn sujet de telle importance) mais seulement de monstrer comme de passade, toutes nos passions & affections ne seroient pas seulement en leur iuste vsage, mais toutes les parties & facultez de nostre Ame, tant superieures qu'inferieures, seroient en l'ordre le plus accomply que l'on sçauroit desirer. Mais puisqu'il n'est pas donné à tous les oyseaux de pousser leur vol si haut, contentons nous de proportionner nostre essor à nostre portée, & de regler nos passiōs par de bōs obiects. Car puisque ce sont les obiects qui esmeuuent les Puissances, il importe beaucoup à la reformation de nos passions, de ne les appliquer qu'à d'vtiles emplois. A quoy donc sçauriōs nous mieux occuper nostre passion de haine que contre les choses que la raison veritable & non abusée ou surprise, nous dicte estre vrayement & iustement haïssables? Mais quelles sont ces choses sinon celles qui sont contraires à l'Amour de Dieu, puisque nulle amour n'oste nos cœurs à Dieu que celle qui est contraire à la Charité? Mais encore quelles sont elles? Eutrope, ce sont toutes celles qui sont accompagnées de peché, puisque tout ce qui est de peché n'est point de Dieu, qui ne veut point le peché,] & qui le hait souuerainement. Exercez donc fortement & raisonnablement vostre passion de haine contre ce souuerain mal diametralement opposé au souuerain bien; & voilà le iuste employ de cette passion, & sa reformation veritable.

Donnez à vos desirs le mesme obiect qu'à vostre amour, & dites à Dieu auec le Psalmiste, O Seigneur, voilà que tout mon desir est deuant vous] qui estes tant desirable; & voilà cette passion ennoblie par le plus excellent de tous les desirables obiects: dites auec le Psalmiste, O le Dieu de mon cœur,] ô le desir de mon ame,] ô le desiré des nations,] ô la part de mon heritage eternel,] mais qu'ay-je que faire du Ciel, que veux-je sur la terre,] sinon vous seul, qui auez fait le Ciel & la terre, & tout ce qui y est compris.] Voyez pour le reglement de vos desirs le trente-septiesme Chapitre de la troisiesme partie de la Philothée de N. B. P.

Ayez

Ayez auersion de toutes les creatures, entant qu'elles vous peuuent destourner de voſtre derniere fin qui eſt Dieu, meſpriſez les d'vn meſpris raiſonnable, & ne vous en ſeruez que comme de degrez pour vous eſleuer à Dieu, car c'eſt leur vnique vſage, & ainſi vous éuiterez les pieges que l'ennemy de voſtre ſalut cache ſous ces belles fleurs, fuyez les ſerpens cachez ſous cét eſmail. L'inclination vers les choſes paſſageres, dit S. Auguſtin, eſt vne glus qui empaſte nos aiſles ſpirituelles, & nos empeſche de voler vers l'Eternité. Souuenez vous, Eutrope, que la vraye penitence conſiſte en l'auerſion de creature, & la conuerſion au Createur: cette ſeule conſideration me ſemble capable de regler cette paſſion en vne Ame raiſonnable, & deſireuſe de ſon ſalut.

Quant à la ioye, c'eſt vne paſſion quand elle eſt bien conduitte, qui met dedans nous le Royaume des Cieux,] qui eſt appellé en l'Eſcriture, La ioye du Seigneur,] car les iuſtes ſe reſiouyſſent en la gloire,] & icy bas ils ſont pleins de lieſſe au Seigneur.] Là haut les Bien-heureux ſont comblez d'vne ioye eternelle,] & icy bas la ioye eſt pour les droits de cœur,] car il eſt eſcrit que la bonne conſcience eſt vn feſtin perpetuel. Si donc nous voulons ranger cette paſſion en ſon ordre, ne nous reſiouyſſons qu'en Dieu, ſe-

M

lon Dieu, & pour Dieu, selon que l'Apostre nous enseigne. Resiouyssez-vous au Seigneur, derechef ie vous dy resiouyssez-vo⁹, pourueu que vostre modestie reluise deuant tout le môde,] & que l'excez de vostre ioye ne soit point dans le desreglement. Autremét la ioye de ceux qui ont du plaisir à mal faire,] ne dure qu'vn moment,] c'est vn feu de paille, & leur ris est bien tost suiuy de pleurs] & de mescontentemens. Que Dieu soit nostre ioye, & son amour nostre courône, & nous voilà aux fauxbourgs de la celeste Hierusalem, où les iustes se resiouyssent deuant la face de Dieu, & se delectent en luy auec vne extreme liesse,] en somme delectez vous en Dieu, & il assouuira les desirs de vostre cœur.]

Appliquez vostre passion de tristesse à la Penitence, & au iuste regret de vos pechez, & le voilà en son legitime vsage, selon la doctrine de l'Apostre, qui dit qu'elle est bonne quand elle opere la Penitence à salut, & que de cette façon elle est selon Dieu.] Ainsi vous ne vous attristerez que pour le vray mal, qui est le peché, mal si detestable qu'il est puny dans l'enfer d'vne tristesse eternelle. O Dieu, Eutrope, les beaux reglemens de cette passion que donne N.B.P. au 12. Chapitre de la 4. Partie de sa Philothée, & au dernier du vnziesme Liure de son Theotime. Là vous apprendrez à estre vrayement triste comme il faut, mais d'vne tristesse si douce, si tendre, & si aimable, que vous trouuerez que c'est se resiouyr en Dieu que de s'attrister ainsi pour Dieu, pour soy, & pour le prochain, & qu'il vaut mieux aller à la maison où l'on s'attriste de la sorte, que en celle où l'on fait grande feste,] & vous auoüerez que bien-heureux sont ceux qui pleurent de la sorte, parce qu'ils seront consolez,] d'autant qu'en allant en ce pelerinage mortel, tellement prolongé] selon l'impatience de leur desir, ils s'auancent en iettant leurs semences en pleurs, afin de faire la moisson auec vne grande ioye.]

Reglement des passions de l'appetit irascible.

CHAP. XXXVII.

Voyons maintenant la bande des passions de l'appetit irascible, & reglons les en cette monstre par vne iuste application. L'esperance marche à la teste, passion si noble, qu'elle porte le mesme nom que cette vertu Theologale, dont nous auons parlé en la reformation de la memoire. Ce n'est pas neantmoins cette diuine vertu qui est infuse par le sainct Esprit en nos cœurs: non certes, mais c'est vne passion purement humaine qui naist de l'apparence qu'il y a de pouuoir posseder vn bien desiré, mais quand par la lumiere de la raison éclairée d'vne plus grande lumiere, qui est celle de la foy, nous l'appliquons non aux choses sensibles & passageres, mais aux inuisibles & eternelles, nous la releuons par cette glorieuse à vne excellence qui surpasse de bien loin sa nature, & alors elle n'est pas seulement vne affection raisonnable, mais elle est vn mouuemét celeste & diuin. Espere en Dieu, dit Dauid à l'Ame pieuse, & fay le bien, & tu seras repeuë des richesses celestes.] O mon Ame, dit le mesme, espere en Dieu, & le louë, car il est le salut de ma face, & mon vray Dieu.] O grand Dieu que cét hôme est heureux qui espere en vous,] mais qui n'espere qu'en vous, & qui met toute sa confiance en vostre nom, sans faire estat des vanitez & des fausses folies.] Car celuy là est maudit qui se confie en l'homme, & qui met son bras sur la chair,] c'est à dire, qui s'appuye sur la fragilité humaine. Iettons donc, Eutrope, l'anchre de nostre esperance au vray port de salut, & nous ferons de cette passion sensitiue, vne affection tres-raison-

INTERIEVRE. 269

nable, & comme les Nymphes, ou moufchons des abeilles deuiennēt en fin abeilles, & font des rayōs de miel ; cette affection se changera en vne vertu diuine, qui mettra nostre repos en Dieu, cōme en sō vray cētre.

Mais à vostre auis que ferons nous du desespoir, le seul nom de cette passion fait fremir, & dire qu'elle n'est pas mauuaise, c'est offencer, ou scandalizer les oreilles du vulgaire. Non certes le desespoir qui est passiō, n'est pas mauuais, ny à reietter, non pl⁹ que la passion de haine, d'auersion, de colere, ou d'audace, parce qu'encore que ces noms s'appliquēt à de certains vices qui prouiennent de l'excez de ces passions, neantmoins quand elles sont bien reglées elles sont matiere de grandes vertus. Car qui peut nier qu'il n'y ait vne haine non seulement bōne, mais appellée parfaite] & fort recommandée en l'Escriture, telle qu'est celle qui nous fait detester l'erreur & le vice ? Qui ne dira que l'auersion du peché est vne chose diuine, puisque l'iniquité est abominable deuant Dieu?] Qui blasmera la hardiesse, aiguillon qui pousse aux entreprises genereuses ? Quant à la colere, armée d'vn iuste zele, qui ne l'estimera, puisque Dieu mesme s'en sert, ainsi que l'Escriture nous tesmoigne en tant de lieux ? Disons le mesme du desespoir, & auouions que comme

M iij

son desreglement est vne furie infernale, & vn mouuement enragé, cause des plus horribles euenemens que l'on voye sur la terre, aussi quand il est conduit par la raison & le iugement, il fait des actions heroiques, & dignes d'eternelle memoire. Ce n'est pas que ie vueille loüer vne Lucrece, vn Caton d'Vtique, vn Calanus, ces vains & iniustes meurtriers d'eux-mesmes. Mais si nous considerons que c'est cette passion affermie par la raison, & appuyée de la foy vnie, c'est à dire animée de charité, qui a fait mespriser la vie, & embrasser courageusement la mort aux Martyrs : Que c'est cette mesme raisonnable & docte passió qui peuple les Cloistres, & fait donner du pied aux vanitez du siecle, à ceux qui voyent qu'il ne faut pas mettre son esperance au móde, dót la figure & la conuoitise ne font que passer. Non, Eutrope, ne feignós point de desesperer de cette vie presente, & ne nous conformons point au siecle malin, puisque nous n'auons point icy bas de Cité, de demeure,] & puisqu'il n'y a rien si certain que la mort. Ne feignons point de desesperer de nous-mesmes, & de nos propres forces, puisque sans l'aide & la grace de Dieu nous ne pouuons rien faire,] ny auoir vne pensée cóme de nous, toute nostre suffisáce estāt de Dieu] ny mesme de proferer le nom du Sauueur, sinon par la faueur du S. Esprit.] O le sainct desespoir, qui nous fait haïr & desdaigner nostre Ame en ce monde pour la conseruer à la vie eternelle.] Et qui nous destachans des affections de cette mortelle vie, & de tout ce qui y est, met toute nostre Conuersation dans le Ciel.] Tel est le bon vsage de ce mouuemet, Eutrope, qui doit estre conduit par la Raison & par la Foy, mais il le faut conduire comme vne beste farouche auec beaucoup de prudence & de consideration, & comme le Chirurgien fait son rasoir, dont il peut faire beaucoup de bien & beaucoup de mal.

Quant à la hardiesse, autrement appellée Courage, de quelques-vns Audace, d'autres Confiance, il est vray que comme les autres Passions, elle peut donner dans les extremitez, & l'excez de celle-cy, c'est la Temerité.] Mais d'autre part, ce coursier genereux estant dressé par la Raison, comme par vn Escuyer fort adroit, peut rendre vn grand seruice à la Vertu, qui ayant pour object vn bien de difficile conqueste, a besoin de courage pour vn si glorieux dessein. Celuy qui se sert bien de cette Passió, peut faire dire de soy, qu'il monte sur ses grands cheuaux, & que son chariot est le Salut.] Ie puis tout, disoit le grand Apostre, en celuy qui me fortifie.] Ayez confiance, dit le Sauueur, c'est moy qui ay vaincu le monde.] Ceux qui ont confiance en Dieu, seront faits comme le Mont de Syon, ils ne seront non plus esbranlez de tous les efforts des tentations & des tribulations, que le faiste de cette Montagne, qui se rit des tempestes & qui deffie les orages.] Sans l'ayde de cette Passion, nostre foible Raison ne peut rien entreprendre de releué. Son deffaut, c'est la pusillanimité ou bassesse de courage, qui nous rend lasches dans les souffrances & les trauerses. Pour rendre donc cette Passion loüable, donnons luy comme aux autres, Dieu pour obiect, & nous changerons ainsi, la terre en Ciel, sa fermeté naturelle en vne magnanimité Diuine. Telle que fut celle des Martyrs, qui se sont marquez par cette Audace, sanctifiez par la foy & l'Amour, de la colere des Tyrans, armez des plus horribles supplices. O que le grand Precurseur du Messie employa bien cette Passion, quãd elle se porta à rejetter la honte sur le visage d'Herodes, le reprenant publiquement de son peché public.

Vienne en suitte la Crainte, Passion tresiuste, quand elle est gouuernée par la Raison. Passion si honneste, que mesme elle demeurera en quelque maniere dans l'Eternité, selon ce que dit le Psalmiste, la Crainte chaste du Seigneur demeurera au siecle des siecles.] Crainte si agreable à Dieu, qu'il appelle bien-heureux celuy qui le craint, & celuy qui est tousiours en apprehension.] Crainte, le commencement de la vraye Sagesse.] Crainte du Seigneur, recommandée en toutes les pages de l'Escriture, iusques à ce poinct d'estre appellée le tout de l'homme, auec l'obseruation de la Loy de Dieu.] Cette Passion estant donc appliquée à la crainte de Dieu & de ses iugemens, & chãgée en l'apprehension d'offencer vne telle Bonté, est si loüable, que Dauid demande à Dieu qu'il perce son cœur & sa chair de ce sainct estoc,] & il conuie tous les Saincts,] à pratiquer cette salutaire Crainte. Si nous en vsons de la sorte, nous attirerõs sans doute de la grace du Sainct Esprit, le don de Crainte, qui est vn des riches presens du Ciel, & des plus vtiles pour bien faire. O Seigneur, dit vn Prophete, nous auons conceu par vostre Crainte, & par elle mesme nous auons enfanté l'esprit de Salut.] Si vous voulez, Eutrope, auoir vn plus ample reglement de cette Passion, consultez le Chapitre seiziesme & les suiuans, de l'vnziesme liure du Theotime de N. B. P.

Reste la Colere Passion, dont le nom effraye ceux qui n'en cognoissent pas la nature & l'vtilité. Ils ne la voyent qu'en trouble, & comme l'on dit, entre Chien &

Loup, parce que leur ignorance leur fait prendre le Chien fidelle de cette Passion, conduite par la Raison, pour le Loup de ce vice capital qui porte le mesme nom. Mais il y a bien de la difference entre le precieux & le vil,] entre ce qui est absolument mauuais comme est le peché de cholere, & ceste Passion qui est excellente lors qu'elle est bien reglée. Certes on ne peut nier qu'il y a vne Colere qui n'est pas peché, l'Escriture disant, courroucez vous & ne pechez point,] & qui peut ignorer qu'en mille lieux la Colere est attribuée à Dieu, que l'on sçait assez ne pouuoir pecher. Doncques puisque la passion de colere ou d'indignation, n'est autre chose qu'vn mouuement qui nous porte à nous opposer au mal, nous n'auons qu'à discerner par la raison si ce mal est veritable & comme tel s'il doit estre repoussé, car alors son action ne peut estre blasmée que de ceux qui par lascheté laissent regner le mal en eux. Mais le principal & plus glorieux employ de cette passion est, quand elle seconde cette eclattante Vertu que l'on appelle Zele, vertu si heroïque qu'elle est comme la fleur de la Couronne de la Charité. Or pour la iuste conduite du zele, & en suite de cette passion, ie vous conseille, Eutrope, de voir les beaux & rares enseignemens qu'en don-

INTERIEVRE.
ne N. B. P. aux derniers Chapitres du dixiesme Liure de son Theotime. A dire la verité, il faut que la raison soit fort adroitte pour bien gouuerner cette passion du courroux, & qu'elle soit comme la baguette du Prophete qui veilloit sur vn pot boüillant, parce que l'ardeur de ce mouuement est sujet à la precipation, & toute precipitation panche vers le desordre. Mais que ne pouuons nous assistez de l'aide de Dieu, qui ne manque iamais de secourir nos intentions quand elles ont sa gloire pour visée? Si nous n'auons de la colere que pour le zele de sa maison (comme celuy qui disoit que ce zele le deuoroit, & le faisoit secher) nous pourrons bien estre du nombre de ceux qui se resioüissent en Dieu quand ils voyent la vengeance, & qui lauent leurs mains dans le sang du pecheur.]

Au demeurant, Eutrope, comme le Caualier se sert de la bride & de l'esperon pour dompter & gouuerner son cheual, aussi faut-il que la raison ou partie raisonnable & superieure de nostre Ame, conduise l'inferieure & sensible, auec les deux Vertus Morales de Temperance & de Force, se seruant de celle-là comme de bride, pour moderer les passions de l'appetit concupiscible, & de celle-cy pour manier l'irascible: &

de cette façon toutes nos passions & affections se changeront en vertus. Car comme la vigne qui passe au trauers de l'Oliuier, produit vn vin onctueux qui brusle comme de l'huile, ou bien comme le Sauuageon produit des fruicts selon la bonté de son greffe ; aussi nos passions conduites par les vertus en prennent les qualitez. Aussi est-ce la doctrine de S. Thomas, & de toute l'Escole, que ces deux Vertus Morales de la Temperance, & de la Force, ont pour leur principal exercice la moderation de la partie inferieure de nostre Ame, ie dy tant de l'appetit sensitif, que des sens interieurs & exterieurs. Si donc vous voulez sçauoir cōme il faut reformer ce bas estage, addonnez vous aux actes frequens de ces deux si recōmandables Vertus, & vous rendrez aussi tost cette partie animale & sensible, sujette à la raisonnable & spirituelle : & ainsi vous cheminerez deuant Dieu en Esprit & Verité.] Apres la visite de l'appetit sensitif, il faut descendre à celle

Des sens Interieurs.

Chap. XXXVIII.

Les Philosophes & les Theologiens en establissent autant que d'exterieurs; & bien que i'aye eu de la peine à me ployer à leur opinion, si est-ce que i'ay esté pressé de m'y rendre plus pour la reuerence des Autheurs, que pour la force de leurs raisons. Mais parce que ce n'est pas mon dessein en cette opuscule de pieté d'esplucher ces difficultez, ou plustost subtilitez Scolastiques, ie me contenteray de rapporter simplemét la distinction que fait sur ce sujet le grand Ange de l'escole. Il dit donc que comme nous auons cinq sens exterieurs, nous en auons autant d'interieurs, qui sont le sens commun, l'imagination, la fantaisie, l'estimatiue, & la memoratiue ou autrement reminiscence. Le sens appellé commun est le receptacle de toutes les especes des choses conceuës par les sens exterieurs, l'imagination en forme, les idées en images, la fantaisie en fait vne plus forte composition; l'estimatiue les recognoist, & puis les donne en garde à la memoratiue ou reminiscence qui en est comme le bureau ou reseruoir. Voyla bien des estamines pour cribler les especes que nous receuons de la cognoissance des sens. Plusieurs vers qui ie me rangerois assez volontiers, n'admettent que deux sens interieurs, celuy qui est appellé Commun, & l'imagination ou fantaisie qu'ils prennent pour mesme chose. Vn graue autheur & fort versé aux choses de l'esprit ne fait qu'vn sens interieur à qui il donne le nom general de pensée, ou d'idée imaginaire. Comment il en soit, il faut auoüer que ce sens ou ces sens interieurs sont d'estranges broüillons & qui apportét bien du desordre en nostre conduitte. Car qui est-ce qui peut contenir l'esprit en ses mains? c'est vn Mercure qui s'eschappe lors qu'on le presse, & le vray moyen de faire enuoler l'imagination, c'est de la lier. Ceux qui veulent fixer le vif argent se mettent en grand danger à cause des furieuses boutades de ce metal qui ne peut estre contraint, & combien de cerueaux se desmontent à force de bander leur imagination. Ceux-là le sçauent qui ont des esprits deuots à conduire. Que si le recueillement forcé des pensers vagabonds fait des coups effroyables comme les efforts d'vne mine qui renuerse tout, asseurez-vous que les desbandez ne donnent pas peu de peine. Mes pen-

INTERIEVRE. 179

sées dissipées, disoit Iob, tourmentēt mon cœur :] Le ventre me fait mal, dit Ieremie, les sens de mon cœur (c'est à dire mes sens interieurs) sont troublez & renuersez au dedans de moy.] Qui voudroit raconter les erreurs des imaginations blessées & les plaisantes resueries de ceux qui sont blessez par l'Hipocondre, en feroit des volumes pour chasser la melācholie des vns par l'extrauagance des autres. C'est là le vray sejour de ce que l'on appelle folie : Vne imagination offencée est vn verre coloré, vn milieu trompeur qui deguise la vraye couleur de tous les objects & qui falsifie toutes choses. C'est là le seminaire des tentations, & où le diable pesche en eau trouble, parce qu'ayant plus de prise sur cette partie de nostre ame, que sur aucun autre, il la remplit d'illusions,] & de mauuaises images. C'est vn miroir deuāt qu'il represente telles figures qu'il veut, & souuent il s'en sert comme d'vn miroir ardent ou ramassant diuers rayons d'vne mauuaise flamme il en allume le feu de la cōuoitise dans les cœurs des inconsiderez. Il est vray que Dieu qui a enfermé la Mer dans ses bornes] a aussi diminué les forces de ce Leuiathan qui peut bien assieger nostre imagination, mais non la prendre si la volonté ne se rend à la trahison, & ne se confesse vaincuë; resistez au demon, dit la saincte parole, & il s'ensuitra deuant vous] En somme nostre imagination est vne hostellerie où les bonnes & les mauuaises pensees se jettent pesle-mesle : vne Arche de Noé où les idées, mondes & immondes sont receuës, bref c'est vne faculté volage, broüillonne, trompeuse, seditieuse, rebelle, indomptable, vagabonde, qui contrefait souuent & bouleuerse quelquefois la raison. Mais que ferons nous, Eutrope, pour venir à bout de cette mutine? de quel nœud tiendrons nous ce muable Protée ? c'est à quoy nous trauaillerons au chapitre suiuant, qui sera

De la Reformation des sens Exterieurs.

CHAP. XXXIX.

VN grand spirituel reduit cette innombrable multiplicité de pésees qui trauersent nostre imagination & la mettent en desordre, à trois choses qui sont comme les trois testes de Cerbere, à quoy il faut essayer d'appliquer le fer & le feu. Puis qu'il est vray selon la reigle de la nature, de la raison & de l'experience, que les maux se guerissent par leurs contraires, il me semble que la naturelle inconstance de cette extrauagante faculté ne se peut mieux regler que par vne forte, mais douce attention vers nostre fin derniere qui est Dieu. Car comme la plante appellée Glay ou flamme, resserre ses fueilles à la presence du Soleil, aussi cette volage coureuse se recueillira infailliblement à la veuë de ce diuin obiect: où pour ne paroistre en desordre comme Adam elle s'ira cacher. Les broüillards & les vapeurs dõt cette broüillonne veut offusquer la clarté de nostre entendement seront dissipées par ce grand Astre à qui rien n'est caché. On dit que l'Argent vif ietté dans vn puits ou dans vne fontaine, en diuertit la source, & fait tarir les eaux. Cette viue attention vers Dieu desseiche de mesme comme vn vent bruslant, & comme vn Mercure la source malheureusement feconde de nostre imagination. Ce regard attentif chasse tous les oyseaux qui troublẽt nos sacrifices spirituels, & fait sortir toutes les mousches du temple de nostre interieur: Quand nous lisons les rauages des tentations & les horribles fantosmes que Sathan excitoit en cette faculté dans ces sainctes ames de S. Anthoine, de S. Hierosme, de Saincte Catherine de Sienne, de la B. Angele de Foligni, &

& quand au milieu de ces vagues & de ces tempestes qui sembloient les deuoir engloutir, nous leur voyons tenir le timon ferme & s'attacher inuariablement à Dieu: N'auons nous pas suiet de dire que Dauid auoit grande raison quand il chantoit, Mes yeux sont tousiours tournez vers le Seigneur, car c'est à luy de tirer mes pieds des pieges que mes ennemis me tendét?] Aussi Dieu nous dit en l'intime de nostre ame, ce qu'il disoit autrefois à vn Prophete, Prends garde à toy,] & à vn autre enfant de l'hôme, sois debout & en sentinelle sur tes voyes,] & encore, que celuy qui est droit se garde de tomber.] Cette attétion à Dieu tient & nous esueille ce chien fidelle & vigilant que nous appellons syndereze, de qui le propre office est de seruir de sentinelle sur tous les mouuemens & facultez de l'ame, & de conseruer les pommes d'or du jardin de nostre interieur comme le Dragon des Poëtes qui dormoit les yeux ouuerts.

Mais pour venir à nostre distinction proposée & aux remedes particuliers; Vous remarquerez, Eutrope, que nos pensées sont ordinairement de trois bandes, dont voicy les liurées. Elles sont ou absolument mauuaises, ou inutiles, ou superfluës, & toutes celles-cy ont besoin d'vn trait de Reformation, & d'vn coup de peigne pour estre redressees. Quât aux mauuaises, elles prouiennent ou du diable, ou de nostre nature corrompuë, ou des obiects qui nous surprennent de quelque part qu'elles viennêt, soit de ce serpent ancien qui dresse des embusches à nostre talon ; soit de ces Renardeaux qui gastent nostre vigne, il les faut repousser auec vn grand courage assisté de la grace de Dieu qu'il faut inuoquer par la priere. Il ne se faut point lasser de battre la pompe du vaisseau de nostre cœur, dont la sentine est inespuisable. Il faut opposer des bonnes pésees aux mauuaises, car vn cloud chasse l'autre. Il faut faire sortir à viue force de nostre cœur ces pensees mauuaises dont l'Euangile fait vne longue liste, & en loger de bonnes en leur place, comme l'on fait en la guerre où l'on met des soldats amis en vne forteresse dont on a fait vuider les ennemis. Il ne couste non plus de mettre de bon que de mauuais grain au moulin de nostre imagination qui tourne sans cesse ; Et lors que nous apperceuons que dans le champ de cette faculté, le froment est meslé auecque l'yuroie, il faut separer l'vn de l'autre par gerbes, & mettre l'yuroye au feu & le bled à la grange. Et cela tout doucement & sans violence d'esprit.

Quant aux inutiles pensees ce sont autant

de toiles d'araignées qu'il faut abbatre, si nous voulons nettoyer nostre imagination de tout embarrassement : ô Dieu qui pourroit percer la muraille du Temple de nostre cœur, comme fit le Prophete celle du Temple de Syon, que l'on y verroit de fantaisies mōstrueuses & de petites idolatries. Que de crotesques imaginaires, que de nuées en forme de chasteaux & de soldats, que de chimeres, que d'atomes, que de niaiseries. Malheur à vous, disoit le Prophete Michée, qui ne pensez qu'à des choses vaines,] à des desirs vains & nuisibles, dit l'Apostre, qui vous plongent dans la mort.] Certes la charité, dit le mesme, non seulement ne pense point le mal, mais encore ne fait rien d'inutile,] elle veille tousiours à la garde de sa vigne] de peur que le sanglier farouche du peché ne la vienne rauager.] Elle prend garde que les ennemis n'entrent chez nous desguisez en amis. Elle ferme accortemét les portes des sens exterieurs de peur que par ces fenestres les interieurs ne soient surpris. Elle sçait que les Samsons, les Tobies, les Sisares, les Holofernes ne sont aueuglez & tuez qu'en dormant, c'est pourquoy elle dit à tous : Veillez.] Veillez, dit-elle, & trauaillez sans cesse,] Veillez & priez de peur que la tentation ne vous surprenne. Et en la place des pensées vagues & inutiles une ame qui aime Dieu & dont la grace n'est point vuide en elle,] en sçait dextrement loger d'utiles & fructueuses.

Quant aux superfluës, l'attention amoureuse vers Dieu sçait bien comme une adroitte vigneronne esbourgeonner ces pampres pour rendre plus fertile la vigne de nostre interieur. Elle sçait loüer Dieu auecque les pensées, & luy faire feste auecque le reste de ses pensées.] Elle sçait aller au deuant des distractions, & escraser les petits, c'est à dire les commencemens à la pierre,] & qui est cette pierre sinon IESVS-CHRIST,] pierre d'edification aux fidelles, & de scandale aux mauuais;] Pierre de fondement,] Pierre de Daniel qui abbat le Colosse bigarré, Pierre percée où se nichét les Colombes, les bons qui l'aiment.] Ayez attention, dit l'Apostre, à la pierre ou au rocher d'où vous auez esté taillez, à la carriere d'où vous auez esté tirez.] On dit que l'abeille quand il fait vent pour se balancer en l'air, tient en ses pieds une petite pierre. Ainsi fait l'ame agitée des vents des pensées superfluës, son recours est à IESVS-CHRIST pierre ferme, roc asseuré où durant ces orages elle attache la nauire de son cœur auec le cordage de son attention, dit S. Bonauenture,

Cette ferme attention tire apres soy necessairement l'oraison, vertu dont l'exercice est le vray Reformateur non seulemét de l'imagination, mais de toute l'ame, puis que toutes facultez y sont occupées, ainsi que nous faisons voir clairement en nostre Direction à l'Oraison Mentale. Ie sçay bien qu'au commencement ceux qui sont nouueaux à cét employ y sont extrememét trauaillez des distractions & accablez d'vne grande multiplicité de pensées: mais l'experience fait assez connoistre à ceux qui ne regardent en arriere, que la perseuerence escarte tout cela & rameine toutes les facultez de l'ame au poinct de son vnité. Tous les liures qui traictent de l'Oraison interieure ou Meditation, sont pleins de remedes contre les distractions ; ces enseignemens se pourront vtilement appliquer au reglement de nostre imagination, ou de nos sens exterieurs, dont c'est assez parlé. Passons maintenant au

Reglement des sens exterieurs.

CHAP. XL.

NOus pouuions icy, Eutrope, mettre la fin à ce Traitté où nous n'auions fait dessein de parler que de la Reformation de nostre interieur; mais puis qu'il est malaisé de separer l'éclat du diamant où de quelqu'autre pierre precieuse, & puisque le corps auecque ses sens suit ordinairemét l'ordre que luy donne vne ame bien reglée, nous auons pensé qu'il seroit à propos de dire quelque peu de chose de cet accessoire du Reglement exterieur, qui certes ne seroit rien sans l'Interieur, sinon vn masque d'hypocrisie, & vne mine contraire à l'esprit & à la Verité. Car comme l'ame estant retirée du corps, cettui-cy n'est plus qu'vn tronc, poids inutile de la terre, qui fait horreur à voir, & plus encor à sentir. Aussi la Reformation, qui n'est que d'apparence, non d'effect, est vn corps sans ame, vn sepulchre reblanchy, vne peau de brebis qui couure vn cœur de Loup, vn leuain de Pharisien, vn Iris qui a de belles couleurs, mais qui ne sont qu'en transparence. Mais vne ame qui se nourrit du pain des Azymes de la sincerité & de la Verité,] par vn rejalliſſement neceſſaire communique l'ordre de sa charité eſtably en elle dans le celier] de l'Eſpoux, à ſes ſentimés exterieurs, de ſorte qu'elle paroiſt ſaincte (ce que dit l'Apoſtre des perſonnes pures) d'eſprit & de corps. Liſez le Cantique & vous y verrez cette belle harmonie de l'interieur & de l'exterieur, & vous remarquerez que le corps & ſes organes, ſont cōme les tuyaux des orgues qui reſonnent diuers tons encore que le ſouffle ſoit vn. Certes quand la chair ſe reuolte contre l'eſprit, elle doit eſtre par cettui-cy traitté en eſclaue, & ſi elle continue en ſa rebellion, elle doit eſtre menée en beſte; & domptée à viue force comme vn animal farouche: Mais ſi elle ſe rend ſouple au gouuernement de l'eſprit, certes tous ſont d'accord que l'Ame doibt traitter ſon corps comme ſon hoſte en ce pelerinage mortel, & le regarder comme celuy qui doit eſtre ſon compagnon dans l'eternelle fœlicité. Encore fait on vn bon traittement aux pauures eſclaues, quand ils ſont dociles, & a-t'on vn grand ſoin des cheuaux & des autres beſtes de charge & de ſeruice. Si celuy qui n'a point de ſoucy de ſes domeſtiques eſt infidelle & pire qu'vn Payen, ſelon S. Paul, quel ſera celuy

qui

qui fera immifericordieux à l'autre partie de foy-mefme, qui eft fon corps, fi cette partie inferieure eft foumife à la fuperieure par vn feruice raifonnable.] Certes la difcretion la reigle des vertus doit fur tout donner la mefure à ce traictement, & tenir la balance iufte: car comme il y en a qui pechent en mignardant trop leurs fentimens; il y en a auffi qui par vn zele indifcret & fans fcience] & par des ferueurs immoderées fe portent à des rigueurs, à des aufteritez, ou pluftoft à des extremitez vicieufes, & qui d'vne bonne caufe font naiftre de mauuais effects. Il eft vray que l'efprit ne peut fupporter le corps quand il eft trop gras, car comme vn cheual eftant engraiffé il regimbe,] mais auffi d'autre part quand le corps eft trop maigre il ne peut porter noftre efprit: Vn traittement efgal a toufiours efté preferé par les plus iudicieux maiftres de la deuotion, aux afpretez inconfiderées, qui ont quelquefois plus d'éclat & de lumiere que de ferueur & de chaleur, & font plus de bruit qu'elles n'apportét de fruict. Mais ie vous réuoye fur ce propos à ce que nous apprend N. B. P. touchant les mortifications exterieures au chapitre vingt troifiefme de la Troifiefme partie de fa Philotée. Mon intention n'eftant pas de traitter icy de la Reformation à fer & à feu, à forces

& à cousteaux, ny de ces tourbillons impetueux, ny de ces voix de plusieurs eaux, où le Prophete dit, que le Seigneur n'estoit pas, comme ce doux zephir de l'inspiration interieure où Dieu estoit,] parlant au cœur de Ierusalem,] & luy declarant ses volontez. Ce n'est pas que j'improuue les chastimens qui reduisent le corps en seruitude,] (car qui les pourroit rejetter sans offenser le S. Esprit, le sentiment de l'Eglise, & tant de tesmoignages de l'Escriture ? Mais tous les plus sages Spirituels auoüent qu'il faut en cela que la Prudence y apporte le Temperament necessaire, & que ces exercices mattans & affoiblissans le corps se prennent comme remedes lors que le mal ou presse ou menace, & non point sans sujet, & comme font plusieurs personnes de peu de conduitte qui les prattiquent plustost par coustume que par besoin. Semblables à ceux qui se droguent si souuent que les medecines en eux se changent en nourriture, & leur sont inutiles quand la maladie les vient assaillir. Mais pour reuenir du destour que m'a fait faire ce petit aduertissement dans ma voye principale: Il n'y a personne si despourueuë de sens qui ne sçache, qu'elle en a cinq qui sont comme les cinq Prattiques de la probabique Piscine. Les cinq zones du Microcosme, & comme les cinq fenestres par où la cognoissance des choses exterieures entre dans nostre ame, qui sans cela seroit prisonniere dans nostre corps, en la mesme façon que nostre corps est enfermé par l'espace de neuf mois dans le ventre de nostre mere, sans sçauoir ce qui se passe au dehors de son cachot. Il est dõc vray qu'en fait de cognoissance naturelle il faut aller du bas en haut, c'est à dire que rien ne monte en nostre entendement qui n'ait passé par l'escalier des sens. Mais en la surnaturelle qui vient de la foy, il faut tenir vn procedé contraire, & c'est à l'entendement des-ja captiué sous la force des veritez reuelées, de mettre encore les sens à la chaisne, & de leur faire croire ce qu'ils ne voyent pas, ny ne touchent ny ne flairent, ny ne goustent, mais seulement ce qui leur est rapporté par l'ouye, seul organe reserué pour donner entrée aux lumieres qui surpassent la nature. De cette façon nostre partie raisonnable traine en triomphe nos cinq sens, comme fit Abraham ces cinq Roys qu'il deffit & mena prisonniers, apres leur auoir fait rendre tout ce qu'ils auoient pris à son frere Loth. Selon ce que Dauid a chanté, qu'il mit les fers aux pieds à ces Roys, & enchaisna leur noblesse pour en faire vn iugement solemnel & vne punition exemplaire.] Car si la foy est des choses inuisibles & qui n'apparoissent pas] qui ne connoit que pour les entendre, il les faut croire auparauant,] & faire comme fit ce Prophete qui pour voir Dieu se boucha les yeux du corps, & imiter S. Paul qui receuant la lumiere de la foy en l'ame, perdit au mesme instant celle de ses yeux, & depuis estant reuenu de son transport au troisiesme ciel il ne voyoit plus rien en la terre, ainsi que nous apprend l'histoire des Actes.

Continuation du suiet precedent.

CHAP. XLI.

OR n'estant pas mon but, Eutrope, d'examiner par le menu tous les deffauts de nos sens exterieurs qui sont innombrables, & par où mille erreurs se glissent dans nos esprits par surprise, d'autant que cette matiere est trop ample, & meriteroit vn trauail particulier: Ie me contenteray de vous donner quelques aduis generaux qui fidelement prattiquez vous garderont sans doute de la tromperie de ces faux espions, & de la malice de ces boutefeux, vous ren-

INTERIEVRE.

uoyant si vous voulez pour plus ample instruction à ceux qui ont fait d'amples traittez de la Mortification, comme Arias, du Pont, Rodriguez, Autheurs excellens & dont les saincts escrits sont entre les mains de tous ceux qui font profession de Pieté.

En premier lieu, ie vous auertis que si vous estes fidelle en la prattique des exercices interieurs que ie vous ay marquez lors que ie vous ay parlé de la Reformation de la partie superieure de l'ame, le moindre est capable ou de ranger tout à fait vos sens exterieurs à la raison, ou de tenir vostre esprit en vne si iuste assiette, que quand tous vos sens & toutes vos passions liguées & conjurées auecque le diable, le monde & la chair, donneroient vn assaut general à vostre partie raisonnable, iamais le consentement (assisté de la grace qui ne manque iamais à la fidelité) ne plieroit sous tous ces sentimens, au contraire plus le combat seroit violent, plus la victoire seroit glorieuse & le triomphe honorable. Car ie vous prie quel object pourroit infecter par la veuë, l'ouye, le goust, l'odorat, ou le toucher vne ame armée en toutes ses facultez raisonnables, mais d'armes de telle trempe que celles que nous auons, sinon fournies, au moins fourbies, & mises toutes prestes en la main de ceux qui auront le courage de s'en seruir, comme sont la pureté d'intention dans le centre de l'ame, la foy & la Prudence en l'entendement, en la volonté, la conformité à celle de Dieu, & la charité, & en la memoire; la presence de Dieu & l'esperance. A quelle legion de sentimens & de toutes les portes d'enfer ne sera redoutable vne Sulamite ainsi armée? Quelle armée de Philistins pourroit resister à vn esprit en cét equipage plus fort qu'vn Samson? Croyez moy, Eutrope, le Lievre se rit de l'aboy des chiens & des hurlemens des Loups qui ne le peuuent mordre. Que peut craindre Syon la ville de nostre fort, si le Sauueur luy est donné pour sa presence & son Amour pour muraille & pour auant-mur?] Le Seigneur est mon salut & ma sauuegarde, qui craindray-ie?] il est la protection de ma vie, de qui auray-ie peur?] non ie ne craindray point les milliers d'ennemis quand i'en serois enuironné de toutes parts, quand des armées entieres seroient bandées contre moy, ie n'auray point de crainte. parce que le Seigneur est auecque moy,] dont la verité me sert de bouclier;] seroit-il bien possible qu'vne chetiue œillade, vne sornette, vne friandise, vn parfum, vne rencontre indiscrette, traits sortans de la main d'vn enfant qui ne font pas de profondes playes,] puissent percer vn bouclier de tant de trempes? Et l'ennemy pourroit-il bien surprendre vne ville qui a au dedans de soy tant de retranchemens & vne citadelle si bien garnie & flanquée? Celuy qui au dessous de ses armes porte vne cotte de maille, ne craint point l'espée de son ennemy par les defauts. Vne ame munie en toutes ses facultez de tant de sainctes pretentions, fait peu d'estat des pointes des sentimens, qui peuuent tempester au dehors & rauager aux enuirons, mais dans sa partie superieure elle sera en asseurance. La nauire bien frotée, spalmée, & calfeutrée, ne craint sur la mer, ny les vents, ny les vagues, elle ne doit redouter que les escueils au dehors ou le feu au dedans. L'ame bien reglée au dedans de soy, & bien vnie à Dieu son appuy & sa force, se mocque des orages & des tépestes du siecle, du sang, & de l'Enfer; ce qu'elle a à craindre, c'est que par le heurt de quelque puissant object il ne se face quelque ouuerture en elle, qui donne place à l'eau des impures affections de la terre, ou que le feu de la concupiscence qu'elle porte dans son sein au foyer du peché, ne face chez elle vn dangereux embrasement. Mais le moindre des exercices que i'ay marquez suffit pour la preseruer de ces dangers, & pour ranger tous ses sens exterieurs dans vne parfaitte suietion. Doncques l'aduis le plus salutaire que ie vous puis donner, Eutrope, si vous voulez regler parfaittement vos sens, c'est de vous attacher fortement à Dieu par ces prattiques interieures de la pure intention, de la volonté de Dieu & de sa presence, & de ne vous separer iamais de la charité de Iesvs-Christ,] ny descendre de cette douce Croix, qui est en ces exercices, où vous serez inuariablemeut cloüé auecque luy, ne viuant plus en vous mesmes, mais Iesvs-Christ viuant en vous.]

La seconde industrie pour ranger vos sens dans vn ordre raisonnable, c'est de tenir de bonnes sentinelles sur les murailles de la Hierusalem de vostre interieur, qui ne cessent de faire la ronde & de crier iour & nuict] pour effrayer les ennemis & se garder des surprises. Quand on veut bien conseruer vne ville de guerre on tient sans cesse des gardes aux portes pour sçauoir qui va & qui vient, & la nuit outre les sentinelles la ronde marche qui visite les corps de garde & tous ceux qui font le guet pour sçauoir s'ils sont en leur deuoir. Il faut que la raison face le mesme office de la ronde, & tournoye sans cesse d'vn œil veillát pour recognoistre si les passions ou les sens ne s'eschappent point de leur deuoir, & s'ils ne suiuent point les troupeaux de leur inclinations animales.] Il faut qu'elle face le deuoir de l'Ange qui garde l'entrée du Paradis terrestre auec vn glaiue flamboyant. Et puis que les sens sont les fenestres de l'ame c'est à la raison d'empescher que les larrons n'entrent par là. Mais il faut que Dieu soit auec elle de la partie, car s'il ne garde la cité, en vain veille celuy qui la conserue.] Il faut donc inuoquer son aide en reconnoissant que tout bien present vient de luy, & que de nous mesmes nous sommes enuironnez d'infirmité.] Que s'il ne nous sauue nous perissons,] eu esgard à nostre foiblesse & à la force de nos aduersaires. Et si nous inuoquons son nom auecque feruer il nous fortifiera,] & celuy qu'aime les portes de Syō,] de l'ame fidelle, renforcera sans doute les serrures des nostres,] & nous preseruera de nos ennemis.

Pour troisiesme aduertissiment ie vous cōseille d'auoir recours à vne habitude qui a vne particuliere intendance sur les sens exterieurs, c'est la saincte deffiance de vous mesme, suiuie d'vne sacrée confiance en Dieu, par celle-cy vous euiterez le desespoir & par l'autre la presomption qui a esté en plusieurs cause de beaucoup de cheutes. La deffiāce, disent les Politiques, est la mere de seureté, le mesme peut-on dire des choses spirituelles, parce qu'elle tient vn esprit esueillé & tousiours sur ses gardes, de peur de se laisser surprendre au Lyon rugissant qui rode sans cesse autour de nos sentimens pour y chercher sa proye.] Nous deuons donc penser tandis que nous sommes en ce val de douleurs, que nous menōs vne vie de pelerins] & que nous sommes en des chemins renommez de brigandages & de perils,] que nous sommes en terre d'ennemis toute remplie d'embuscades, & y passant il faut faire comme Israël qui allant à la terre de promesse demanda passage par les terres d'vn Prince à qui il promit de ne prendre pas seulement de l'eau sur ses fonds, nous ne deuons icy bas gouster l'eau d'aucune consolation qui nous puisse destourner du but de nostre course. Anatheme comme Adā à qui y prendra pour jouyr des choses dont il ne faut qu'vser, c'est à dire qui mettra sa derniere fin dans les moyens qui y doiuent conduire. Certes les cheutes horribles de ces grands Astres, d'vn Dauid par vn traict d'œil, d'vn Salomon pour des cōplaisances, d'vn Samson pour vne mignardise, & pour monter plus haut, d'vn Adam pour vne pomme, d'vn Lucifer pour vn regard sur soy-mesme, nous doiuent bien faire trembler, & nous apprendre à estre tousiours en crainte & en défiāce de nous mesmes, car si les estoiles tombét du ciel,] si les vertus des Cieux sont esbranlées,] si les colomnes du Temple deuiennent roseaux du desert,] que sera-ce de nous qui sommes la mesme foiblesse? Oyez Ieremie qui dit que son œil a desrobé son ame,] & puis n'auisez point à vos regards? dequoy vous seruira d'amasser beaucoup de richesses spirituelles si vous la mettez dans vn sac percé,] c'est à dire, si vous permettez qu'elles s'escoulent & se perdent par les portes mal gardées de vos sens? Ignorez-vous ce que dit le sacré texte, qu'ils sont enclins au mal dés vostre naissance?] Ne sçauez vous pas que Dieu ne vouloit aucun vaisseau en son Temple qui ne fust couuert:] Ne redoutez vous point que vostre cœur vase du Temple de Dieu ne perde son odeur ou ne se remplisse de poussiere si vous ne tenez vos sens fermez, & si vous ne le gardez de surprise? Croyez moy, les sens sont des trompeurs & des charlatans qui vendent de fausses pour de bonnes marchandises, ils vous piperont en sorte si vous ne veillez sur leur malice naturelle qu'ils vous feront prendre de vrays maux pour des biens desirables. Ce sont ces Lamies du Prophete qui mõstrent leurs belles mammelles remplies de laict empoisonné. Si le pere de famille se doutoit des larrons de dehors pensez-vous qu'il laissast ses portes ouuertes, & s'il se deffioit de ses propres domestiques, estimez vous qu'il laissast à l'abandon les clefs de ses coffres, de ses caues & de ses greniers? Nos sens & nos passions sont autant de larrons estrangers & domestiques, ce qui nous oblige à veiller continuellement sur leurs entreprises. Cette saincte deffiance doit estre suiuie d'vne confiance filiale en celuy qui a dit qu'il est aupres de ceux qui l'inuoquent en verité,] & qui esperent en sa misericorde.] Oyez ce qu'il promet par Isaye à ceux qui veillent soigneusement sur leurs sens. Quiconque ferme les yeux de peur de voir le mal, & qui bouche ses oreilles de peur d'ouïr l'iniuste: sa demeure sera dans les hauts lieux, & il verra le Roy en sa beauté.] Belle recompense d'vne ame fidelle en la garde de ses voyes exterieures.

Poursuitte de la matiere cōmencée.
CHAP. XLII.

POur quatriesme aduis, Eutrope, ie vous veux enseigner vn secret qui vous fera tirer vostre salut de vos ennemis] domestiques, & de la main de ces mesmes sens auec qui vous deuez auoir vne guerre continuelle, lors qu'ils vous veulent seduire. Le mesme œil qui void le Ciel & ses Astres, regarde aussi la terre & sa boüe, il n'y a que son mouuement qui luy face changer d'object. Il ne faut que donner vne bonne application à nos sens, & toutes leurs actions de dangereuses ou indifferentes seront renduës bonnes. Vn cloud chasse l'autre, dit le Prouerbe, & vn bon vsage extermine l'abus. Le sable des Geometres souffre toutes figures, & les sens toutes impressions. Ils sont les outils du bien & du mal. D'vne mesme langue, dit l'Apostre sainct Iacques, nous benissons Dieu, & nous le blasphemons.] Nous pouuons appliquer au seruice du Tabernacle les vaisseaux d'Egypte, & au bastiment du Temple les materiaux tirez des contrées prophanes. Tout de mesme que nous pouuons, comme Baltazar, nous seruir des vaisseaux sacrez en vsages prophanes. Ne sçauons-nous pas que nos corps & nos sens sont les Temples & les vaisseaux du sainct Esprit :] pourquoy dóc ne les employons nous à des saincts vsages? Ne nous imaginons point que nostre chair & nos sens, quoy que remplis d'infirmité, soient en Anatheme, comme le larcin d'Acan, & le bagage d'Holopherne : il nous est bien commandé de les regler, de les dompter, de les tenir en bride, mais non pas de les destruire. Inepte seroit celuy qui prendroit ces mots à la lettre, Arrache ton œil, & coupe ton pied s'ils te scandalisent. Et indiscret fut le zele d'Origene, qui se fit Eunuque pour auoir leu dans l'Euangile la benediction de ceux qui se retranchent volontairement pour le Royaume des Cieux.] I'auouë qu'il faut destruire, arracher, desmolir] ce qu'il y a de desreglé, mais apres il faut edifier & planter] ce qui sera bon. Auant que de semer le bon grain en vne terre, il faut en oster les rôces & les chardôs, ce qui s'appelle la desfricher. Il faut de mesme purifier nos sens auāt qu'ils soient susceptibles des speculatiôs que ie vay proposer. Il faut abbatre la muraille du peché qui fait diuisiô entre Dieu & nous,]encore qu'il ne laisse pas de nous voir au trauers de cette muraille,] le perdant de veuë, & abusant des creatures nous y mescognoissons celuy qui en est l'ouurier.] Il faut que l'esprit de Dieu qui est vehement,] comme vn tourbillon renuerse cette muraille,] que cét Arche brise Dagon, que cette trompette porte par terre les murs de Ierico, que Dieu se leue & nous esleue, & ses ennemis seront dissipez, & que ceux qui sont contraires à ses voyes fuyent deuant sa face:] que le peché soit destruit, & que la Iustice regne en nous:] que deuant le Soleil du Createur disparoissent les Estoiles des creatures: que si le sainct Esprit trouue nos sens vuides de l'attachement aux choses creées, comme les vases de la vefue misericordieuse au Prophete, il les remplira sans doute de l'huile de ses graces. Voicy donc le secret de cét aduis, Eutrope, si vostre partie superieure & raisonnable est bien vnie & attachée à Dieu, vous n'aurez nulle difficulté d'esleuer vos sens vers luy sur tous les objects qui se presenteront à eux. Car comme l'eau qui de sa nature coule en bas, estant mise sur le feu boüillonne & saute en haut; aussi les sens d'vne personne dont le cœur est échaufé en la poictrine,] se sousleuent facilement vers cét object si aymable : Ce qui faisoit dire au Psalmiste, Que son cœur & sa chair tressailloient au Dieu viuant.] Il y a vne fontaine en la Cilicie dont l'eau a cette proprieté de rendre abstemes, c'est à dire, de faire hair le vin à ceux qui en boiuent. Vne Ame accoustumée à desalterer la soif de ses desirs dans la source de vie, & de vie eternelle, mesprise les eaux bourbeuses & relantes des cisternes de la terre, qui se puisent par les sens. L'esprit estant sauouré, dit sainct Gregoire, la chair vient à desgoust.] Et apres auoir tasté la Manne, Israël oublia les oignons de l'Egypte. Si nous considerons & contemplons, dit ce grand Pape, ce qui nous est promis au Ciel, tout ce que nos sens apprehendent en terre, nous semblera vil & mesprisable.] O que la terre me semble abiecte & sordide, disoit sainct Ignace de Loyola, lors que ie regarde les excellentes beautez dont le Ciel est paré. Lors que nos sens nous font conceuoir les choses qui n'ont que l'estre simple, comme le Ciel, la terre, les metaux, les mineraux: qui nous empesche de les esleuer par la force de nostre esprit à l'estre des estres, de qui tout cela despend, comme les rayons de leur Soleil. Quand les Creatures, qui outre l'estre simple, possedent la vie, se presentent à nos sens, comme les plantes & les herbes: pourquoy ne les portōs nous à l'aide de nostre entendement éclairé de la foy, à celuy qui a la vie en soy, & qui est principe & source de toute vie, en qui nous sommes, nous auons la vie & le mouuement?] Que ne faisons nous le mesme lors que nous rencontrons celles qui outre l'estre & la vie, ont encore le sens & le mouuement? que ne iettons nous l'œil de nostre pésée vers celuy qui est le premier moteur de toutes choses, & qui auec le mouuement leur communique le viure & le sentir? Et à la rencontre des creatures raisonnables creées à l'image & ressemblance de la Diuinité, pourquoy nous arrestons nous sur ces portraits viuans, que ne haussons nous le vol de nostre consideration sur le Prototype & original? pourquoy faut-il que nos sens s'arrrestent à l'escorce des beautez exterieures, sans s'esleuer vers cette eternelle & inuisible beauté, dont tout l'vniuers à qui les Grecs donnent le nom de beau, n'est qu'vn foible rayon? Pourquoy nous arrestons nous aux ruisseaux sans remonter à la source de tout estre, de toute vie, de tout sentiment, de tout mouuement, de toute intelligence, de toute beauté, bonté, sagesse & excellence? O enfans des hommes, iusques à quand pesans de cœur cherirez-vous la vanité, & chercherez-vous le mensonge?] iusques à quand poursuiurez-vous le vent, & vous repaistrez-vous de fumée? Ignorez-vous que le monde passe, & que sa figure s'escoule,] & que toutes les choses sensibles sont deuant le Seigneur, comme n'estans point.] Mais vous voulez peut estre, Eutrope, que ie vous promeine par les cinq Portiques de la piscine probatique de nostre corps, & que ie vous donne des addresses pour esleuer en Dieu chaque sens particulier. Certes ie vous pourrois renuoyer aux aspirations & Oraisons iaculatoires, dont la practique à toute occurrence estoit si frequente aux anciens Ascetes & spirituels. Exercice aussi familier à tous ceux qui font profession de pieté & de deuotion, que la respiration l'est au corps. Mais pour ne vous manquer en si beau chemin, ie consens de vous en tracer quelque petite forme. Ouurez-vous vos yeux vers tant de beaux & rares objects qui sont establis dans le monde, regardez-vous les Cieux, les œuures des doigts de Dieu, le Soleil & la Lune qu'il a establis,] pour presider au iour & à la nuict, qui vous empeschera de dire auec le Psalmiste, Les Cieux annoncent la gloire, & le firmament publie l'ouurage de sa main, le iour & la nuict nous enseignent la science de ses voyes, la voix de ce cours bien reglé est entenduë par toute la terre, & par les extremitez de l'vniuers.] O Seigneur vous m'auez donné beaucoup de delectation en la veuë de vostre œuure, & ie me resiouyray en la consideration de l'ouurage de vos mains. O que cét ouurage est magnifique, que vos desseins sont profonds,] vos ouurages sont admirables, & mon Ame ne les cognoist que trop:] vos œuures sont grandes, & vos volontez exquises.] En voyant le Soleil, image visible de la Diuinité, qui est toute lumiere, que les tenebres ne peuuent accueillir,] & qui habite vne splendeur inaccessible, pourquoy ne penserons nous à cette verité, que les Iustes reluiront comme cét Astre, & en voyant les menus feux que la nuict fait paroistre dans le Ciel? que ne pensons nous que les Saincts reluiront comme les Estoiles en de perpetuelles eternitez?] Voyez-vous l'Iris cette merueille des meteores, que ne souhaittez-vous que vostre Ame soit embellie de la varieté] des couleurs de la grace? Voyant la clarté du Ciel & de l'air, que ne nous representons-nous la splendeur d'vne Ame que la grace illumine? En fin lors que les beautez d'vn sexe different du nostre nous donnent dans les yeux, & tendent des pieges à nostre liberté, ou destournons les accortement de cette belle fueille qui cache vn serpent, selon ce que dit le Psalmiste, Destourne mes yeux, Seigneur, de peur qu'ils ne voyent la vanité:] Et le Sage, Escarte ta veuë de la femme parée:] ou si nous auons frappé à cét efcueil noir de tant de naufrages, fauuons-nous à la nage vers le regard de celuy qui eſt le plus beau d'entre les enfans des hommes,] IESVS noſtre Redempteur, & luy difons, ô Sauueur de nos Ames, regnez en nos cœurs par voſtre bonne grace, & voſtre incomparable beauté: que les gerbes & les Eſtoiles des beautez humaines s'inclinent en adoration vers cette rauiſſante beauté de noſtre cher Ioſeph. O l'Eſleu entre les miliers,] que vous eſtes beau, hé! que vous eſtes aimable,] mon Ame ſe paſme] en la contemplation de vos adorables perfections. Vous eſtes la fleur des champs, & le lys des vallées,] deuant vous toutes les beautez creées ne me ſemblent que de noires broſſailles :] fermez-vous mes yeux à tout autre object, qu'à celuy de cette beauté celeſte & diuine, que mon Ame veut adorer au temps & en l'eternité. Quand nous voyons de beaux Palais, des Egliſes exquiſes, ornées de tant de rares peintures, de riches & precieux ornemens, bref quand nous contemplerons les pierreries, & tout ce que l'art peut façonner de plus delicatement pour plaire à nos yeux, iettons ceux de noſtre penſée ſur la deſcription de la celeſte Ieruſalem, telle que l'Apocalypſe la repreſente, & puis nous verrons que tout ce que l'on eſtime de haut prix en terre, n'eſt

INTERIEVRE. 309

que bouë & ordure, comparé à cette saincte Cité de Dieu, de qui la foy nous dit tant de glorieuses choses. Mais n'est-ce point icy vne piece trop ample pour vn eschantillon? Parcourons plus legerement l'vsage de l'eleuation des autres sens.

Si vous oyez le chant des oyseaux, ou le concert de quelque agreable musique, sans laisser amollir vostre cœur à cét Adon, c'est à dire, à ce chant amy de la volupté, & son fourrier, esleuez-vous par là mesme à la souuenance de ces Chantres Diuins, dont il est parlé dans l'Apocalypse, qui chantent dedans le Ciel vn eternel Alleluya. Et seruez-vous de cette melodie selon l'intention de l'Eglise qui la mesle en ses offices pour esleuer les esprits à Dieu, & les arrache des passions terrestres. Ce que sainct Augustin confesse auoir autresfois touché son Ame, & donné quelque motif à sa Conuersion. Que si c'est quelque voix chatoüilleuse qui vous porte à des esmotions desreglées, que la raison alors vse de son Empire, & vous face boucher vos oreilles à ce chant enchanteur, comme fit Vlysse à celuy des Syrenes: ou vous face imiter la prudence de l'Aspic qui ferme les siennes à la voix de celuy qui le veut enchanter. D'autre costé ouurez celles de vostre cœur à la voix de l'Espoux qui y frappe] sans ces-

DE LA REFORMATION

se par ses inspirations, & vous souuenez que celuy qui est de Dieu oyt volontiers la parole de Dieu,] & luy dit en son cœur, Parlez, Seigneur, car vostre seruiteur escoute.]

Si les bonnes odeurs flattent vostre odorat, & le prouoquent à quelque chose d'indecent, aussi tost armez-vous de la pensée des sales crachats qui furent vomis à la face adorable du Redempteur, par ceux qui beuuoient du vin,] disoit Dauid, & qui estoient enyurez de son sang, dont leur cruauté estoit alterée. Souuenez-vous des puanteurs qu'il supporta au Caluaire. Que si vous en voulez faire vn legitime vsage, tel que la saincte Eglise l'ordonne dans les Offices sacrez, pour esleuer vostre Ame à Dieu, & dresser vostre priere vers luy comme vn encens,] ou comme cette verge de fumée] du Cantique; ou comme ces phioles pleines de parfums, qui sont les Oraisons des Saincts,] dont il est parlé dans l'Apocalypse: Alors, Eutrope, vous vous en pourrez seruir vtilement, sainctement, & à la loüange de ce Dieu, dont le nom est vne huile espanduë,] & qui merite d'estre suiuy en l'odeur de ses parfums.]

Lors que prenant vostre repas, le goust de quelque viande flattera vostre palais, aussi tost assoyez vous sous l'ombre du

INTERIEVRE.

Bien-aymé, & sauourez la douceur de son fruict;] car c'est vn fruict d'honneur & d'honesteté. Souuenez-vous que ce fut par la fenestre de ce sens que le serpent glissa le peché au monde, & par le peché la mort.] Que cét escueil de nos premiers parés vous face sage à leurs despens, & euitez le puis qu'ils y ont fait vn si grand naufrage. Songez combien ce morceau nous couste cher: craignez que selon le mot du Prophete, la mort ne soit dans le potage; & ne prenant de la nourriture que pour la necessité, non pour la volupté, ne vous portez point dans l'excez de la superfluité, qui escume, dit sainct Hierosme, en intemperance & deshonnesteté: Craignez le vin lors que vous le voyez petiller dans le verre, dit le Sage, redoutez sa douceur, car sa queuë est dangereuse comme celle du scorpion, & à la fin il est amer comme l'Absynthe. Repensez que Bacchus & Ceres sont les Messagers de cette infame Cyprienne, qui porte tant d'inconsiderez dans les precipices de l'impureté. Mais esleuant vostre esprit au banquet eternel des nopces de l'Agneau où l'yuresse est saincte, & d'vn vin qui engendre les Vierges,] & est amy de la pureté: goustez & voyez] en cela mesme que vous mangez, combien le Seigneur est doux:] Et luy dites, O Seigneur, vos paroles] qui sont mon pain] plus aymable, sont plus douces à mon palais, que le rayon de miel.] Par ces bonnes eleuations vous briderez la gourmandise, & experimenterez que les douceurs de l'esprit sont incomparablement plus suaues que les saueurs du corps.

Quant au toucher, c'est vn sens plus vniuersel, qui regarde tout le corps, & plus grossier & terrestre que les autres, & comme la terre, moins susceptible d'eleuation. Il a pour son object les quatre qualitez Elementaires, le froid, le chaud, le sec, & l'humide. Et en suitte c'est luy qui iuge du rude ce qui se rapporte au froid, du poly ce qui conuient au chaud, du dur ce qui a rapport au sec, & du mol ce qui a conuenance auec l'humide. Voyla sur quoy s'estend le toucher. Tout cela est fort materiel, mais comme il n'y a corps ny metal si dur dont les Spagiriques par le feu ne tirent l'essence, il n'y a aussi rien de si grossier que l'alambic de la pieté & pureté ne rende spirituel. Lors donc que nostre corps rencontre quelqu'vne de ces qualitez, esleuons aussitost nostre pensée au sainct toucher de IESVS, dont il est fait si frequente mention dans l'Euangile : comme quand il touche le lepreux & le guerit, la fille du Prince de la Synagogue, le cercueil du fils de la vefue de Naim, & le resuscita : les aueugles &

INTERIEVRE.

leur donna la veuë: le muet & luy rendit la parole: les petits enfans & les benit: l'oreille de Malchus, & la luy remit: & sur la veuë de ces diuins touchers, le prier de preseruer les nostres de toute corruption. Vous voyez bien, Eutrope, que ie parle icy du toucher innocent & sans crime, mais qui par la malignité de la nature, ou de nos aduersaires, pourroit de baguette de Moyse deuenir serpent, & non pas de ceux, qui deffendus, comme le fruict de la science du bien & du mal, l'estoit à nos premiers parens, qui ne le peuuoiét toucher sans offence, ne meritent pas d'estre seulement considerez par vne Ame pure: veu que l'Apostre ne veut pas seulement que le nom qui signifie le moindre degré de deshonnesteté sorte de nostre bouche.] O Dieu, Eutrope, que nous sommes fragiles, nous portons cependant vn tresor de prix inestimable en des vaisseaux de terre,] qui s'entrefroissent quand ils se touchent: qu'vn verre plein d'eau claire soit touché par vn crapault elle deuiédra trouble, & la pierre Prassus perd son éclat aussi tost qu'elle est touchée de quelque venin : le fray d'vn serpent ternit toute la fraischeur des fleurs. Certes le moindre toucher impur, s'il ne ruine tout à fait l'honnesteté, il luy oste son lustre, vn miroir deuient terne quand l'haleine se

O

respand dessus : & les lys ne sont plus satinez quand ils sont patinez. O Seigneur IESVS quand sera-ce que par le sacré toucher de vostre Corps en la Table que vous auez mise deuant nous pour y auoir recours, comme à vn azyle contre la persecution des tentations; Quand sera-ce que par vne Communion saincte, & la participation de la pureté de ce gage de vie, & de vie eternelle, nous serons tellement purifiez, cōme les levres du Prophete par le charbon de l'Autel, que nous pourrons dire auec cette Amante du Cantique, aussi blanche que les lys, Mon aymé a touché mon cœur, & i'ay tressailly à cét attouchement sacré? O sainct Pierre, pourquoy disiez-vous au Redempteur qu'il ne vous touchast pas, parce que vous estiez homme pecheur, certes ie loüe vostre humilité, mais i'estime aussi beaucoup le zele de l'hemorroisse, qui disoit, si ie puis toucher le bord de sa robe ie seray guerie, elle toucha & elle guerit. O mon Sauueur, d'où vient que nous touchons si souuent le bord de vostre vestement, les especes de vostre Sacrement adorable qui nous voilent vostre Corps sacré, & que nous ne sommes pas gueris? helas! c'est que nostre foy n'est pas semblable à celle de cette bonne femme : foy grande & qui la sauua corporellement & spirituellement.

Si vous vous comportez de cette façon en l'vsage de vos sens, ne voyez vous pas, Eutrope, que vous possederez le vase de vostre corps en sanctification,] & que ces cinq facultez vous seront comme les cinq pierres que mit Dauid dans sa panneriere, & dont il terrassa le Philistin qui brauoit l'armée d'Israël: & que vous luy trancherez la teste de son propre glaiue, comme Dauid fit à ce Geant, & Iudith au Chef des Assyriens, renuersant sur le mauuais esprit à sa confusion les pieges qu'il vous dressoit dans vos sentimens? Certes à ceux qui ayment Dieu tout coopere en bien, & soit qu'ils boiuent ou mangent, qu'ils parlent, ou qu'ils facent, toutes leurs actions buttent à la gloire du nom de Dieu.] Car ils voyent, oyent, goustent, touchent, & odorent Dieu en toutes choses, & ils trouuent toutes choses en Dieu. Ils sont comme l'Abeille qui tire son miel des fleurs sans les interesser, ils passent ainsi sur les objects de tous les sens, & au lieu d'y engluer les aisles de leurs desirs, ils en composent le rayon de leur pieté. Heureuses Ames, vrays oyseaux de Paradis qui ne viuent que de la rosée des Cieux, & qui exemptes des pieges de la terre, sont tousiours esleuées vers leur Createur. Celles-là ont trouué où le Bien-aymé prend son repos, &

son repas, au Midy de son Amour, ce qui fait qu'elles ne crient plus apres les troupeaux] de leurs sentimens, si ce n'est pour les amener au seruice de cét aimable Berger qui les repaist côme ses fideles Amies. Cette saincte industrie d'esleuer ainsi vos sens vers Dieu en l'vsage legitime de leurs obiects, vous peut rendre le mesme office que desiroit ce grand Mathematicien d'vn poinct hors de la terre, pour enleuer toute cette lourde machine vers le Ciel : & par cette machine vous pourrez entrer dans la societé de ces Dieux forts de la terre, dont le Psalmiste, qu'il vid puissamment esleuez.]

Le cinquiesme aduis que i'ay à vous donner suiura le precedent, par la liaison que la Diuinité a auecques l'humanité en la personne de IESVS-CHRIST. Car son Pere Eternel luy ayant ordonné de faire sa volonté, il luy donna vn corps, comme dit sainct Paul, afin qu'estant homme il nous donnast l'exemple de suiure en tout le vouloir Diuin. Or c'est sur cét exemplaire qui nous est donné en la montagne] de sa perfection, que nous deuons apprendre à gouuerner nos sentimens exterieurs, aussi bien que nos facultez interieures. L'Eternel Pere voulant donc que nous fussions conformes à l'image de son Fils] naturel, si nous voulions estre ses enfans adoptifs, & si enfans ſes heritiers, heritiers de Dieu, & coheritiers de IESVS-CHRIST:] Il eſt bien raiſonnable que nous cheminions comme luy] & que nous ſuiuions ſon exemple.] Helas! ſi nous regardons ſes beaux yeux, qui doiuent eſtre la lumiere des noſtres, comparez par ſon Amante aux viuiers d'Eſebon, touſiours pleins d'eau, nous cognoiſtrons que le ris en ayant touſiours eſté banny, ils ont eſté ſouuent arroſez de larmes, tantoſt ſur la mauuaiſtié de Ieruſalem, tantoſt ſur la mort du Lazare figure du pecheur, tantoſt ſur la cruauté de ſes ennemis, & en pluſieurs autres occaſions où il a rendu ce teſmoignage de la compaſſion de nos miſeres: à raiſon de quoy il a mis les pleurs entre les beatitudes. O que bien-heureuſe eſt l'Ame qui vſe de ſes yeux pour pleurer auecque IESVS-CHRIST, & qui aime mieux aller à la maiſon des larmes, qu'à celle de ioye.] Bien-aduiſé celuy qui à l'imitation du Sauueur leue ſouuent les yeux vers le Ciel (ce que l'Euangile remarque tant de fois en luy) & ſouſpire doucement apres le lieu de ſon origine. Et plus heureux celuy qui crucifie ſes yeux auecque luy, & qui les deſtournant des obiects plaiſans, mais dangereux, ne veut auoir autre image que celle du Sauueur Crucifié. Certes celuy qui regarde ce sacré serpent en la Croix, guerira des picqueures de toutes les tentations, & apres l'auoir contemplé ainsi deffiguré sur le Caluaire, il joüyra de la veuë de son visage transfiguré sur le Thabor Eternel.

Si la delectation du chant chatoüille vos oreilles, appliquez les aux blasphemes, aux iniures, aux mocqueries, aux outrages que les siennes ouyrent au temps de sa predication, & de sa Passion, & n'ayez pas peur que l'harmonie affoiblisse vostre courage: que cette furieuse clameur, Crucifiez-le, Crucifiez-le, resonne à l'oreille de vostre cœur, & ne redoutez pas les piperies des chants du monde.

Les odeurs agreables vous attirent-elles à des sentimens perilleux à l'honnesteté, imitez l'Abeille, qui pour destourner les serpens, & araignées de leurs ruches, mettent à l'entrée vne herbe forte appellée rüe. Souuenez-vous des voiries du Caluaire, & plus encore de la puanteur de vos pechez, & ie m'asseure que vostre complaisance s'éuanoüyra. Si vous n'aimez mieux par vn sainct mesnage consacrer ces odeurs aux pieds de IESVS-CHRIST, comme fit l'Amoureuse Magdelaine.

Estes-vous tenté des delices du goust, pensez aux ieusnes, & aux abstinences du

INTERIEVRE.

Fils de Dieu en sa conuersation en terre, à la sobrieté de son viure ordinaire: ou plustost pour exterminer tout à fait cette grossiere sensualité, iettez les yeux sur le fiel & le vinaigre de sa Passion, & sur cette mortelle soif qu'endura ce Samson, lors que dans le combat de ses souffrances il desfit les Philistins, qui sont les pechez du monde. Souuien-toy, dit-il par vn Prophete, de mon absinthe, & de mon fiel,] & par vn autre. Ils m'ont donné du fiel pour viande, & en ma soif ils m'ont presenté du vinaigre.] O levres de IESVS, qui estes des lys distilans la myrrhe, que vostre consideratiõ est puissante, pour reprimer le desreglement du goust en vne personne à qui vous donnez le sentiment de vostre Amour.

Ah! mais qui seroit le sensuel qui considerant ce sacré Corps du Fils de Dieu, exposé aux souffrances dés le poinct de sa Conception, iusques à ce qu'il rendit son esprit entre les mains de son Pere en la Croix, se voudroit amuser à mignarder le sien, & viure en mourant,] plongé dans les delices? Oseroit-il bien sans vne extreme effronterie se dire en cét estat membre de ce Chef tout couronné d'espines, & vray homme de douleurs?] Qui n'aura honte d'estre sans playe, voyãt son Capitaine n'en ayant qu'vne, mais qui dure depuis la plante des pieds iusques à la sommité de la teste. He! IESVS naissant, viuant, & mourant dans les douleurs, comme vne Salamandre dans les flammes, ne sera-t'il point capable de nous faire euiter toute delicatesse dangereuse, & detester tout attouchement qui puisse deplaire à ses yeux diuins? Ha! Chrestien rendras tu tes membres qui sont vnis à ceux de IESVS-CHRIST, les membres d'vne perduë?] Il n'est pas possible si tu as tant soit peu de soin de ton honneur temporel, & de ton salut eternel, plustost prie ce Diuin Sauueur qu'il cloüe ta chair] à sa Croix, afin qu'estãt attaché auec luy, tu sois crucifié à tous les sentimés cõtraires à l'hõnesteté. Suy en tout la saincteté, (c'est à dire, la pureté selon sainct Hierosme) sans qui personne ne verra Dieu,] Arrest du Ciel prononcé par la bouche de l'Apostre.

Le sixiesme & dernier aduis que i'ay à vous donner, Eutrope, sur ce sujet de la reformation de vos sens exterieurs, est que vous vous iettiez à la practique des Vertus, que vous iugerez les plus conuenables à reprimer leur insolence, & à dompter leur reuolte. Celles que ie vous ay marquées au reglement des facultez precedentes, qui sans les Diuines, & les Morales, sont des Vertus vniuerselles, qui mettent la cognée à la racine de toutes les imperfections, non seulement interieures, mais encores exterieures Neantmoins comme il y a des simples & des medicaments qui ont des proprietez particulieres pour la guerison de certaines parties du corps, il y a aussi de certaines Vertus qui ont vne speciale vigueur pour affermir au bien, quelques-vnes de nos facultez. Or quoy que le peché les ait toutes debilitées, il est neantmoins tenu par les Theologiens, que le plus grand deschet de la premiere innocence, est en la partie sensitiue. Ce qui a fait dire à S. Hierosme, que la force du mauuais esprit est en nos reins:] & à Dauid, Mes reins sont remplis d'illusions, & il n'y a point de santé en ma chair.] A raison dequoy le serpent s'attaqua plustost à Eue, qui represente la partie sensitiue, qu'à Adam figure de la raisōnable, pour faire pecher nos premiers parens. En quoy il fit cōme ceux qui pour prendre vne ville l'assaillent & la battēt du costé le plus foible. Ainsi Eleazar tua le grand Elephant d'Antiochus en le blessant par la partie qu'il rencontra la plus aisée à percer en ce gros animal. Cela nous aduertit à remparer le plus que nous pourrons cette portion tellement affoiblie, & de mettre autour de cette Tour de Dauid force parois, & autour de cette couchette de Salomon beaucoup de gardes du corps. Mais parmy ce grand nombre, il me semble qu'il y a trois Vertus qui s'entre-embrassent, comme les trois Graces, qui me semblent particulierement deputées pour maintenir l'Ame en grace, par le soin qu'elles ont de veiller sur les sentimens du corps: celles cy sont la Chasteté, la Sobrieté, & la Modestie. Ce n'est pas mon dessein de m'estendre sur la description de leurs beautez, de leur importance, & de leur necessité au sujet dont nous parlons. Il est encore moins necessaire, Eutrope, de vous apprendre quelle est leur condition, & leur nature, puisque les nommer, c'est assez les cognoistre, & pleust à Dieu qu'elles fussent autant pratiquées qu'elles sont cogneuës, & mesme honorées non seulement de ceux qui les reçoiuent, mais encore de ceux qui ne les suiuent point. C'est assez que ie vous les monstre pour vous les faire aimer, & que ie vous face voir leur vsage au reglement que ie vous propose. Toutes trois regardent generalement tous nos sens, aussi sont elles filles de cette grande vertu de Temperance, qui a pour obiect la direction de nostre partie inferieure & sensitiue. La Chasteté ne s'estend pas seulement sur le sens du toucher, quoy que ce soit sa principale attention de le conseruer en pureté, & que sa ialousie soit de le preseruer de toute soüil-

INTERIEVRE.

leure,] & le rendre de cette façon agreable à Dieu & aux hommes.] Mais pour arriuer à ce but elle s'estend vers les autres sens, & elle rend les yeux simples,] & leur donne des regards de Colombe,] & de Colombe lauée dans le laict] de la pureté, elle faict paction auecque les yeux (ce qu'elle fit pratiquer à Iob) de ne penser à aucune fille,] sçachant que les yeux desrobent le cœur,] & que par cès fenestres de l'Ame, le voleur y entre] pour y rauager la pureté de cœur,] & puis celle du corps. Elle bouche les oreilles aux paroles deshonnestes, sçachant que le parler mauuais s'estéd comme vn chancre,] & fait vn grand rauage dans l'interieur. Elle ferme la bouche aux caioleries, elle bride la langue, & luy oste les mots affectez. Elle priue le goust des delices sensuelles, & des viandes superfluës, sçachant que le peché detestable des habitans de la ville de Loth, prouenoit de l'abondance du pain,] c'est à dire, de l'excès des festins, & de la bonne chere. Elle euite les parfums qui peuuent prouoquer à l'intemperance, & esueiller les appetits desordonnez. Et en fin elle inuente mille saincts artifices pour matter la chair, la reduire en esclauage, & la ranger sous le iuste empire de la raison. C'est d'elle que naissent tant de mortifications exterieures, qui n'ont pour visée que la conseruation de la pureté du corps, celle du cœur se maintenant par vn autre principe.

Quant à la Sobrieté, encore qu'elle ait la moderation du goust pour principale visée, soit en la qualité des viandes, soit en la quantité, & qu'elle soit la mere de l'abstinence, du ieusne, & des autres macerations qui regardent la nourriture: Elle regle aussi par accessoire les autres sens, parce qu'il y a encore vne espece de sobrieté, & de retenuë au gouuernement de la veuë, de l'ouye & de l'odorat, mais elle met principalemét le fer & le feu dans le desreglement du toucher, parce que le cheual à qui vo⁹ ostez l'aliment, estant deuenu maigre se dópte plus aisement, & n'est pas si suject à regimber.

Mais c'est, à dire la verité, principalement à la Modestie qu'appartient la conduite de ces cinq cheuaux eschappez, si on ne veille dessus, mais de seruice si on les dresse, que nous appellons les sens. Car non seulement elle regle la veuë, & les regards auec vne douce grauité, & vne pudeur honneste, mais elle met aux oreilles, & aux bras, les pédans d'oreilles & le bracelets de Rebecca, pour tenir l'ouye pure de toutes paroles qui pourroient offencer vn chaste courage, & retenir les bras & les mains des touchers illicites. Elle tempere

INTERIEVRE.

mesme l'vsage des parfums dont l'excés offence plustost qu'il ne recrée, & est vne marque de cœur mol & effeminé, & mesme vn signe ou de quelque deffaut naturel, ou de quelque mauuais dessein. Elle regle aussi l'vsage de la table & des festins auec tant d'attrempence, que sans nuire à la joyeusté & à la bien-seance, elle oste tout desordre. Elle met aussi vne garde à la langue, & vne porte de circonstance aux levres] de peur que la bouche ne se porte ou à des ris immoderez & messeans, ou que la langue ne s'emporte à des paroles de malice] à des mesdisances, à des mensonges, à des duplicitez, à des contestations & querelles, à des injures & outrages, à des vanteries, à des blasphemes, à des plaisanteries, à des imprudences, & mesme à des impudences, à des sornettes, railleries, & plaisanteries indignes d'vne personne d'honneur, & à tant d'autres imperfections qui sortent du desreiglement interieur, par vne si petite mais dangereuse partie de nostre corps. C'est cette mesme vertu qui tempere & conduit les gestes, contenantes, & mouuemens du corps auecque la decence conuenable aux temps, aux lieux, & à la qualité des personnes; la mesme qui regle la bien-seance des habits selon la condition d'vn chacun: Bref elle est la maistresse & la moderatrice generale de tout nostre exterieur. Qui estant composé selon ses loix rauit en admiration tous ceux qui la considerent; Iusques aux Anges qui voyans la Modestie de l'Espouse saincte s'escrient ,. Qui est cette belle qui marche par le desert de ce monde, appuyée sur son bien-aymé ?] comparans tant de graces qui voltigent autour d'elle, aux drogues d'vn parfumeur qui exhalent vne odeur tres suaue.] iusques à dire que celle qui sort de ses habits surpasse tous les parfums.]. Parcourez ce diuin Epithalame vous verrez que c'est la qualité que l'espoux estime dauantage en son Amante, faisant distiller la myrrhe de ses mains] pour monstrer que la modestie preseruoit son toucher de corruption. Il couure ses levres d'vn ruban rouge] pour marquer la modestie de ses parolles & de sa bouche. Ses yeux sont colombins,] pour la modestie & pudeur de ses regards ; ses oreilles ont des anneaux d'or esmaillez de blanc,] pour monstrer la modestie de son ouye, son nez est comparé aux cedres du Liban, qui est vn bois qui ne se corrompt point, signe de la modestie de son odorat. Telle est cette amante en tous ses sens ; ses pas mesmes sont beaux & ses chaussures,] ses vestemens sont comparez aux fleurs dont la simplicité

INTERIEVRE.

fait voir la modestie. Telle est cette modeste espouse dont les iouës vermeilles comme l'ouuerture d'vne pomme de grenade] font voir la modeste & virginale honte, & cognoistre par cette liurée exterieure de la vertu, les perfections cachées au dedans.] Telle est cette toute belle, & qui n'a aucune tache en soy,.] & dont l'œil doux & humble & les cheueux sans artifice, blessent si rudement le cœur de l'espoux.] Non il n'y a prix en tout le monde pour vne ame chaste] & modeste; Dieu seul est sa couronne & sa recompense, & toute sa gloire. Aussi la modestie n'est-elle pas vne simple vertu morale & humaine, mais elle est vn des fruicts du S. Esprit, dit l'Apostre, escriuant aux Galates, & S. Iacques nous asseure que c'est vne faueur de la Sagesse celeste & eternelle. Ce qui a fait dire au Sage, Que l'homme est cogneu à son regard, que l'on lit la prudence en son visage, & que l'habit, le ris & le maintien descouurent la qualité d'vn chacun:] Peut-on dépeindre plus exactement cette douce, aimable & rauissante Vertu qui fait de nos corps des Temples viuans du S. Esprit?] Mais qui nous la donnera cette verge d'or, cette verge de direction, cette vertu plus Angelique qu'humaine, & qui enuironne nos corps de grace, de gloire & d'honneur?

Certes il faut que ce soit le donneur des presens d'enhaut, le Pere des lumieres, le S. Esprit, puis que c'est vn des fruicts de son diuin Amour. Mais le moyen de l'attirer en nous & de le conuier à nous faire vn si desirable & riche present; c'est à mon aduis, de viure tousiours dans le souuenir de la presence de Dieu, & de prattiquer ce sainct exercice, qui est l'exterminateur de tous les vices, le Promoteur de toutes les vertus, & le singulier Autheur de toute modestie. De cette verité i'ay pour caution le grand Apostre qui exhortoit les fidelles à se resiouyr au Seigneur, mais de se resiouyr en sorte que la modestie parust en leur contenance, & moderast leur ioye, il adiouste cette raison : Parce que le Seigneur est proche de nous.] Ouy certes il est proche de nous, puis que son immensité s'estend par tout, il est proche de nous, puis qu'il est plus intimement en nous que n'est l'intime de nostre ame. O si nous apprehendions bien cette Verité, qui est fondamentale de nostre foy, que nous serions modestes & bien reglez tant exterieurement qu'interieurement, si nous pensions en toutes nos actions que Dieu nous regarde, ce que signifie ce mot de Dieu, qui veut dire voyant, parce que tout est ouuert & à nud deuant ses yeux diuins; quel vice nous oseroit aborder? de quelle vertu ne nous parerions nous? soit de peur de desplaire à celuy qui est si terrible sur tous les Dieux qui sont les plus grands de la terre, & qui oste l'esprit & la vie des Princes, soit par le desir de luy plaire, comme disciples ou seruiteurs à nostre maistre, comme suiets à nostre Roy, comme enfans à nostre Pere, ou plustost comme creatures à nostre Createur. C'est pourquoy ie vous exhorte autant que ie puis, Eutrope, que vous vous exerciez en cette pratique de la diuine Presence, si vous voulez arriuer au parfait Reglement de vostre interieur & de vostre exterieur, & restablissant en vous les traits de la diuine image gastez par le desordre du peché, vous rendre cōforme à la figure du Fils de Dieu,] modele de toute sainctete, & obtenir de sa grace qu'il reforme au iour de vostre resurrection le corps de vostre humilité, & le rende semblable auec proportion au corps de sa splendeur,] grace qui sera le comble de la gloire, où nostre Reformation interieure & exterieure selon l'esprit & selon la chair sera au comble & en la plenitude de sa perfection. Mais il est temps, Eutrope, que ie donne le dernier coup de pinceau à cet ouurage, par

La conclusion de ce Traitté.

CHAP. XLIII.

DIeu ayant formé le monde, & l'ayant tiré du neant à l'estre par sa seule parole, considerant ce qu'il auoit fait le trouua tout parfait,] parce que ses œuures sont parfaittes,] & ses dons sans repentance.] De là est venu cette naturelle inclination à tout ouurier qui opere auecque raison de faire reflexion sur son ouurage: Mais comme il ne coule point de ruisseaux clairs d'vne source troublée, l'homme estant vne vanité vniuerselle] & vn ramas d'imperfections, il ne peut sortir de luy que des choses qui ne meritent d'estre reueuës que pour estre corrigées & reduites en meilleure forme, puis que luy mesme a tant de besoin de Reformation. Neantmoins l'Amour propre a vn si fort ascendant sur nos esprits, que comme il n'est point d'enfant si laid que le pere ne reconnoisse pour sien, l'affection naturelle y faisant voir des graces & des beautez pluftost imaginaires que veritables, aussi aux productions de l'esprit, qui sont les liures, il n'y a escriuain

INTERIEVRE.

qui esblouy de Philautie ne s'imagine que son escrit pourra seruir à quelque chose, & en le relisant où il ne trouue des paroles ou des pensees qu'il estime remarquables. Il y a des Peintres si malheureux qu'ils ne semblent faire des tableaux que pour faire despit au Soleil qui éclaire leurs fautes, & qui ne se peuuent corriger qu'en passant l'esponge par dessus, vous les verrez toutesfois si amoureux de leurs trauaux qu'ils auront bien le courage ou plustost la vanité de les preferer aux pieces des meilleurs maistres. Il faut quelque degré de suffisance non commune pour voir ses propres deffauts, ou pour les recognoistre quand ils sont remarquez par autruy, comme faisoit ce sçauant Peintre ancien qui se cachoit derriere son tableau. Dieu mercy, Eutrope, ie seray guary de cette complaisance en ce petit traitté que ie viens de tracer, puis que ce n'est presque qu'vne copie tirée sur les originaux des escrits de mon B. Pere & Consecrateur le grand François de Sales Euesque & Prince de Geneue. Ainsi que ie remarque presque à chaque pas, citant les lieux d'où i'ay prise la plus grande part des enseignemens dont ie remplis ce Liure. Il y en a plusieurs autres que i'ay recueillis de sa viue voix, ayãt esté l'espace de quatorze ans (ce que ie dis à ma grande confusion) sous la discipline & direction d'vn si sainct Personnage: Sçauoir depuis l'an 1609. qu'il m'imposa ses sacrées mains & me donna la consecration Episcopale en ma propre Cathedrale, iusques à l'année 1622. que sa saincte ame s'enuola au Ciel. C'est pourquoy faisant reflexion sur cet ouurage dont il se peut bien dire le premier & principal Autheur, & moy comme le chetif secretaire de ce pieux esprit, ie donnerois dans vne vanité bien expresse, si n'ayant fourny que des paroles fort basses, aux sentimens si esleuez d'vne si digne lumiere de l'Eglise, ie m'en voulois parer; côme la Corneille du Poëte, des plumes des autres oyseaux. Si donc, Eutrope, vous trouuez en ce Liure icy quelque chose de plus haut que ce que i'ay tracé aux autres pieces qui sont sorties de ma plume, ie vous prie d'en donner la loüange à Dieu, & à ce sainct homme, de qui ie les ay ou prises ou apprises, soit de ses escrits, soit de sa parole. Quant à ses escrits, dont Philotée & Theotime sont côme les deux yeux; ie cotte fidelement les lieux d'où i'ay icy tiré les preceptes du suiet que ie manie, que si la suitte de la matiere m'a obligé de voir quelques autres Liures pour puiser dans les mesmes sources d'où il a tiré ses veïnes d'or, (ce que ie fay assez rarement) c'est

INTERIEVRE. 333

pour m'expliquer auecque plus de clarté & pour vous donner vne plus facile intelligence de ce que ie manie. Rappellant donc en ma memoire l'idée de cet escrit que ie viens de tracer, & imitant le chasseur ou le voyageur qui reuenus de leurs chasses ou de leurs voyages repassent par leur souuenir les lieux par où ils ont couru & cheminé: Il me semble que i'ay fait la visite generale des quatre portions de nostre ame, des deux de la partie raisonnable, & des deux de la sensitiue. Nous y auons veu les deffauts plus signalez qui y apportent du desordre & de la difformité, & nous auons tasché d'y apporter les remedes, à l'ayde de ce Raphaël qui nous a accompagnez en ce mystique voyage de Ragez. Nous auons reconnu que le grand deffaut du centre ou vnité de nostre esprit, portion supréme de nostre ame, estoit en la multiplicité que nous auons tasché de guerir par l'vnité ramassee dans l'exercice de la droicte intention. Descendons au second estage, qui est celuy des trois puissances de l'ame, nous auons reconnu les defectuositez de l'entendement, tant speculatif que pratic, dont nous auons essayé de corriger les erreurs, ignorances, curiositez, proprietez & temeritez par la foy viue & la prudence. De là nous auons reglé les manquemens de noſtre volonté par l'exercice de ſa conformité auec celle de Dieu & par l'vſage des vertus de charité & de iuſtice. Les oublis & les ſouuenirs ſuperflus de noſtre memoire ont eſté reformez par l'exercice de la preſence de Dieu, & par la vertu d'Eſperance. Puis deſcendant à la ſeconde & inferieure partie de l'ame appellée ſenſitiue, & à la portion de l'appetit ſenſitif, nous auós reglé les paſſions en particulier par la raiſon & leur ſpeciale application ; comme auſſi les affections de la partie raiſonnable & volontaire , & en fin nous auons propoſé pour regle de l'appetit concupiſcible la temperance, & pour celle de l'iraſcible, la vertu de force. De là nous ſommes venus à la derniere marche & plus baſſe portion de noſtre eſtre, qui eſt celle des ſens interieurs & exterieurs, reglans ceuxlà par leur reünion & par le recueillement des penſées en les diuertiſſant du mal & les reformant vers le Bien : Et en fin nous auons apporté aux ſens exterieurs le frein des vertus de chaſteté, ſobrieté & modeſtie, pour les retirer du deſordre où ils ſont naturellement enclins] entre leur eſleuation à vn haut degré de contemplation qui les peut tranſporter comme dans le chariot d'Elie de la terre au Ciel. Voyla ce me ſemble l'ordre & l'œconomie de ce petit Traitté, où vous voyez, Eutrope, que nous auons beaucoup plus visé à la reformation Interieure qu'au reglement de l'exterieur, parce que celle-là estant bien establie, cettuy-cy sans trauail, sans estude & presque sans y penser se trouue tout faict. Lors que le Medecin a bien purgé son malade & tiré du dedans toutes les mauuaises humeurs qui le rendoient languissant & abbatu, qui ne voit que la fraischeur du teint luy reuient, & que la vigueur de la santé paroist au dehors & succede à la foiblesse? Certes l'embonpoint & la grace du visage ne vient pas du fard, mais de la bonne nourriture & de la bonne disposition de l'interieur. Vne fille ne guerira pas ses pasles couleurs en se rougissant les ioües auecque du vermillon. Les fruicts, les fueilles & les fleurs qui parent vn arbre viennent de la vigueur de la racine & de la moëlle, non de son escorce. Si vn ver ronge vn fruict au dedans, iamais le dehors ne paroistra beau. Estudions nous donc principalement, Eutrope, à la reparation de cette image interieure par où nous sommes semblables à Dieu: & quand nostre homme interieur sera bien reglé l'exterieur ira comme il faut. Souuenons nous que le Royaume du Ciel est au dedans de nos poitrines,] & qu'il nous est recommandé de chercher premierement le

Royaume de Dieu, & qu'en suitte toutes choses nous seront adioustées.] Que si ceux qui plaident pour l'exterieur vous disent que le Royaume des Cieux endure force & que les violéces le rauissent :] auoüez leur, Eutrope, cette verité, car c'est vn oracle diuin, mais en le renuersant sur leurs testes & le reiettant en leurs visages, dittes leur amiablement, & neantmoins fortement, parce qu'il est veritable, & il n'y a rien de si doux ny de si fort que ce qui est vray,] qu'il n'y a non plus de comparaison entre la violence qu'il faut faire à l'interieur & celle qui se fait à l'exterieur, qu'entre l'ame & le corps, & qu'vn acte de renoncement de soy-mesme en vaut cent de maceration corporelle. S'ils doutent de la certitude de cette proposition, renuoyez-les à la loy & aux Prophetes, à l'Escriture & aux Peres, voire mesmes aux Autheurs prophanes qui ont connu par la seule lumiere de la raison, que celuy-là estoit plus vaillant & plus loüable qui se surmontoit soy-mesme, que celuy qui prenoit des villes & gaignoit des batailles, comme estant la victoire de nos passions & appetits desreiglez, le plus haut point où la vertu se pût esleuer. Tesmoin encore cet ancien Philosophe qui blasmoit ceux qui couroient aux spectacles pour voir combattre des Gladiateurs

INTERIEVRE.

teurs ou des bestes sauuages & cruelles, & ne faisoient aucun estat de considerer ceux qui combattoient en champ clos contre les vices interieurs. Croyez-moy, Eutrope, les sens exterieurs sont bien tost reglez quand la superieure partie de l'Ame est dans vne paisible composition : que s'ils veulent faire les mauuais, & appeller les passions à leur mutinerie, ils sont bien tost mattez & abbatus, il ne faut pas grand hyuer pour morfondre le corps : il est bien tost mis en sang par vne bonne discipline, il ne faut qu'vne mauuaise nuict, & vn iour sans pain pour le mettre sur les dents, & le coucher sur la littiere; on le peut terrasser en moins de rien, mais on ne le remet si aisément sur ses pieds, quand il est vne fois attaché au paué,] & mis sur le quareau par vne feruer indiscrete. C'est pourquoy ie vous crie tant que ie puis auec sainct Pierre, Ne marchez pas en cette chaleur,] de peur que vous ne deffailliez en la voye,] rompez, brisez, froissez vostre cœur tant qu'il vous plaira,] Dieu ayme le contrit & pilé ;] mais ne deschirez pas vostre corps, qui est le vestement de vostre Ame, de telle sorte que vous ne le puissiez recoudre : domptez ce chenal, mais ne le desesperez pas, chargez-le sans le surcharger, rangez-

P

le à son deuoir, mais ne l'accablez pas. Rentrez en vous-mesmes, & là trauaillez de toutes vos forces à la reparation de vostre Temple interieur, qui se peut bastir comme celuy de Salomon, sans bruit de marteau & de scie, quoy que non sans peine ; car on ne va à ce Temple d'honneur & de vertu, que par la porte du trauail. Car ie vous prie, qui est-ce qui sans vne manifeste iniustice oseroit, ie ne diray pas, proferer, mais seulement comparer la practique de toutes les vertus Diuines & Morales, infuses & acquises, necessaires pour le reglement de nos facultez superieures & raisonnables, à des macerations que la pieté a inuétées pour la côseruation d'vne demie vertu, qui est la pureté du corps (car celle du cœur fait la meilleure & principale partie de la pureté complette) qui pourroit sans vne iuste indignation, voir estimer dauantage le reglement de cinq enfans perdus & desbauchez, qui sont nos sens naturels, qui d'eux-mesmes ne peuuent faire ny bien ny mal sans le consentement de la volonté, au bon ordre que la vraye réformation interieure met en ces hautes portions de nostre Ame, son centre & ses puissances, d'où sort tout nostre bien, ou tout nostre mal, & selon qui nous sommes

INTERIEVRE.

ou reprouuez, ou faits participans de la nature Diuine,] puisque c'est là que reluit l'image de la Diuinité par la grace & la vertu, où celles de l'Ange de tenebres par le peché & la malice. Certes si nous faisons bonne garde sur nostre cœur, ce Roy d'Israël nostre interieur, la victoire nous est asseurée, quand mesme l'aduant-garde seroit mise en desordre, pourueu que le corps de l'armée, la portion des Puissances, & l'arriere-garde de l'vnité de l'Ame tienne ferme, & ne s'ébranle point, nos aduersaires ne sçauroient prendre auantage contre nous.] Mais qui pourroit supporter que l'on confrontast le renoncement de nostre propre iugement, & de nostre propre volonté par vne entiere soumission au bon plaisir de Dieu, actions les plus nobles, & les plus esleuées que le Chrestien puisse produire à ce combat contre les sens, qui est plustost vne escarmouche qu'vne vraye guerre, & qui est plustost vne escrime de fleurets & de brettes, qu'vn duel à l'espée nuë, où l'on employe ce glaiue tranchant des deux parts, qui atteint iusques à la diuision de l'esprit & de l'Ame.] Eutrope, vous auez le iugement trop bon pour vous laisser surprendre à des apparences, & pour ne cognoistre pas combien l'vn de ces combats

P ij

est plus important que l'autre : vous recognoissez bien que le sacrifice non sanglant de la nouuelle Loy, surpasse infiniment tout le sang des Boucs & des Agneaux des sacrifices de l'Ancienne : à celuy qui sçait la Loy i'en parle,] & ie n'expliqueray point cecy autrement à vn esprit qui l'entend bien. Vous voulez peut estre icy dessus vn Arrest de la bouche de N. B. P. afin que ie finisse ce traitté par luy, ainsi que ie l'ay commencé par vne de ses opinions, & continué par la suitte de ses enseignemens. Voicy donc ce que i'ay autrefois entendu de luy, & que i'exprimeray par les paroles d'vn liure excellent qu'il auoit en grande estime, & qu'il m'a tousiours beaucoup recommandé, c'est le Combat Spirituel fait par les Peres Theatins d'Italie, Clercs Reguliers, de vie fort exemplaire, d'eminente doctrine, & grands spirituels. Celuy, disent ces saincts Personnages, qui se met en deuoir de fouler aux pieds, & de surmonter les appetits desreglez de son Ame, voire mesme ses moindres desirs; il fait plus de seruice à Dieu, & luy rend plus de gloire, que s'il prenoit la discipline iusques au sang, s'il ieusnoit autant que les anciens Hermites, & s'il conuertissoit vn grand nombre d'ames.] Voyez-vous, Eutrope, comme ils ne parlent que de la moderation de l'vne de nos passions, qui ne sont qu'en la partie sensitiue de l'Ame: iugez ie vous prie de là quelle estime ils font de l'aneantissement de la propre volonté, & du renoncement du iugement propre: puisqu'il y a autant de difference entre le sacrifice de la partie superieure de nostre Ame, & de celuy de la pl⁹ basse où sont les sens, qu'entre celuy qu'Abraham voulut faire de son fils, & celuy qu'il fit du Belier qui se trouua pris par les cornes dans les espines. Par toutes ces raisons, & par la raison des raisons, qui est la raison mesme, il me semble qu'à peine d'estre estimé desraisonnable, on ne peut ny proferer, ny mesme cõferer le reglement de la partie, qui est en nous sensible & bestiale, auec la reformation de celle qui est raisonnable, puisque celle-là doit prendre sa conduite & sa forme de celle-cy. Ce qui me fait vous conseiller que vous mettiez vostre soin principal à la direction de cette partie, qui vous rend semblable aux Anges. Et que vo⁹ iettiez pour arriuer à ce poinct, toute vostre pensée en Dieu, vnique object de nos pretensions, en vous souuenant que ceux qui se iettent entre ses bras, ne flottent iamais dans les desordres, & les incertitudes.] Pour closture de tout ce que ie vous viens d'enseigner, ie vous veux donner la regle du Sage, qui, comme la canne d'or de l'Ange de l'Apocalypse, mesurera toute la Hierusalem de vostre interieure : cette regle a deux bouts, la crainte de Dieu, & l'obseruation de sa Loy, en quoy ce grand Roy esclairé de la Sagesse d'enhaut, mettoit non la reformation seulement, mais la totale perfection de la creature raisonnable. Voicy ses paroles Diuines, qui meriteroient d'estre grauées sur le diamant, & profondement imprimées en nos cœurs : Craignez Dieu, & obseruez ses Commandemens, car en cela consiste le tout de l'homme.

F I N.

TROIS PAROLES AV LECTEVR.

OVtre ce que ie t'ay dit en l'Auant-propos, mon Lecteur, i'ay encore icy trois petites paroles à te seruir au dessert, dont voicy

La premiere: Que si tu es Predicateur, tu trouueras en ce Traicté de la matiere toute taillée pour vn Aduent, faisant des Chapitres les poincts de tes Sermons, & prenant pour ton theme quelqu'vn de ces Textes dont l'Escriture est pleine, qui parlent de la conuersion des cœurs, & du renouuellement ou reformation de l'interieur. L'importance de ce sujet est extremement grande, en ce que le cœur est tout ce que Dieu demande de l'homme, & dont le reglement est toute sa perfection: à quoy i'adiouste le grand besoin qu'à le monde d'estre instruict de l'estat interieur, & de l'œconomie de l'Ame, & de l'ordre de ses facultez tant superieures qu'inferieures, & des exercices deuotieux, & qui les peuuent remettre en leur droitte assiette. Le but du Predicateur Euangelique estant d'abolir autant qu'il peut le peché,] ce

P iiij

qui se fait icy le prenant dans ses racines, & d'enseigner la Iustice eternelle,] c'est à dire, celle qui conduit à l'eternité, & qui fait reluire comme des estoiles en de perpetuelles eternitez ceux qui l'enseignent aux autres.] Il y a aussi assez de materiaux pour vn Caresme, & qui se peuuent auec vn peu d'industrie appliquer, & attacher aux Euangiles, ainsi que sçauent assez ceux qui sont experimentez au mestier. Si tu n'es pas de cette profession, mais cherchant seulement dans les liures de pieté dequoy embellir ton Ame des qualitez qui la rendent agreable à Dieu, ce liure t'en donnera des addresses assez notables, & te seruira de miroir où tu verras sans aucun desguisement tous tes deffauts interieurs, & en mesme temps te fournira d'eau pour lauer toutes ses taches.

La seconde parole est : Que i'addresse mon propos à Eutrope, qui veut dire bon changement, ou bonne conuersion, ayant à traitter de la meilleure de toutes qui est l'interieure, & de celle que Dieu demande de nous quand il dit, Conuertissez vous à moy de tout vostre cœur.] Et encore, Soyez renouuellez en esprit :] & que nous demandons à Dieu quand nous luy disons, Conuertissez nous Seigneur, qui estes no-

INTERIEVRE.

stre salutaire:] & encore, Conuertissez-nous à vous, & nous serons conuertis. Cette façon de parler à quelqu'vn en escriuant, a quelque energie ou secrette efficace, qui fait vne impression plus forte sur le Lecteur, qui sent que l'on parle à luy sous ce nom là de plus pres, que par vn discours general.

La troisiesme parole t'attaque, Lecteur, & te prend au collet, te conuiant de lire attentiuement cét ouurage, tissu pour la plus grande part des liures, ou des propos d'vn sainct Prelat, de qui la memoire est en benediction: & comme celle de Iosias pareille à vn parfum respandu. Mais à telle condition, que ce sera en qualité de docile, plustost que de curieux, & pour deuenir meilleur, & non plus sçauant; car si tu n'es resolu à pratiquer ce que tu y apprendras, ie te prie de ne le point lire, dautant que tu redoublerois ta condamnation, ayant appris icy la volonté du grand Maistre,] qui ne veut que ta sanctification,] & ta conuersion,] & ne l'ayant pas executée.] Ainsi la pierre d'edification par ton indisposition, seroit changée en pierre de scandale.] Si ie ne leur eusse point parlé, disoit autresfois le Sauueur, & s'ils ne m'eussent point ouy, ils ne seroient pas si coupables.] Celuy qui se

mire, & qui au lieu de se corriger oublie
aussi tost ses deffauts qu'il a veus dans le miroir est blasmable, mais beaucoup plus celuy qui lisant dans vn bon liure la science
des saincts,] & les moyens de se rendre plus
accomply, neglige de pratiquer ce qu'il y
a appris, disant à Dieu sinon de parole, au
moins d'effect, Ie ne veux point de vos
voyes,] ces discours & enseignemens sont
trop durs à digerer,] & qui bouche ses oreilles comme vn aspic à la voix de Dieu qui
l'appelle par là, & le veut doucement enchanter.] Pour Dieu, Lecteur, ou quitte
ce Liure, ou ne sois point de ces gens là : si
tu en es tu as assez d'autres liures moins se-
rieux, & d'vn entretien innocent, qui re-
créeront dauantage ton esprit, satisferont
à ta curiosité, & te tiendront moins coul-
pable. Au reste tu verras bien par les lieux
que ie cite, & que ie cotte des liures de
mon B.P. ce que i'ay puisé de ses escrits: les
autres enseignemens que i'ay retenus de sa
parole te seront aussi aisez à distinguer de
ceux qui sont de mon cru, que l'or l'est d'a-
uec le cuiure. I'espere neantmoins encore
que la bassesse de mes pensées releue l'éclat
des siennes, que les vns & les autres te
pourront estre vtiles, pourueu que tu sois
doux & humble de cœur,] & que tu regar-

INTERIEVRE.

des cecy comme parole de Dieu, puisque par l'imposition des mains de ce sainct Personnage i'ay receu le pouuoir de l'annoncer au peuple, & de la distribuer en l'Eglise de Dieu. S'il y a icy quelque chose qui te contente, rends en l'honneur à Dieu, & beny la memoire de ce sainct Prelat, de qui i'ay appris vne grande partie de ce que ie t'offre. S'il y a du mal tu l'attribueras à mon ignorance, & pensant que tu es homme comme moy, & sujet à faillir, tu le pardonneras à mon infirmité. Mon intétion ayant esté en cet escrit de profiter à chacun, & de ne nuire à personne. Ainsi Dieu m'aime, mon cher Lecteur, & me face auec toy, riche de sa saincte grace, fondement necessaire, de toute bonne, & deuote Reformation.

FIN.

www.ingramcontent.com/pod-product-compliance
Lightning Source LLC
Chambersburg PA
CBHW070441170426
43201CB00010B/1181